U0330127

# 传统村落保护与乡村振兴研究

CHUANTONG CUNLUO BAOHU
YU XIANGCUN ZHENXING YANJIU

杨立国　主编

中山大學出版社
SUN YAT-SEN UNIVERSITY PRESS
·广州·

**图书在版编目（CIP）数据**

传统村落保护与乡村振兴研究/杨立国主编 . —广州：中山大学出版社，2024. 6.

ISBN 978 - 7 - 306 - 08119 - 3

Ⅰ. K928. 5；F320. 3

中国国家版本馆 CIP 数据核字第 2024SR3469 号

出 版 人：王天琪

策划编辑：李海东

责任编辑：李海东

封面设计：曾　斌

责任校对：刘　丽

责任技编：靳晓虹

出版发行：中山大学出版社

电　　话：编辑部 020 - 84111997，84110283，84113349

　　　　　发行部 020 - 84111998，84111981，84111160

地　　址：广州市新港西路 135 号

邮　　编：510275　　　　传　　真：020 - 84036565

网　　址：http：//www. zsup. com. cn　E-mail：zdcbs@ mail. sysu. edu. cn

印 刷 者：广州市友盛彩印有限公司

规　　格：787mm×1092mm　　1/16　　18 印张　　450 千字

版次印次：2024 年 6 月第 1 版　　2024 年 6 月第 1 次印刷

定　　价：80. 00 元

# 本书编委会

主　编：杨立国

副主编：张家其

编　委：邓运员　李伯华　彭　科　贺　伟　聂桐彤

　　　　彭惠军　张家其　曾　灿　祁剑青　李　强

　　　　罗　凯　袁佳利　蒋武林　辛　静　刘　旭

　　　　宁旺芬　王佳琴　龙　婷　杨清清　李　娇

　　　　黄楚敏　阮丽萍　张家界　李嘉豪

# 前　　言

中国传统村落是我国 7000 多年的农耕文明的智慧积淀，被誉为中华传统文化的"活化石"。随着我国城镇化的快速推进，许多优美的传统村落和乡土建筑遭受到了严重冲击，出现了乡村风貌和人际交往中的传统风俗和契约关系逐渐被理性化规则取代，乡村建设重物质而轻精神等诸多问题，乡土文化正面临着被摧毁的危机。党的十九大报告明确提出"实施乡村振兴战略"，深刻认识乡村优秀传统文化（即乡土文化）的价值，在时代中继承创新乡村文化。人是乡土文化传承的重要载体，开展乡土文化教育有利于传承优秀传统乡土文化。衡阳师范学院自 20 世纪 90 年代开始研究古村落，经过 30 多年的建设，现建有"传统村镇文化数字化保护与创意利用国家地方联合工程实验室""联合国教科文组织国际自然与文化遗产空间技术中心""古村古镇文化遗产数字化传承湖南省协同创新中心"等省部级及以上科研平台近 10 个。自 2021 年起，衡阳师范学院每年承办"传统村落保护"主题的湖南省研究生暑期学校，旨在通过暑期学校培训，培养研究生对传统村落的研究兴趣、保护传统村落的情怀和践行发展传统村落的责任意识。

本书分为三部分：第一部分（第 1 章至第 7 章）主要探讨传统村落的景观保护，内容涉及传统村落的建筑风貌、空间形态、公共空间、街巷格局等方面；第二部分（第 8 章至第 14 章）主要围绕传统村落的旅游开发，话题涵盖传统村落保护与旅游开发的关系、文化遗产发展策略、游客满意度和文化补偿等；第三部分（第 15 章至第 20 章）主要研究传统村落的高质量发展，从传统村落文旅融合发展、人居环境治理、艺术乡建策略等内容展开。

本书的完成，凝聚了许多人的心血，首先，承蒙湖南省人民政府学位委员会和湖南省教育厅的厚爱，支持衡阳师范学院连续三年承办"传统村落保护"主题的湖南省研究生暑期学校；其次，感谢三年来给暑期学校授课的刘沛林、孙九霞、唐孝祥、何邵瑶、陈亚颦、孔翔、邵秀英、杨忍、朱晓华、陆林、陶伟、李红波、郭文、高权等专家，以及进行野外实践指导的彭惠军、张家其、曾灿、祁剑青、李强、彭科、刘天曌、罗凯、袁佳利、蒋武林等老师；最后，感谢连续三年来为研究生暑期学校默默付出的聂桐彤、贺伟、李克

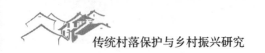

强、阳宏润、张倩、蓝雨青等老师和志愿服务的刘颖超、曾振华、宣润泽、李雪静、廖波、张珍、李春红、吴金雨、刘瑞瑞、胡雅丽、赵莎、吴旭峰、张兴苗、梁世全、刘萱、刘兴月、孙倩、朱莉、沈文婷、邓志位、易韵、丰银鑫、宁旺芬、李谦、周泽、王慧玲、廖慧娟、张浩、徐瑞、周文龙、戴忠、周月程、张家界、朱莉、辛静、王鹏亮、康丽、赵晨曦、刘悦滢、田庆浩等同学。

本书由杨立国总体构思与设计，辛静协助统稿，王佳琴、刘旭、宁旺芬、辛静、张家界、阮丽萍、黄楚敏、龙婷、杨清清、李娇、李嘉豪参与整理。

因时间仓促，我们水平有限，书中存在的失误与不妥之处，恳请广大读者批评指正。

杨立国

2023 年 12 月 7 日

# 目 录

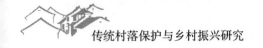

## 第三部分　传统村落高质量发展

# 第一部分

## 传统村落景观保护

# 第1章
# 传统村落建筑景观破碎化测度：景观多样性
# 与异质性视角

　　建筑景观是人们在长期的生活实践中因自然环境、经济条件、风俗习惯、伦理价值等因素影响而形成的物质文明。21世纪初期，文明之间的权力均势正在变更，人类将经历非西方权力与文化的复兴[1]；中华文明博大精深，实现中华民族伟大复兴是中国人民的历史使命。传统村落作为中华农耕文明的载体，具有较高的历史、文化、美学与经济价值，是中国政府高度重视与保护的对象。[2,3]随着工业化和城镇化进程的快速推进，传统村落保护与发展受到了一定的冲击，自然性损毁不断增多，拆旧建新等自建性破坏日趋严重，工程建设性破坏、急功近利的商业性破坏正在蔓延，导致传统村落建筑景观断裂、破碎，严重影响了独具特色的中国乡土文化基因的保护、传承和有效利用。因此，有效解决传统村落文化景观被日益分化成"斑块状"或"孤岛状"分布，[4,5]以及实现景观基因的有机传承和融合更新等问题，已成当务之急。

　　景观破碎化本意是指生态景观受人为作用的干扰，原来的连续性景观要素逐渐变为不连续的斑块镶嵌体的过程[6]，一般采用景观指数来进行量化研究。在国内外相关研究中，景观破碎化分析多用于景观生态学领域，重点集中在土地利用、植被覆盖变化和景观格局的分析与构建[7-10]，生态系统敏感性评价、生态系统服务价值分析和生态安全网络格局构建[11-14]，景观破碎对气候变化、物种演变的影响[15-17]，以及景观破碎化与地域人文景观特征分析及其保护[18-21]等方面，逐渐表现出从自然景观生态系统向人文景观生态系统延伸的明显趋势。虽然景观破碎在自然景观生态系统中的应用是主流方向，但其在人文景观生态系统中的应用也逐渐兴起。[22]文化景观是能体现某一地域特征的自然与人文因素的综合体，随人类活动作用而不断变化。因其特殊的物质形态类型，文化景观破碎化的研究与自然景观破碎化的研究在语义与内涵上存在不同。传统村落建筑景观是乡村文化生态系统中典型的文化景观，在城镇化与乡村旅游快速发展过程中，其破碎化现象越来越突出。如何厘清建筑景观破碎化的内涵及测度建筑景观破碎化的程度？其破碎是否由异质景观造成？破碎化的建筑景观是否完全不利于村落的保护、发展与传承？解答这些问题，是本章研究的初衷。目前，关于建筑景观破碎化的研究大多从建筑景观用地类型的破碎化着手，从形态上分析其用地破碎化特征与空间异质性特征。[4-5,22]传统村落有着较为严格的保护机制，在发展过程中其建筑用地在形态上大多没有明显变化，把单栋建筑看作一个景观斑块，从建筑质量、风貌、年代、高度等内在功能上研究其破碎化特征是学术界尚未关注的。基于此，本章借用景观生态学理论，从景观多样性与景观异质性视角，构建建筑景观破碎化测度指标体系与评价标准，以湘西土家族苗族自治州的中国第一、第三批传统村落

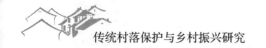
为例，分析其建筑景观破碎化特征，把握传统村落演变规律及其可持续性发展。本研究既有利于学科交叉、创新乡村文化地理理论，也为传统村落构筑连续、均好、多元且适度破碎的建筑景观提供参考。

## 1.1 传统村落建筑景观破碎化

### 1.1.1 建筑景观破碎化内涵

景观生态学认为景观破碎化是指由于自然或人文因素的干扰，景观由简单趋向于复杂的过程，即景观由单一、均质和连续的整体趋向于复杂、异质和不连续的斑块镶嵌体[23]，它实质上包括了穿孔、分割、破碎化、缩小、消失五种景观变化的空间过程。分析自然生态空间景观破碎一般从景观要素斑块破碎、景观要素异质性破碎、景观要素空间相互关系破碎三方面展开。[24]传统村落因社会经济和城镇化的快速发展，景观破碎化现象越来越严重。传统村落建筑景观破碎化可分为三种类型：旧建筑的自然损毁或倒塌而导致的整体景观破碎，即自损型破碎；拆旧建新的新建筑的格格不入而导致的局部景观破碎，即异损型破碎；传统村落建筑与周边现代村落建筑在风貌上的不协调而导致外围景观的破碎，即外损型破碎。若忽略建筑物之间的间隙，将每栋建筑看成一个斑块，由于建筑景观本身的特征，建筑景观破碎化不考虑斑块及斑块形状的破碎，可从景观类型破碎与景观空间相互关系破碎两方面测度传统村落建筑景观破碎化（图1.1）。

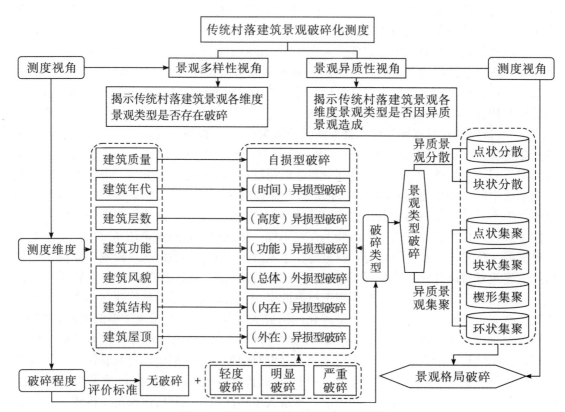

**图1.1 建筑景观破碎化测度的逻辑框架**

从景观多样性与异质性视角来看，第一，建筑景观类型破碎，主要是气候条件、城镇化推进（人类活动）的影响造成部分建筑质量下降而形成的破碎；或传统建筑在功能、舒适度、安全、采光、通风等方面难以满足现代生活需求，导致建筑风貌、层数、结构等发生变化而形成的破碎；或乡村旅游发展需求增加、居住型建筑功能置换、商业服务型建筑新增而造成的建筑功能破碎化。通常来说，景观类型愈丰富，破碎化程度愈高。例如，从建筑高度来看，若所有建筑均为一层，则景观单一完整，无破碎；若所有建筑中包含有一层建筑、二层建筑、三层及以上建筑等多种景观类型时，异质景观出现将增加建筑景观的复杂程度与不确定性，将出现景观破碎化。第二，建筑景观空间格局破碎，即不同类型建筑景观在空间镶嵌的程度。针对传统景观而言，异质景观集聚与分散的程度可揭示建筑景观破碎的格局类型。当异质景观集聚分布时，如景观类型少，则破碎程度低（点状或块状集聚）；如景观类型多，则易形成"孤岛化"现象[25]（楔形、环状或网络状分布）。例如，外损型破碎化是异损型破碎化在更大区域集聚的景观破碎格局类型，即外损型破碎化越明显，传统景观"孤岛化"特征越强。当异质景观分散分布时，如景观类型少，则破碎程度低（点状分散分布）；如景观类型多，则破碎程度高（块状分散分布）。考虑到篇幅，本章主要研究传统村落建筑不同维度景观类型破碎化特征。

## 1.1.2　景观生态学景观破碎研究方法借鉴

景观生态学是研究生态系统相互作用形成的异质地表的结构、功能和动态的科学。[26]景观多样性是指不同类型景观在结构（格局）、功能和动态方面的多样性，用以揭示景观的复杂程度，并借助信息论中不定性的研究方法进行测度，侧重斑块多样性、类型多样性及格局多样性。[27]景观异质性则描述斑块空间镶嵌的复杂性，侧重于空间异质性、时间异质性与功能异质性三个方面。[28]多样性与异质性密切相关，景观异质性的存在决定了景观斑块、类型及景观格局的多样性。[29]多样性和异质性这两个重要的景观生态学概念，同样适用于人文地理学关于景观的理解。借鉴自然景观破碎化研究的指标和方法研究传统村落建筑景观的破碎化特征，有两个方面需要说明：一是单个建筑斑块的自身属性（形状完整才能保证建筑功能）决定了建筑景观破碎化现象多发生在建筑景观类型与景观格局上，而自然景观除景观类型与格局破碎外，斑块形状与斑块大小的破碎也是植物景观破碎、动物生境空间形态与功能破碎研究的主要内容[30-31]；二是文化景观用地的破碎化特征只能反映景观形态外在的破碎程度，建筑景观由于形态上没有明显变化，往往容易被忽视，因此，建筑风貌、年代、质量、高度等不同维度的建筑景观破碎化特征比建筑用地形态破碎化特征更具有真实性与应用价值。

## 1.2　研究方法与评价体系

### 1.2.1　研究方法

景观指数是景观类型与景观格局信息反映其空间结构和空间特征信息的指标。[23]在景

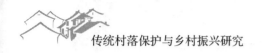

观多样性与异质性的研究中，选取指数时应依据重要性、可计算性、可解释性和少冗余的原则。[32]因此，考虑到建筑景观类型破碎主要受景观多样性与异质景观斑块的影响，选择景观多样性指数、景观异质性指数作为破碎化分析的依据，其中多样性指数包括均匀度与丰富度。[33]为便于分析，我们采用相对均匀度与相对丰富度指数。

（1）相对均匀度指数（$E$）。

$$E = D/D_{max}。 \tag{1}$$

式中：$D$ 为 Simpson 多样性指数（SIDI）；$D_{max}$ 为给定景观类型条件下最大可能均匀度。Simpson 指数对景观类型的均匀度更为敏感。[24,34]

（2）相对丰富度指数（$R$）。

$$R = H/H_{max}。 \tag{2}$$

式中：$H$ 为 Shannon-Wiener 多样性指数（SHDI）；$H_{max}$ 为最大可能丰富度。建筑景观类型增多说明建筑群落的复杂程度增高。即 $H$ 值越大，建筑景观所含的信息量越大，破碎化程度越强。[35]

（3）景观异质性指数（$F$）。

传统村落建筑景观类型异质性指数（$F$）主要反映一个区域内异质景观指数与传统景观指数之比。传统村落建筑景观类型异质性指数越高，说明传统建筑景观受到现代化的冲击越大，其破碎化程度越高。[36]其计算公式如下：

$$F = \sum S_y / \sum S_z。 \tag{3}$$

式中：$\sum S_y$ 为异质景观类型斑块数求和；$\sum S_z$ 为传统景观类型斑块数求和。

## 1.2.2 传统村落建筑景观类型破碎化评价标准

传统村落建筑景观类型破碎化从景观多样性与异质性两个方面评价。景观多样性评价主要采用相对均匀度指数（$E$）与相对丰富度指数（$R$），$E$ 与 $R$ 的值域都为［0，1］。根据指数的值可将景观破碎化的程度分为四个等级：0 为无破碎化，（0，0.35］为轻度破碎化，（0.35，0.7］为明显破碎化，（0.7，1］为严重破碎化。0 表示只有一种景观类型，不存在破碎；$E$ 值越大，表示各类型景观斑块数趋近相等，景观复杂性强，破碎程度高；$R$ 值越大，表示景观类型丰富，景观复杂性越强，破碎程度越高。景观异质性评价主要采用景观类型异质性指数（$F$），$F$ 的值域为［0，$+\infty$）。根据指数的值可将景观破碎化的程度分为四个等级：0 为无破碎化，（0，0.5］为轻度破碎化，（0.5，1］为明显破碎化，（1，$+\infty$）为严重破碎化。

## 1.2.3 建筑景观破碎化测度指标体系

根据我国《传统村落保护与发展规划编制基本要求（试行）》[37]，一般从建筑风貌、年代、结构、质量、层数、屋顶、功能等维度分析传统村落建筑价值与特征。建筑质量测度建筑景观自损型破碎，建筑风貌（屋顶）、建筑结构从外在与内在风貌两方面测度异损型破碎，建筑年代、层数、功能分别从时间、高度、功能上测度异损型破碎。建筑景观破碎化实质是建筑景观类型、组合及属性在空间或时间上的变异、损坏程度。测度建筑景观类型破碎化程度，一方面确定传统景观与异质景观是否存在，另一方面分析传统景观与异质景观类型。如建筑风貌中，文保单位、历史建筑、传统风貌建筑是传统村落建筑的传统景观类型，新建建筑风貌与上述传统风貌不协调的即为异质景观。基于此，本章将传统村落建筑景观分为 7 大类 30 小类（表 1.1），其中每个大类又分为传统景观与异质景观两个中类。

表 1.1　传统村落建筑景观破碎化测度指标体系

| 序号 | 一级指标 | 二级指标 | 三级指标 | 序号 | 一级指标 | 二级指标 | 三级指标 |
|---|---|---|---|---|---|---|---|
| 1 | 建筑风貌 FM | 传统景观 | 文保单位 FM1 | 5 | 建筑层数 GD | 传统景观 | 一层建筑 GD1 |
| | | | 历史建筑 FM2 | | | | 二层建筑（含 1.5 层）GD2 |
| | | | 传统风貌建筑（包含新建风貌协调建筑）FM3 | | | 异质景观 | 三层及以上建筑 GD3 |
| | | 异质景观 | 新建风貌不协调建筑 FM4 | 6 | 建筑屋顶 WD | 传统景观 | 坡屋顶建筑（包含单坡顶、双坡顶等传统屋顶类型）WD1 |
| 2 | 建筑年代 ND | 传统景观 | 明代及以前建筑 ND1 | | | | 平屋顶建筑 WD2 |
| | | | 清代建筑 ND2 | | | 异质景观 | 其他建筑（如非中式风格）WD3 |
| | | | 民国时期建筑 ND3 | 7 | 建筑功能 GN | 传统景观 | 居住型建筑（住房及其附属建筑）GN1 |
| | | 异质景观 | 20 世纪 50—70 年代建筑 ND4 | | | | 公共型建筑（如教育、行政、医疗等）GN2 |
| | | | 20 世纪 80 年代及以后建筑 ND5 | | | | 礼制型建筑（宗祠、庙宇、戏台等）GN3 |
| 3 | 建筑结构 JG | 传统景观 | 夯土结构建筑 JG1 | | | | 防御型建筑（门楼、守夜屋等）GN4 |
| | | | 木结构建筑 JG2 | | | 异质景观 | 商业建筑（因乡村旅游新增餐饮、住宿、娱乐、管理等建筑）GN5 |
| | | | 砖木结构建筑 JG3 | | | | |
| | | 异质景观 | 砖混结构建筑 JG4 | | | | 商住建筑（商业跟居住混合）GN6 |
| | | | 其他建筑 JG5 | | | | |
| 4 | 建筑质量 ZL | 传统景观 | 建筑质量好 ZL1 | | | | 其他功能建筑 GN7 |
| | | | 建筑质量一般 ZL2 | | | | |
| | | 异质景观 | 建筑质量差 ZL3 | | | | |

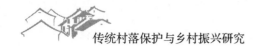
## 1.3　研究区域选取与数据处理

### 1.3.1　研究区域选取与概况

湘西土家族苗族自治州（以下简称湘西州）位于湖南省西北部，是湖南省唯一的少数民族自治州，辖 1 个县级市，7 个县[38]。辖区内有首批国家历史文化名城凤凰县，州内自然及人文景观众多，土家族、苗族特色村寨保存较为完好，是武陵文化的发源地之一。目前，湘西州共有 172 个村入选中国传统村落名录，数量居全省第一、全国地市州第四，成为传统村落的聚居地。因地处山区，木材丰富，木结构居所普遍，三柱四棋、四排三间的木结构穿斗式房屋是湘西山区民居中使用得最多的一种。

湘西地处低纬度地带，属于亚热带季风湿润气候，传统木构建筑因气候条件或年代久远等而自然损毁或倒塌，建筑质量类型呈现多样化，导致整体景观破碎，形成自损型破碎；同时随着城镇化的推进，人们生活观念及生活方式发生转变，传统建筑在功能、舒适度等方面难以满足居住需求，大量现代建筑应运而生，新建筑易在风貌、高度、结构等方面格格不入而形成异质景观，导致局部景观破碎，形成异损型破碎。上述多样化、破碎化、异质化现象易造成传统建筑基因的流失，对不同维度建筑景观类型破碎化程度进行科学把脉，有利于精准治理与修复乡土文化基因。同时，为分析不同批次建筑景观类型破碎化特征，本章选取湘西州第一批 14 个、第三批 4 个共 18 个中国传统村落为案例，案例村涉及湘西州除泸溪县外的所有县市。需要说明的是，因数据获取不便，第一批传统村落中双凤村、老司城村、惹巴拉村 3 个村未纳入研究。

### 1.3.2　数据选择与处理

基于相似性、全面性及数据可获取性原则，选择建筑质量测度自损型破碎，选择建筑风貌（整体风貌）、年代（时间）、层数（高度）等测度异损型破碎，相关指标共 4 大类15 小类。因传统村落所在地住房城乡建设部门需在传统村落公布后一年内编制完成传统村落保护发展规划，为考虑数据的统一性，本章以住房城乡建设部门提供的当年各村的传统村落保护发展规划为数据来源，从景观多样性与异质性两方面评估湘西州第一、第三批传统村落建筑景观类型破碎化程度。

## 1.4　结果分析

### 1.4.1　传统村落建筑景观多样性特征

研究区域传统村落大多始建于明清或以前，不同年代建筑风貌存在差异，而不同年代建筑因破损程度不一又造成建筑质量类型不一，等等。因此，传统村落建筑各维度景观类型丰富，大多存在三种或四种景观类型，因而相对均匀度与丰富度指数较高，存在明显破碎化或严重破碎化现象（图 1.2、图 1.3）。一般来说，存在严重破碎化现象的村庄，其各类景观类型数量大体相同；存在明显破碎化现象的村庄，以某一景观类型为主，其他类型景观数量大体相同，但数量较少。当景观类型相同，各类型景观数趋近相等（均匀）时，景观类型越丰富，景观破碎化现象越严重。

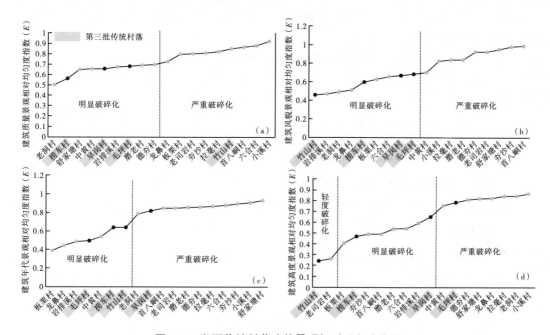

图 1.2　湘西传统村落建筑景观相对均匀度指数

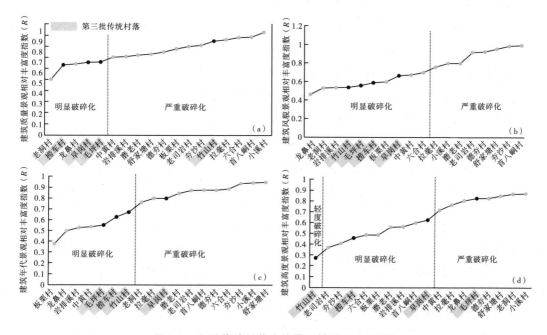

图 1.3　湘西传统村落建筑景观相对丰富度指数

### 1.4.1.1　传统村落建筑景观均匀度特征

　　从景观类型均匀程度来看，相对均匀度指数越大，各类型景观数量越趋于相等。根据研究结果（表 1.2、图 1.2），可发现不同批次建筑景观相对均匀度指数无明显差异，传统

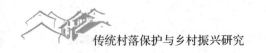

建筑风貌、质量、年代等各类型景观斑块数大体趋近相等，景观复杂性强，存在明显破碎化或严重破碎化现象，建筑高度景观相对而言破碎化程度低。捞车村、岩排溪村等建筑质量、风貌、年代、高度均存在明显破碎化现象，拉毫村、小溪村等建筑景观在这四个方面均存在严重破碎化现象。

表 1.2　传统村落建筑景观多样性与异质性指数一览

| 批次 | 村名 | 建筑风貌 | | | 建筑年代 | | | 建筑质量 | | | 建筑层数 | | |
|---|---|---|---|---|---|---|---|---|---|---|---|---|---|
| | | $E$ | $R$ | $F$ | $E$ | $R$ | $F$ | $E$ | $R$ | $F$ | $E$ | $R$ | $F$ |
| 第一批 | 板栗村 | 0.627 | 0.596 | 0.384 | 0.399 | 0.378 | 81.00 | 0.800 | 0.779 | 0.062 | 0.405 | 0.486 | 0.090 |
| | 德夯村 | 0.927 | 0.921 | 0.398 | 0.882 | 0.878 | 3.127 | 0.697 | 0.747 | 0.166 | 0.806 | 0.817 | 0.111 |
| | 夯沙村 | 0.980 | 0.984 | 0.315 | 0.915 | 0.938 | 1.659 | 0.809 | 0.812 | 0.088 | 0.489 | 0.408 | 0.094 |
| | 拉毫村 | 0.841 | 0.758 | 1.012 | 0.891 | 0.798 | 3.405 | 0.824 | 0.864 | 0.131 | 0.841 | 0.757 | 0.038 |
| | 中黄村 | 0.701 | 0.671 | 0.221 | 0.553 | 0.534 | 15.118 | 0.657 | 0.702 | 0.096 | 0.751 | 0.709 | 0.030 |
| | 老洞村 | 0.490 | 0.526 | 0.207 | 0.804 | 0.762 | 1.142 | 0.505 | 0.504 | 0.009 | 0.841 | 0.856 | 0.146 |
| | 老司岩 | 0.929 | 0.916 | 0.315 | 0.871 | 0.872 | 0.544 | 0.801 | 0.799 | 0.084 | 0.262 | 0.368 | 0.000 |
| | 六合村 | 0.658 | 0.695 | 0.265 | 0.902 | 0.885 | 2.983 | 0.882 | 0.884 | 0.144 | 0.544 | 0.483 | 0.021 |
| | 龙鼻村 | 0.508 | 0.456 | 0.301 | 0.459 | 0.497 | 8.972 | 0.730 | 0.644 | 0.006 | 0.818 | 0.795 | 0.065 |
| | 岩排溪 | 0.466 | 0.530 | 0.052 | 0.498 | 0.530 | 0.222 | 0.676 | 0.709 | 0.080 | 0.590 | 0.561 | 0.008 |
| | 磨老村 | 0.8416 | 0.800 | 0.255 | 0.876 | 0.843 | 2.800 | 0.692 | 0.720 | 0.081 | 0.538 | 0.554 | 0.023 |
| | 首八峒 | 0.984 | 0.989 | 0.355 | 0.866 | 0.876 | 0.448 | 0.865 | 0.885 | 0.200 | 0.490 | 0.592 | 0.000 |
| | 舒家塘 | 0.950 | 0.954 | 0.231 | 0.954 | 0.948 | 1.065 | 0.650 | 0.730 | 0.145 | 0.815 | 0.836 | 0.000 |
| | 小溪村 | 0.826 | 0.797 | 0.780 | 0.930 | 0.942 | 3.724 | 0.926 | 0.933 | 0.506 | 0.860 | 0.860 | 0.123 |
| 第三批 | 毛坪村 | 0.686 | 0.555 | 0.956 | 0.509 | 0.555 | 6.389 | 0.684 | 0.661 | 0.027 | 0.784 | 0.817 | 0.162 |
| | 早岗村 | 0.665 | 0.665 | 0.364 | 0.839 | 0.800 | 1.017 | 0.661 | 0.659 | 0.039 | 0.649 | 0.620 | 0.017 |
| | 捞车村 | 0.601 | 0.588 | 0.251 | 0.655 | 0.628 | 8.967 | 0.565 | 0.633 | 0.141 | 0.469 | 0.455 | 0.007 |
| | 竹山村 | 0.460 | 0.537 | 0.109 | 0.656 | 0.674 | 2.9866 | 0.852 | 0.853 | 0.119 | 0.248 | 0.273 | 0.067 |

具体来看，第一，50%的传统村落建筑质量相对均匀度指数处于（0.7，1］区间，三种景观类型数量较均匀，存在严重破碎化现象；50%的传统村落有两种景观类型且数量较均匀，存在明显破碎化现象［图1.2（a）］。第二，建筑风貌存在严重破碎化与明显破碎化现象的比例与建筑质量相似，其村庄也大体一致，如老洞、捞车、岩排溪、早岗、毛坪等村建筑风貌、质量均存在明显破碎化现象，老司岩、首八峒、小溪、拉毫、夯沙等村存在严重破碎化现象［图1.2（b）］。第三，38.9%的传统村落建筑年代相对均匀度指数处于（0.7，1］区间，四类年代中至少有三类数量较均匀，存在严重破碎化现象；61.1%处于（0.35，0.7］区间，四类年代中至少有二类数量较均匀，存在明显破碎化现象［图1.2（c）］。第四，竹山村、老司岩村以一层建筑景观为主，分别占91.2%、93%，二、

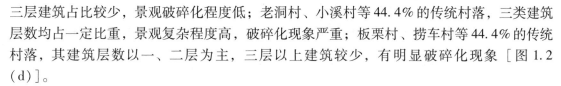

三层建筑占比较少，景观破碎化程度低；老洞村、小溪村等44.4%的传统村落，三类建筑层数均占一定比重，景观复杂程度高，破碎化现象严重；板栗村、捞车村等44.4%的传统村落，其建筑层数以一、二层为主，三层以上建筑较少，有明显破碎化现象［图1.2 (d)］。

### 1.4.1.2 传统村落建筑景观丰富度特征

从相对丰富度指数来看（表1.2、图1.3），可发现不同批次建筑景观相对丰富度指数无明显差异。传统建筑质量、高度等多为三种景观类型，建筑年代、风貌等多为四种景观类型，不同层面景观类型较为丰富，景观复杂性强，存在明显破碎化或严重破碎化现象。捞车村建筑质量、风貌、年代、高度均存在明显破碎化现象，拉毫、德夯、舒家塘、小溪村等建筑景观在这四个方面均存在严重破碎化现象。

具体来看，第一，72.2%的传统村落建筑质量相对丰富度指数处于（0.7，1］区间，景观类型丰富，存在严重破碎化现象；有明显破碎化现象的村落占27.8%，该类型村落以一种建筑质量类型为主导，另一种类型占比很少，如老洞村、龙鼻村、毛坪村等质量差的建筑分别占比0.9%、0.6%、2.6%［图1.3 (a)］。第二，55.6%的传统村落建筑风貌相对丰富度系数处于（0.7，1］区间，此类型村落中或三类风貌数量趋近相同，或四类风貌中至少有三类数量较均匀，存在严重破碎化现象；44.4%的传统村落建筑风貌处于（0.35，0.7］区间，有明显破碎化现象，该类型村落以一种景观风貌为主，通常占比75%以上，如龙鼻、老洞、岩排溪、竹山等村中主导风貌景观类型分别占比75.2%、80.2%、81.5%、82.3%［图1.3 (b)］。第三，建筑年代景观除小溪村有三类外，其余村落均有四种类型，各村落在景观相对丰富度指数下的景观破碎化程度与景观均匀度指数下的景观破碎化程度一致［图1.3 (c)］。第四，建筑高度除老司岩、首八峒、舒家塘等村有两种类型外，其余村落均有三种景观类型。竹山村一层建筑占91.2%，二、三层建筑占比较少，建筑高度破碎化程度低；小溪、老洞、舒家塘等44.4%的村落，三类或二类建筑层数均占一定比重，景观复杂程度高，破碎化现象严重；老司岩、捞车、首八峒等50%的村落有明显破碎化现象，其建筑层数以一、二层为主，三层以上建筑较少，如老司岩村、首八峒村无三层及以上建筑［图1.3 (d)］。

## 1.4.2 传统村落建筑景观异质性特征

### 1.4.2.1 建筑景观整体异质性特征

从景观异质性指数（$F$）来看（表1.2、图1.4），由于第三批传统村落数量较少，不同批次建筑景观异质性无明显差异。第三批传统村落建筑年代、高度景观存在严重破碎化或轻度破碎化现象的在同批次中占比稍高。18个传统村落的建筑质量、风貌、高度景观等基本呈现轻度破碎化特征，轻度破碎化与无破碎化村落之和占比分别为94.4%、83.3%、100%，表明此三类建筑景观维度中异质景观对传统景观的破碎程度影响低；83.3%的村落建筑年代景观异质性指数处于（1，+∞）区间，即20世纪50年代后建筑的数量为50年代前建筑的数量1倍以上，时间维度上异质景观远远大于传统景观，破碎化程度严重。从建筑风貌、高度景观与建筑年代景观异质性指数的对比可以发现，各传统村落虽在城镇化推进与乡村旅游发展进程中新建大量建筑，但因湘西地处山区，木竹等作

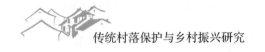
为主要建筑材料，材料的特殊性使得新建民居建筑层数大多为一、二层，建筑风貌大多为砖木或木结构，新建筑风貌与传统建筑基本相协调，建筑高度与传统建筑基本保持一致。

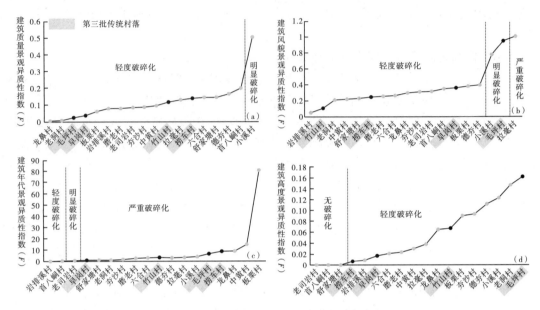

**图 1.4  湘西传统村落建筑景观异质性指数**

### 1.4.2.2  不同维度建筑景观异质性特征

因研究区域为第一、三批中国传统村落，村落保存度较完好，传统风貌建筑成片，除民国及以前的建筑损坏、坍塌严重，其余建筑质量处于一般及以上水平。具体来看，第一，建筑质量破碎属于自损型破碎，94.4%的村落建筑质量异质性指数处于（0，0.5］区间，即大多数传统村落建筑质量差的建筑占比低，自然损毁或坍塌的异质建筑景观很少，除小溪村有明显破碎化特征外，其余村落均处于轻度破碎化阶段［图 1.4（a）］。第二，建筑风貌是异损型破碎最直观的维度，虽呈现三种破碎状态，但以轻度破碎状态为主；小溪村、毛坪村为明显破碎；拉毫村建筑风貌呈现严重破碎，现代建筑数量为传统建筑数量1 倍以上［图 1.4（b）］。第三，建筑高度是异损型破碎的纵向直观维度，三层及以上异质景观较少，呈现无破碎化或轻度破碎化状态，如老司岩、首八峒、舒家塘等村全为一、二层建筑，无异质景观影响；其余村落建筑高度均为轻度破碎且异质性指数较低，多受鼓楼等高层公共建筑的影响，最高的毛坪村也只有0.1616［图 1.4（d）］。第四，建筑年代是异损型破碎的时间维度，呈现轻度、明显、严重破碎三种状态，但各村异质性指数差异较大：岩排溪村、首八峒村为轻度破碎，异质性指数分别为0.2222、0.4483；老司岩村为明显破碎，异质性指数为0.5435；大多数村落建筑年代异质性指数高，处于严重破碎化状态，最高的板栗村达81，次之的中黄村为15.1176，最低的早岗村为1.0168［图 1.4（c）］。这也与竹木建筑材料及区域潮湿多雨的地理气候相关，民国及以前建筑（传统建筑）大多重建或改建，50 年代及以后建筑（异质景观）数量多。

## 1.5　结论与讨论

### 1.5.1　结论

（1）建筑景观破碎化是建筑景观类型、组合及属性在空间或时间上的变异、损坏程度，存在自损型破碎与异损型破碎。基于景观多样性视角的破碎化测度可揭示传统村落建筑景观各维度景观类型是否存在破碎，基于景观异质性视角的破碎化测度可揭示传统村落建筑景观各维度景观类型是否因异质景观造成破碎。

（2）从景观多样性来看，传统村落建筑各维度景观相对均匀度指数与相对丰富度指数较高，存在明显破碎化或严重破碎化现象。由于建筑景观的特殊性，景观类型多样所造成的景观破碎不完全是负面影响。例如，单一的建筑层数难以形成良好的天际线，适量的其他建筑层数有助于营造纵向上的视觉变化效果；又如，传统村落中存在不同时期的建筑景观，这说明村落有发展，有扩张，而非一成不变；再如，不同时期的建筑大多能展示当时的文化特征，这有利于文化的传承。

（3）从景观异质性来看，建筑质量、高度、风貌等维度景观异质性指数低，异质景观造成的景观破碎程度轻；异质景观（20 世纪 50 年代及以后建筑）数量多，时间维度上异质景观造成的景观破碎程度重。一般而言，除建筑年代外，异质景观所形成的景观破碎不利于传统景观的连续与保护。

### 1.5.2　讨论

景观异质性与破碎化是文化景观广泛存在的客观现象，是乡村现代化发展过程中必然会出现的矛盾之一。景观类型破碎化程度的高低可揭示传统村落建筑景观特征与区域现代化进程：轻度破碎标志建筑景观类型的完整性与均质性，同时也体现落后的经济发展水平；高度破碎化则体现快速经济发展导致建筑景观类型完整性与均质性的高度破坏。传统村落景观不是一成不变的，它是随着时间的演进叠加累进而成的。这种随时间叠加累进的村落文化景观，在"遗传"其特定的地域（历史、民族等）文化特质的同时，也会因适应新环境的需要而发生一定的文化"变异"，但总体的基因特质不变（除非极个别的发生突变的情况），从而保持其独具地域个性的地方性文化传承的特点。因此，传统村落的保护与发展不能盲目追求低破碎，否则将制约村落的可持续发展。从建筑景观来看，应在适应新的需求下，立足于较小的建筑风貌、高度等景观破碎，合理布局新建建筑；对已产生异质景观破碎的建筑，以降低异质景观破碎为原则和目标，通过对破损建筑修复修补、现代建筑风貌改造等途径来调整景观组分，实现传统文化的保护与可持续发展。

借用景观生态学方法测度传统村落建筑景观破碎化程度，结果较为客观、科学，具有一定的适应性；但测度结果的正确与否取决于数据来源是否可靠。因此，科学判别各维度建筑景观类型（即三级指标）是测度建筑景观破碎化水平的关键。未来还可继续探讨的问题：①进一步探讨测度建筑景观破碎化程度的方法；②分析不同时期建筑景观破碎的演变特征，了解不同维度建筑景观破碎趋势，有助于实施科学治理与修复；③探寻建筑景观破

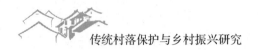

碎的成因与作用机制；④建筑景观类型破碎只能揭示是否存在（异质景观）破碎化现象，而对建筑景观空间格局破碎的分析能进一步揭示景观多样或异质造成的不同的空间格局破碎模式，不同的景观空间格局破碎模式能在一定程度上反映村落的发展趋势，因此建筑景观空间格局破碎是未来需要重点探讨的内容。

## 参考文献

[1] 亨廷顿. 文明的冲突与世界秩序的重建 ［M］. 北京：新华出版社，2010.

[2] 刘沛林. 家园的景观与基因：传统聚落景观基因图谱的深层解读 ［M］. 北京：商务印书馆，2014.

[3] 曾灿，李伯华，龚文静，等. 聚落"双修"视角下传统村落人居环境转型发展研究：以江永县兰溪村为例 ［J］. 华中师范大学学报（自然科学版），2021，55（2）：278 – 288.

[4] 王云才. 基于景观破碎度分析的传统地域文化景观保护模式：以浙江诸暨市直埠镇为例 ［J］. 地理研究，2011，30（1）：10 – 22.

[5] 王云才，韩丽莹. 基于景观孤岛化分析的传统地域文化景观保护模式：以江苏苏州市角直镇为例 ［J］. 地理研究，2014，33（1）：143 – 156.

[6] 王宪礼，布仁仓，胡远满，等. 辽河三角洲湿地的景观破碎化分析 ［J］. 应用生态学报，1996，7（3）：299 – 304.

[7] 赵方圆，杨宇翔，张华堂，等. 土地利用及景观格局动态变化分析：以甘肃省党河流域为例 ［J］. 水土保持研究，2021，28（3）：235 – 241.

[8] 徐烨，杨帆，颜昌宙. 基于景观格局分析的雄安城市湿地生态健康评价 ［J］. 生态学报，2020，40（20）：7132 – 7142.

[9] SALVATI L，DE ZULIANI E，SABBI A，et al. Land-cover changes and sustainable development in a rural cultural landscape of central Italy：Classical trends and counter-intuitive results ［J］. International journal of sustainable development and world ecology，2017，24（1）：27 – 36.

[10] AREENDRAN G，RAJ K，MAZUMDAR S，et al. Land use and land cover change analysis for Kosi River wildlife corridor in Terai Arc Landscape of Northern India：Implications for future management ［J］. Tropical ecology，2017，58（1）：139 – 149.

[11] 邵大伟，吴殿鸣. 景观破碎化对生态系统服务价值的影响作用分析：以苏州为例 ［J］. 长江流域资源与环境，2020，29（11）：2436 – 2449.

[12] 郭成久，刘宇欣，李海福，等. 抚顺西露天矿区景观格局变化与生态安全格局构建 ［J］. 沈阳农业大学学报，2021，52（4）：442 – 450.

[13] MITCHELL M G E，SUAREZ-CASTRO A F，MARTINEZ-HARMS M，et al. Reframing landscape fragmentation's effects on ecosystem services ［J］. Trends ecology and evolution，2015，30（4）：190 – 198.

[14] RAMIREZ M A M，PULHIN J M，GARCIA J E，et al. Landscape fragmentation，ecosystem services，and local knowledge in the Baroro River watershed，Northern Philippines ［J］. Resoures-basel，2020，8（4）：164.

[15] 管超毅，陈智，黄乘明，等. 广西黑叶猴栖息地景观格局破碎化分析及其对种群的影响 ［J］. 生态学报，2022，42（3）：1203 – 1212.

[16] MENDES C B，PREVEDELLO J A. Does habitat fragmentation affect landscape-level temperatures？A global analysis ［J］. Landscape ecology，2020，35（8）：1743 – 1756.

[17] GERARD M，MARSHALL L，et al. Impact of landscape fragmentation and climate change on body size variation of bumblebees during the last century ［J］. Ecography，2021，44（2）：255 – 264.

［18］LEDDA A，DE MONTIS A. Infrastructural landscape fragmentation versus occlusion：A sensitivity analysis ［J］. Land use policy，2019，83：523 – 531.

［19］KHANIKI Z A，DARABI H，IRANI-BEHBAHANI H. Integrated analysis of urban landscape fragmentation （Case study：Historical-religious city of Ray）［J］. International journal of environmental research，2015，9 （2）：511 – 522.

［20］MARTINEZ S，RAMIL P，CHUVIECO E. Monitoring loss of biodiversity in cultural landscapes. New methodology based on satellite data ［J］. Landscape and urban planning，2010，94 （2）：127 – 140.

［21］LI X P，HOU W，LIU M，et al. Traditional thoughts and modern development of the historical urban landscape in China：Lessons learned from the example of Pingyao historical city ［J］. Land，2022，11 （2）：247.

［22］刘沛林，李雪静，刘颖超. 行动者网络视角下传统村落景观破碎化的过程与机制研究：以皇都侗族文化村为例 ［J］. 衡阳师范学院学报，2022，43 （3）：1 – 12.

［23］胡荣明，杜嵩，李朋飞，等. 基于移动窗口法的半干旱生态脆弱区景观破碎化及驱动力分析 ［J］. 农业资源与环境学报，2021，38 （3）：502 – 511.

［24］由畅，周永斌，于丽芬. 景观破碎化数量分析方法概述 ［J］. 中国农学通报，2006，22 （5）：146 – 151.

［25］MICHAEL N. Regional design：Recovering a great landscape architecture and urban planning tradition ［J］. Landscape and urban planning，2000，47 （3 – 4）：115 – 128.

［26］SHEN Z H，LI Y Y，YANG K，et al. The emerging cross-disciplinary studies of landscape ecology and biodiversity in China ［J］. Journal of geographical sciences，2019，29 （7）：1063 – 1080.

［27］秦岭，韩永光，赵婧. 江苏省原生滨海湿地景观多样性及其粒度效应研究 ［J］. 生态环境学报，2019，28 （12）：2315 – 2322.

［28］卢训令，刘俊玲，丁圣彦. 农业景观异质性对生物多样性与生态系统服务的影响研究进展 ［J］. 生态学报，2019，39 （13）：4602 – 4614.

［29］FAHRIG L，BAUDRY J，BROTONS L，et al. Functional landscape heterogeneity and animal biodiversity in agricultural landscapes ［J］. Ecology letters，2011，14 （2）：101 – 112.

［30］JACKSON N D，FAHRIG L. Habitat amount，not habitat configuration，Best predicts population genetic structure in fragmented landscapes ［J］. Landscape ecology，2016，31 （5）：951 – 968.

［31］KRAUSS J，BOMMARCO R，GUARDIOLA M，et al. Habitat fragmentation causes immediate and time-delayed biodiversity loss at different trophic levels ［J］. Ecology letters，2010，13 （5）：597 – 605.

［32］谢舞丹，吴健生. 土地利用与景观格局对 $PM_{2.5}$ 浓度的影响：以深圳市为例 ［J］. 北京大学学报 （自然科学版），2017，53 （1）：160 – 170.

［33］STEEL Z L，KOONTZ M J，SAFFORD H D. The changing landscape of wildfire：burn pattern trends and implications for California's yellow pine and mixed conifer forests ［J］. Landscape ecology，2018，33 （7）：1159 – 1176.

［34］DAKWA K B，OPOKU B，TOKU J. The role of size and number of forest patches in the conservation of bird species in a fragmented landscape ［J］. Ostrich，2020，91 （4）：292 – 298.

［35］WANG Z，HUANG N，LUO L，et al. Shrinkage and fragmentation of marshes in the west Songnen Plain，China，from 1954 to 2008 and its possible causes ［J］. International journal of applied earth observation and geoinformation，2011，13 （3）：477 – 486.

［36］王云才，MILLER P，KATEN B. 文化景观空间传统性评价及其整体保护格局：以江苏昆山千灯—

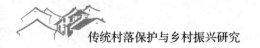
张浦片区为例 [J]. 地理学报, 2011, 66 (4): 525 – 534.

[37] 住房与城乡建设部. 关于印发传统村落保护与发展规划编制基本要求（试行）的通知 [EB/OL].
http://www.dmctv.com.cn/zcfgShow.aspx?id=2.

[38] 曾灿, 李伯华, 李翠菲, 等. 欠发达地区村落发展类型识别与振兴对策: 以湘西州凤凰县为例
[J]. 经济地理, 2021, 41 (12): 167 – 176.

*（2022 年优秀报告；作者：曾灿；整理：王佳琴）*

# 第 2 章
# 湖南省传统村落传统建筑的修复与更新

传统村落是一个地方文化的重要载体，是乡土文化的活化石。[1]村落内的建筑、植物、水系都是其历史文化的重要见证。但传统村落经过历史的长河的洗礼、现代经济社会的冲击、思想文化的交融后，其原真性受到了不同程度的破坏，传统村落的保护工作势在必行。[2]其中，传统建筑作为传统村落中的重要组成部分，不仅是村落历史的载体，更是村民思想情感的寄托。[3]但是，由于受到长期风雨的侵蚀、人为肆意的损坏，许多传统建筑已经不复原有风貌，甚至已经倒塌。为了使传统建筑更好地呈现出其独特风貌，体现出其历史、文化、旅游及科学价值，对破坏较为严重的传统建筑进行修复具有必要性。

## 2.1　中田村概况

常宁市位于衡阳市西南部，地处衡阳盆地南缘与南岭北向余脉交接地带，湘江中游南岸。庙前镇位于常宁市南部，距常宁市区 30 千米，自古为常宁南隅重要集镇之一。中田村位于常宁市庙前镇东面，为第一批中国传统村落（是衡阳市唯一一个中国传统村落）、湖南省重点文物保护单位、湖南省历史文化名村（图 2.1）。中田村古民居与庙前新街相连，坐南朝北，占地面积 3.8 万平方米，建筑面积 2.8 万平方米，整体建筑群保存完好。

图 2.1　中田村鸟瞰

### 2.1.1　自然环境优越，矿石资源丰富

中田村地处南岭北侧，属中亚热带季风湿润气候，四季分明，雨量充沛，冬夏长，春秋短，气候宜人。村落坐落于青山绿水间，坐南朝北，与庙前新街相连，相映成辉（图 2.2）。中田村背靠翠微峰，山上建筑矿石资源丰富，盛产大理石，具有良好的防火功能，成为当地建筑原材料的主要来源。[4]山上树木葱郁，植被种类多样，拥有杉、檫、樟、木荷、泡桐、枫香、油桐、乌桕等用材与经济树木。中田村前临月光塘，村落两边两条生活水渠自后山涓涓流出，汇聚于月光塘，如丝带环绕着中田村，也是中田村的重要屏障。

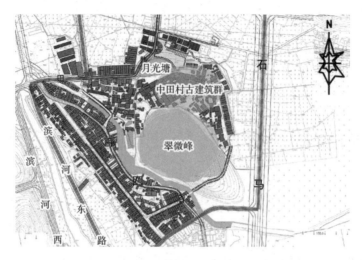

图 2.2　中田村地理环境

## 2.1.2　历史源远流长，文化底蕴深厚

中田村历史最早的记载自明代始。《同治常宁县志》记载："明洪武三年复为常宁县，属湖广布政使司衡州府。雍正十一年分桂阳州五十四户地入常宁县"；《李氏族谱》记载："……鼻祖福五郎于明洪武二年由茶陵调守桂阳州，复戍常宁。永乐二年奉文垦田，遂落屯常宁界"。中田村有了相对较为完善的管理，利用当地的天然防御优势和坚硬的矿石，修筑了具有极强防御性的建筑，在这里安居发展。

中田村的文化底蕴深厚，融合了各地民俗风情，形成了独特的民俗文化，至今仍流传着明清时期的部分民俗。在春节，中田村的舞龙团会在村内进行舞龙表演。该民俗流行于清代初，是一种把龙灯与各种武术结合起来的表演形式，舞蹈动作灵活多变，表现了中田人民丰富的想象力（图 2.3）。还有渔鼓表演，在明清时期就十分盛行，唱词按照常宁方言的音、韵规律，朗朗上口。表演者可根据剧情自由表现人物的情感，极具创造性。

图 2.3　中田村舞龙民俗

唱春牛也是明末清初时期流传下来的民间习俗。每年的立春时节，村里的长者都要率领村民们到对面的回龙庙去祭祀，立春那天制一纸牛头带在头上，由另一人牵着真牛去犁田并说一些吉利话，以祈求风调雨顺、五谷丰登。

## 2.2　中田村传统建筑的基本情况

### 2.2.1　建筑规模庞大，历史年代久远

中田村整体建筑坐南朝北，占地面积 3.8 万平方米，保留了从清康熙四十八年（1709）到民国的旧宅 100 多幢，天井 200 多个，巷道 108 条，建筑面积达 1.4 万平方米，

是衡阳市和湖南省保存完好、规模最大的明清传统建筑群。其民居发展最兴旺的时候有800多户，居住者多为李姓。中田村现存传统建筑始建于明永乐二年（1404），清代中期逐成规模，迄今600余年。中田村传统建筑大部分建于明清至民国时期，小部分在新中国成立后进行了新建或完善[5]（图2.4）。并且大部分建筑都采用大理石和当地山上坚硬的岩石筑成，墙体坚硬，抵御风雨能力较好，原有的风貌基本存留至今。其建筑布局、修筑工艺、街巷空间、传统构件都有着重要的历史、文化、科学价值。

图2.4 中田村传统建筑历史年代

## 2.2.2 等级制度森严，建筑区分明显

中田村的建筑可以分为两部分：数量较少的宗祠类的公共建筑与数量占优势的民居建筑。宗祠建筑与民居建筑在布局与内部装饰上受到等级制度的影响，存在着显著的差异。在布局上，宗祠建筑秉承着"君子将营宫室，宗庙为先"的规划理念，整齐地排列在村口月光塘一侧，然后其他民居建筑由此展开，形成一种严阵以待的气势（图2.5）。

图2.5 中田村公共建筑与民居建筑

村落内的建筑的修筑时期可分为明清至民国和1950—1970年两个时期，这两个时期的传统建筑在构造与工艺上也存在差异。明清时期的建筑更加注重防御功能，建筑墙体浑厚，屋脸无檐无廊，屋顶开设天井；侧面一般不设侧门，在墙面较高处开设小窗，供观测屋外情况使用。到了民国以及新中国成立后，建筑工艺变得较为简化，山墙转变为双坡悬山顶，防御性的小窗口转变为低开的木窗。

### 2.2.3 影响因素广泛，防御功能显著

外部天然的防御优势与内在防御要求是中田村建筑形成的主要影响因素。背山临水是中田村的天然防御优势。首先，中田村周围山体环绕，这是第一层天然屏障，背部的翠微峰可供村民隐蔽撤离。其次，村落前临月光塘，村口视野开阔，便于观测外部情况。庙前镇的援军也可快速支援中田村。整个村落可攻可守，是坚不可摧的防御堡垒。[6]元明时期常宁县、祁阳县一带居住着许多民风剽悍的瑶族和苗族居民，与当地的居民常发生冲突，这是明朝廷在此设置防御所的内在原因。

### 2.2.4 建筑保存度较差，急需保护修缮

中田村保留的传统建筑数量多、规模大，但是由于长期自然风雨的侵蚀和人为无意识的破坏，许多传统建筑的风貌损坏较为严重，出现了墙面斑驳、门窗缺失、木构件掉落等不同程度的损坏。在参考常宁市中田村保护规划图的基础上，我们对中田村主要传统建筑群的保存情况进行了分类，主要分为保存度较好（整体风貌完好，门窗几乎无损坏，内部构件完整）、保存度一般（整体风貌较好，门窗损坏不明显，内部构件较完整）、保存度较差（整体风貌有明显破坏，门窗损坏或缺失，内部构件掉落或缺失）三个类别，根据现场勘察情况，绘制了中田村传统建筑风貌保存现状图（图2.6），从图中可以看出，中田村传统建筑整体保存情况较差。大部分建筑日常无人管理，内部年久失修，损坏较为严重。传统建筑的破败，其包含的历史、文化、景观、科学研究价值也大大降低，对传统建筑进行修缮与更新势在必行。

图2.6 中田村传统建筑风貌保存现状

## 2.3　中田村传统建筑特征分析

### 2.3.1　风水观念影响，建筑规划有律

村落整体规划布局受到风水观念影响，呈现"金蟾吐币"的平面形态（图2.7），规律排列的祠堂和村落中心的星拱所与金蟾身上伴生的北斗七星对应，寓意此地财源兴旺，人民生活幸福美好。[7]建筑布局如棋盘上的棋子，排列有序，十分规整。村口祠堂排列一致，尤其是位于中心的村公所，正对月光塘，屋脸呈实面牌坊形态，顶端矗立着一把铁剑，令人肃然起敬。

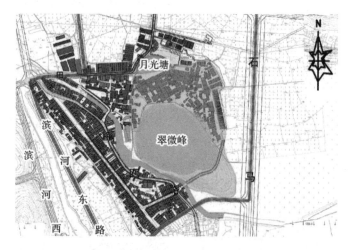

**图 2.7　"金蟾吐币"的平面形态**

### 2.3.2　屋顶造型独特，屋脊装饰简约

中田村建筑一个最大的特点便是屋顶为单檐双坡合瓦屋面，从四周成比例向内中心低斜围成小方天井，形成典型的"窨子屋"构造。屋脸呈方正的四边形，防御性功能显著。屋顶的排水依靠坡面较小的屋檐和天井。山墙以硬山人字顶居多，后期1950—1970年修建的建筑屋顶出现了悬山顶，以及庑殿顶。屋顶的装饰简单。民居建筑的正脊多用瓦片垒成"凸"字形，屋脊由瓦片堆叠而成简单的翘檐，无瓦当图案修饰；宗祠等公共建筑正脊则有较为简单的图案修饰。

### 2.3.3　雕刻样式丰富，图案寓意深刻

传统建筑的雕刻按雕刻材质主要可分为木雕与石雕两大类。在中田村内的传统建筑中，门口摆放的大理石雕刻着不同的图案，建筑内部的斗拱、雀替、梁枋、吊檐柱等木构件上雕刻着精美的图案。

#### 2.3.3.1　石雕

中田村盛产大理石，建筑门口多摆放着形状不一的石块，上面雕刻着栩栩如生的雄

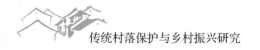
狮、骑虎的瑞兽、翩翩起舞的凤凰鸟、梅、菊、竹等动植物图案，表达了人们对生活的美好期盼，展示了中田人民的创造力。雄狮为百兽之王，有镇宅驱邪的寓意；麒麟等瑞兽则是吉祥的象征，麒麟勇武而不为害，不践踏生灵，"送子"麒麟的形象更是广为流传；"梅兰竹菊""岁寒三友"等植物图案清雅脱俗，别具儒者之风[8]（图2.8）。

图2.8　建筑门口的石雕

#### 2.3.3.2　木雕

木雕样式丰富，十分精美。部分建筑的斗拱和雀替雕刻成龙头的形状，除了实用功能外，具有象征该屋主人财富和地位的意义。龙是中华民族的象征，在民间是神圣、吉祥、喜庆之物。在中田村的宗祠建筑上可见龙形的斗拱（图2.9）。中田村几乎家家都有一方荷花塘，夏天花香四溢，荷叶连连。荷花融入了中田人的日常生活。人们将荷花用于建筑装饰，在木梁枋上雕刻荷花图案，吊檐柱也是荷花瓣造型，十分精美（图2.10）。

图2.9　龙形斗拱　　　　　图2.10　荷花瓣形的吊檐柱

### 2.3.4　墙体坚硬浑厚，门窗装饰精美

大多数的明清建筑就地取材，磨砖对缝，全青砖砌筑"一八墙"，纹路整齐，墙体浑厚，墙身分布着采光的方形小孔。墙体经过风雨侵蚀，呈现出以青灰色为主的石材色彩，整个建筑宛如一幅油画。建筑大门是主要的出入口，在满足其主要功能的前提下，具有很强的象征意义。大门上部到屋檐以下的门楣部分，雕刻着花卉、人物、动物等，装饰的繁简展示了房主身份地位的高低。门簪又称"门龙"，形状有八角形、方形等（图2.11），雕刻的花纹与装饰有"吉祥""如意""平安吉庆"等美好寓意，反映了中田人民对生活的美好期盼。

图2.11　建筑大门的门簪

## 2.4　基于特征分析的中田村传统建筑的修复与更新

### 2.4.1　传统建筑修复与更新的原则

传统建筑的修复与更新是一个高度专业性的工作，其目的旨在保存和展示传统建筑的美学和历史价值。在传统建筑的修复与更新过程中，我们应当遵循以下几点原则。

#### 2.4.1.1　整体性原则

传统建筑是传统村落的一部分，门窗等是传统建筑的一部分。对建筑局部或某一栋建筑的修复与更新必须遵循村落整体风貌，尽量做到修旧如旧。[9]应保证传统建筑的整体性，在保护传统建筑的同时应尽量保护其所在环境和景观等，以求最大限度地体现其历史原貌；应坚持传统建筑的延续性，在保护过程中用发展的眼光对传统建筑进行修复与更新，并将对传统建筑的保护工作代代相传。

#### 2.4.1.2　原真性原则

原真性原则是国际古建筑保护与修复中公认的最基本的原则。[10]传统建筑的修复与更新应最大限度地保护其原真性，对所需修缮的传统建筑应尽可能采用原有工艺和施工原材料，在修复与更新过程中应坚持"拯救如故、以存其真"的原则。

#### 2.4.1.3　可识别性原则

可识别性是建筑遗产保护中的重要原则，是指建筑遗产保护修复中采用可识别手段将修复中替换或增加的部分与原物部分加以区分[11]，避免混淆或误解。可识别性修复的概念源于 1964 年《威尼斯宪章》，其中第九条规定："任何一点不可避免的增添部分都必须跟原来的建筑外观明显区别开来，并且要看得出是当代的东西。"

### 2.4.2　传统建筑修复与更新的要点

#### 2.4.2.1　功能限定，区别更新

公共建筑与民居建筑在外观、构件、装饰、格局、功能上都有着明显的区别，建筑的修复与更新应在遵循其原功能限定的基础上，进行有组织的修复与更新。民居建筑的修复与更新理论与实践较为丰富；对公共建筑的修复与更新理论较少，往往忽视了公共建筑与民居建筑的差异。

#### 2.4.2.2　遵循历史，考证研究

修复与更新应以尊重原材料和确凿文献为依据，避免臆测。在原建筑破损严重，而又无完整测绘资料时，应通过对诸多细节和各方资料——老照片、老报纸、手绘图、相关文章、房产资料等，和村落历史、风俗、历史典故等进行考证研究，为建筑的修复与更新提供基础资料，尽可能还原建筑原貌。

#### 2.4.3.3　原有布局，原有风格

传统村落的布局是自然环境、风水格局等多重因素的影响下形成的，具有深刻寓意和科学价值。如呈坎八卦村、龙形江村、凤凰雄村、卧牛宏村等传统村落，都是劳动人民赋予传统村落景观的趋吉意象。

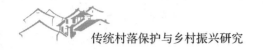

## 2.5 总 结

传统村落在经历漫漫历史长河后，局部或整体难免受到不同程度的损伤，修复与更新能挽回其部分历史文化价值，美化传统村落文化景观。在实际勘察中，我们发现：①中田村的传统建筑规模庞大，历史年代久远；②村落建筑受等级制度影响，在布局和装饰上存在明显差异；③村落建筑受自然和人为因素影响，防御功能显著；④存在传统建筑保存度差、部分传统建筑破坏严重等问题。对此，通过分析中田村传统建筑整体布局、单体建筑屋顶、构件雕刻、墙体风格、门窗装饰等特征，提出了传统建筑修复与更新的策略与要点：①考虑不同传统建筑的不同功能，进行有区别的修复与更新；②充分搜集传统村落历史资料，进行科学考证，尽可能还原建筑原貌；③传统建筑布局寓意深刻，风格独特，修复与更新应遵循原布局与风格。

传统村落还没有完整的保护与修复体系，建成至今难免受到雨雪风霜和人为活动的影响，一旦损坏或倒塌，其所存在的历史文化价值会大大受损或不复存在。传统建筑的修复与更新，能挽回其部分的历史文化价值，但是修复毕竟不是原物，只能做到形似，传统建筑的原真性在受损的那一刻起，就流失在历史长河中了。因此，对传统建筑，我们更多地应该做到加强保护，避免或减少其受到损坏。

**参考文献**

[1] 冯骥才. 传统村落的困境与出路：兼谈传统村落是另一类文化遗产 [J]. 民间文化论坛，2013 (1)：7 – 12.

[2] 白胤，乔聪聪. 基于类型学方法的历史环境保护与再生设计研究：以内蒙古将军尧村为例 [J]. 西安建筑科技大学学报（自然科学版），2017，49 (6)：875 – 881.

[3] 李伯华，杨馥端，窦银娣. 传统村落人居环境有机更新：理论认知与实践路径 [J]. 地理研究，2022，41 (5)：1407 – 1421.

[4] 宋晟溥. 古村落民居的活态化保护策略探究：以庙前镇中田村为例 [J]. 城市建筑，2021，18 (16)：85 – 88，110.

[5] 何峰. 湘南汉族传统村落空间形态演变机制与适应性研究 [D]. 长沙：湖南大学，2012.

[6] 李登舟. 古村落防御体系研究：以中田村为例 [J]. 城市建筑，2020，17 (22)：111 – 115.

[7] 刘沛林，彭科，杨立国. 传统村落景观基因遗传信息的储存、表达及其旅游价值：以湖南省常宁市中田村为例 [J]. 旅游导刊，2022，6 (2)：1 – 25.

[8] 宋巍. 湖南中田古村村落空间形态布局研究 [D]. 长沙：湖南大学，2014.

[9] 马航，刘琳. 基于共生理论的城市边缘古村的保护性更新策略研究：以深圳凤凰古村为例 [J]. 现代城市研究，2016 (1)：30 – 37.

[10] 文一峰. 原真性语义与遗产文化生态学模型 [J]. 城市规划，2022，46 (3)：115 – 124.

[11] 姚东升. 建筑遗产修复的可识别性研究：以罗马角斗场为例 [J]. 建筑与文化，2021 (5)：80 – 81.

（2022 年优秀报告；作者：宁旺芬；指导：彭科；整理：王佳琴）

# 第 3 章
# 传统村落公共空间特征分析

传统村落公共空间是村落文化、村民生产生活的重要载体，也是人类聚居至关重要的人创环境。[1]公共空间界面形态丰富、尺度大小不一，满足了人们日常生活中对不同类型空间场所的需求，同时也是血缘和宗亲关系赖以维系的空间纽带；既包含了村民日常生产和生活层面上的物质性容器场所，也包含了社区邻里交往的精神性内容场所。[2]然而，随着我国城镇化进程的不断深入，传统村落正面临着被损毁的厄运，越来越多的村落"空心化"[3]，也导致村落公共空间萎缩或荒废。另外，随着生产力生产关系的转变，传统村落普遍呈现出传统社会结构瓦解和空间衰败、环境恶化、古建筑凋零等现象[4]，传统村落公共空间难以适应新时代社会的新功能需求。2017 年，党的十九大提出要实施乡村振兴战略。传统村落公共空间作为乡村文化振兴的重要载体[5]，其营造与活化对于实现乡村高质量发展和乡村振兴具有重要意义[6]。本章选取湖南省永州市江永县兰溪村为研究案例，采用实地调查法和访谈法，研究传统村落公共空间的类型、布局特征，分析探讨其现状问题并提出营造策略，以期促进兰溪村公共空间的营造和发展，推进其乡村振兴的实施。

## 3.1 研究区域概况

兰溪村又称勾蓝瑶寨，地处江永县西南部，包括黄家村和上村两个自然村落（图 3.1），是江永四大民瑶之一勾蓝瑶的聚居地。有碑刻曰："予祖昔居万山中，山勾联透，溪水伏流，色蓝于靛"，故名"勾蓝"。这里与广西贺州市富川瑶族自治县和桂林市灌阳县接壤，地势总体为东高西低的山间盆地，多喀斯特地貌，四周层峦叠嶂，群峰竞秀，泉涧流水。勾蓝瑶人明洪武二十九年（1396）归化入籍，因扼守边境关隘有功，朝廷赐予广阔田产，免于徭役，逐步形成了融为一体、人丁兴旺、商业繁盛、文化灿烂的勾蓝瑶寨。有黄、何、欧阳、杨、蒋、周、李、雷、曹、田、顾、毛、苏等 13 个姓氏，一姓一门楼，一姓一祠堂，村民依宗族血缘聚居。主要生计方式是稻作农耕，以及烟叶、柑橘、淮山等经济作物种植。

兰溪村是湖南省境内建村最早、保留最完善、延续时间最长的少数民族村落。[7]村内保留了大量明清时期的民居，还有凉亭、风雨桥、寺庙、门楼、祠堂等传统建筑设施，不仅体现了当地较为高超的民间工艺和建筑文化，也承载着村落村民的风俗习惯和文化信仰。兰溪村文化空间具有较高的历史价值、艺术价值和科学价值。[8]勾蓝瑶寨 2011 年 1 月

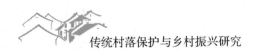

被湖南省政府公布为湖南省历史文化名村，2013 年被国务院公布为中国历史文化名村；2014 年进入第三批中国传统村落保护名录；2015 年被评为国家 3A 级旅游景区。2019 年被评为首批全国乡村旅游重点村、全国重点文化保护单位和国家 4A 级旅游景区。

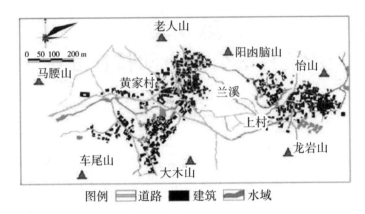

图 3.1  兰溪村区位

## 3.2  传统村落公共空间概述

### 3.2.1  传统村落公共空间内涵

传统村落公共空间是村民生活的重要活动区域，是传统村落的重要组成部分。传统村落公共空间主要指的是可自由进出的院落、村内街巷、广场、祠堂等空间，是可以进行各项娱乐活动、聚会、信息交流、思想沟通的场所。[9]这些场所具有的功能较多，如景观、宗教、休闲等，是村民的生产生活必需的交流空间，是人类在脑海的记忆中最深刻最鲜活的部分，是最能引发在外生活居民乡愁的地方。这些空间是村落的代表性、特色性空间，直接影响着人们的生活习惯。[10]只有在乡村建设发展过程中成功地将公共空间所携带的的优良文化延续传承，才可以让村民在享受现代文明带来的便捷生活的同时，依然可以找到心理上的依托和归属感。

### 3.2.2  传统村落公共空间分类

传统村落公共空间从不同的角度分析有着不同的分类。例如，按公共空间用地权属可分为显性公共空间和隐性公共空间，按空间功能可分为集会与交流空间、防御空间和交通空间等[11]，按空间活动可分为政治性公共空间、生活性公共空间等，可归纳如表 3.1 所示。其中，按照空间形态进行分类，传统村落公共空间可分为点状空间、线状空间、面状空间三类。点状空间指的是私人院落外部空间以及村落内部的主要节点，如庙宇、学校、祠堂等。线状空间指的是街巷空间、主要包括主街和支巷，主要具有交通功能和生活功能。其中，主街以交通商业为主，支巷则主要是原住民的公共娱乐活动、游客的参观游览活动。面状空间是村内的广场、景观平台或者其他较为宽敞的公共活动。

表 3.1　传统村落公共空间的类型

| 划分依据 | 公共空间类型 | 描　　　述 |
|---|---|---|
| 用地权属 | 显性公共空间 | 主要承担集会、祭祀、公共服务，如广场、祠堂等 |
| | 隐性公共空间 | 村落自建住宅及其周边的公共区域（如檐下空间等） |
| 空间形态 | 点状公共空间 | 庙宇、祠堂等 |
| | 线状公共空间 | 街巷等 |
| | 面状公共空间 | 广场、宽敞的公共活动地等 |
| 空间功能 | 集会与交流空间 | 村民聚集交流的主要场所，如广场等 |
| | 仪式空间 | 进行宗教、祭祀活动等的地方，如庙宇、祠堂等 |
| | 防卫空间 | 主要用于村落防御，如寨门等 |
| | 交通空间 | 联系各类空间，如街巷空间等 |
| 空间活动 | 政治性公共空间 | 用于政治活动，如衙署前的开敞空间等 |
| | 生产性公共空间 | 服务于生产活动的空间，如手工加工作坊等 |
| | 生活性公共空间 | 村民生活活动常用空间，如街巷集市等 |
| | 娱乐性公共空间 | 村民进行娱乐活动的领域，如空地广场等 |
| | 宗教性公共空间 | 进行宗教活动的场地，如庙宇、祠堂等 |
| 型构动力 | 正式公共空间 | 具有明显的意识形态化倾向，如祠堂、寺庙、村委会等 |
| | 非正式公共空间 | 因村落内部传统、习惯而自发产生，如水井、晒坝等 |

## 3.3　兰溪村公共空间类型及布局特征

### 3.3.1　兰溪村点状公共空间及其布局

　　点状公共空间主要指有明确功能意义和主体的节点空间，以一个中心点为主，向周围空间辐射，中心点可以是树、井、街巷转角、建筑等。点状公共空间形状无严格限定，尺度相对较小，一般以小型空间元素组合而成，主要为少量人群提供公共交往活动。兰溪村有着多种类型的点状公共空间（图 3.2），寺庙、祠堂、古寨墙、守夜屋、门楼、凉亭、风雨桥、戏台、水井等一应俱全。虽然随着生活生产方式的转变，一些公共空间被弃用或逐渐减少了使用，但仍是村落传统生活历史的见证。

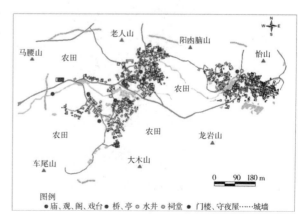

图 3.2　兰溪村点状公共空间布局

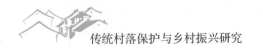

### 3.3.1.1 宗庙公共空间

（1）庙宇。兰溪勾蓝瑶胞对祖先、天地、神灵都非常崇敬，崇信万物有灵，盛行自然崇拜、祖先崇拜等多元信仰。因此兰溪庙宇众多，陆续修建有 68 座庙宇，其间有 49 庙、8 庵、5 寺、3 阁、2 观、1 宫。现仅存盘王庙、相公庙、迴龙阁、龙泉观、总管庙（表3.2）。这些庙宇表明在漫长的历史长河中，饱经社会动荡，天灾人祸的村民们向先祖和天地神灵祈求庇佑，以获得心灵的慰籍已经构成了他们精神生活的一个重要组成部分。庙宇寄托了村民祈求神明庇佑的愿望，同时也是村落重要的节点，构成村落空间的高潮。

表 3.2　兰溪村现存庙宇公共空间现状

| 名称 | 图片 | 用途及现状 |
| --- | --- | --- |
| 盘王庙 |  | 兰溪规模最大的庙宇。始建于后汉乾佑元年（948），村民于此祭拜瑶族祖先盘王，举行盘王节庆祝活动。现今已停用 |
| 相公庙 |  | 庙内原设有学堂，是兰溪文化传播中心，村内新建学校后才停止使用。如今被开辟为民俗文化表演厅 |
| 迴龙阁 |  | 兰溪大小菩萨最多的庙宇。现前殿已拆，后殿因年久失修也已残破不堪 |
| 龙泉观 |  | 供奉道家"三清"。但"破四旧"后，"三清"塑像被毁，祭祀停止，如今已被荒废 |
| 总管庙 |  | 建于清康熙二十九年（1690）。每年元宵后，勾蓝瑶三村的庙祝都要齐集此庙，商定当年各庙的庆典活动，安排日期以及各项事宜，故名总管庙。如今被空置 |

（2）祠堂。对于血缘聚落来说，祠堂是必不可少的公
共建筑，它既是家族的象征，也是维系血缘关系的纽带。
兰溪村过去是族长制，族长负责族里大小事务，处理事务
的主要场所便是祠堂。兰溪各姓氏均有祠堂，每祠有族
长，归瑶长管辖。每逢清明，族人聚于祠堂。兰溪村现有
祠堂包括蒋氏祠堂、欧阳氏祠堂、何氏祠堂、黄氏祠堂 2
座、雷氏祠堂、李氏祠堂、周氏祠堂 2 座、杨氏祠堂、曹
氏祠堂、田氏祠堂，共计 12 座。最具代表性的祠堂当推
黄家村的黄氏祠堂（图 3.3），始建于明万历四十五年

图 3.3　黄家村黄氏祠堂

（1617），建筑主体与内部空间保存完好，是黄氏家族集会、议事、举行祭祀庆典的主要
场所。

### 3.3.1.2　防御工事类公共空间

兰溪采用了典型的堡寨聚落防御体系。此体系常于聚落外围修筑坚固高耸的防御性外
墙，于聚落内部因地制宜设置层级防御结构，构成"住防合一"的聚落体系。兰溪村的防
御建筑体系大体分为四层，即石城墙、守夜屋、关厢以及姓氏门楼。石城墙通过和天然屏
壁的有机结合，为村寨提供最直接的保护，守夜屋、关厢和门楼是具有监视和防卫功能的
层层关卡，使聚落防御功能进一步强化。

（1）石城墙。石城墙是兰溪勾蓝瑶寨防御匪患的第一
道防御工事，它担当着保卫勾蓝瑶人生命及财产安全的重
要作用。勾蓝瑶人于瑶寨周边的山路隘口处修建了 9 道坚
固的青石城墙与 10 座城门，总长 2000 多米，如今保存较
好的尚有 1000 米。9 道城墙具体为黄家村的头门关大城
墙、关帝庙前左城墙、黄家湾古城墙，上村的井头坳古城
墙（图 3.4）、阳家背古城墙、寨门山古石城墙，大兴村的
大运古城墙、何家坳古城墙、虎岩古城墙。如今许多城墙
只剩下遗址，村口的城墙也是重新修建的。

图 3.4　兰溪村井头坳石城墙门

（2）守夜屋。守夜屋矗立在通往各自然村的道路出入口处，是进入勾蓝瑶寨后的第二
道防御工事。黄家村有 5 座，即黄家湾守夜屋、槐木下守夜屋、桥头守夜屋、麻斋圩守夜
屋、茶园守夜屋；上村有 4 座，即门楼社守夜屋、旱井源守夜屋、顾家亭守夜屋、周家街
守夜屋。如今只余黄家村的麻斋圩守夜屋和槐木下守夜屋保存完好，其他守夜屋都已被拆
毁或坍塌。

（3）关厢。关厢是勾蓝瑶的第三层防御工事，它建在守夜屋通向各门楼和自然村的相
隔处，是各姓氏的交界区分标志，起到防止匪盗进入各自然村以及防范村内他姓内乱的作
用。黄家村有 8 座，即黄家湾关厢、毛家关厢、杨家关厢、何家关厢、桥头关厢、桥头横
河水墙关厢、竹母下关厢、茶园欧阳氏关厢；上村有 6 座，即欧阳氏左关厢、欧阳氏右关
厢、井头坳阿弥陀佛关厢、蒋氏关厢、周氏关厢、何氏关厢。新中国成立后，社会安定和
谐，村民不再需要其防御功能。为拓宽路面，方便村中往来，立于道路中央的关厢都被拆
除。现在村里已无关厢存在。

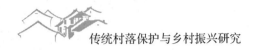

（4）门楼。门楼是寨内的最后一道公共防御工事，它处于一个族群聚居区的关键位置，大多数与主干道垂直，并衍生出多条巷道，每条巷道旁还设有巷道门。一个姓氏共同居住于门楼之后。门楼是各家族共建的集防御、休闲、娱乐、集会、商讨等功能于一体的楼房，每个姓氏依人口数量修有 1～5 座不等。历史上的勾蓝瑶人丁兴旺，门楼最多时有 24 座。现瑶寨内仍保存有 10 余座，如欧阳门楼、黄将军门楼（图 3.5）等。

**图 3.5　欧阳门楼（左）和黄将军门楼（右）**

### 3.3.1.3　其他点状公共空间（表 3.3）

（1）凉亭、风雨桥。兰溪瑶寨依山伴水，在溪水上架设着各式各样的桥。有些桥由巨大的桥墩、木结构的桥身和凉亭组合而成。凉亭秀立，雅致玲珑，结构精密，别具一格。凉亭里设有长凳，供人歇息、凭眺。瑶胞做农活往返在此歇息，能遮风避雨。这种桥就叫风雨桥，在瑶胞聚居的村寨很常见，俗称为凉桥。目前，兰溪村还存在培元桥、桥头风雨桥、石鼓登亭和黑凉亭等。

（2）水井。兰溪整个村落遍布了大量的水井，以满足村民生活需要。村民们往往依照与水井的相对位置来布置自己的住宅，而人们在打水、等水过程中，逐渐在水井周围形成了交往的公共活动空间。黄家村和上村有水井将近 50 个。其中，上村的蒲鲤井是瑶寨内最大的一口井，可谓"万井之源"，兰溪河便是从蒲鲤井中涌流而出，是上村村民生产生活用水的主要水源。井水清凉透澈，井边用大青石板分成两个水池。

（3）戏台。瑶族是一个能歌善舞的民族，节庆活动丰富，几乎每月都有节日。每逢节日与庙会，勾蓝瑶人都会举行跳舞、唱戏活动，民族文化特别活跃丰富。戏台是勾蓝瑶人节日庆典与庙会必不可少的场地。历史上，勾蓝瑶修建了黄家村的关帝庙古戏台，下村的盘王庙古戏台、相公庙古戏台，上村的旗山庙古戏台。如今，关帝庙古戏台已坍塌不存。

**表 3.3　兰溪村凉亭等点状公共空间**

| 公共空间 | 凉亭、风雨桥 | 水井 | 戏台 |
|---|---|---|---|
| 图片 | 石鼓登亭 | 蒲鲤井 | 旗山庙戏台 |

## 3.3.2 兰溪村线状公共空间及其布局

线状空间是呈狭长带状，两侧封闭、端头开发的空间形态，特点是"长"，表达着一种方向感。村落线状公共空间主要指村落街巷空间。街巷空间是构成传统村落空间形态的骨架，也是传统村落公共空间的重要构成部分。线状的街巷空间不仅承担着村落邻里联系的交通功能，也是村民交往、生活的重要场所，承载着丰富的历史文化信息，展现了村落发展轴线，记录了其发展轨迹。人们能够通过游览街巷和参与文化活动获悉和感知村落历史风貌。兰溪整个村落的街巷道路可以分为三级，即主道、街道、巷道（图3.6）。

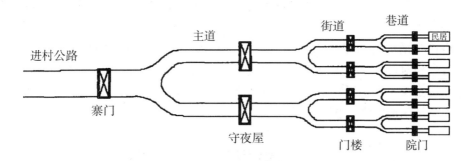

**图3.6 兰溪村街巷道路示意**

主道是一条 Y 形、东西向的中心道路。在这条中心轴线上，贯穿着村口、盘王庙、迴龙阁、相公庙、兴隆庙、崩山庙、石鼓登亭等重要的建筑和节点空间。主道是兰溪最主要的道路，也是联系上下两个自然村的纽带。主道通过石寨墙和石寨门与外界道路相连。街道主要是自然村内部的建筑组群与主干道相连的道路，也是主道向自然村延伸出的分支。街道通过守夜屋、关厢与主道相连。不同家族的姓氏门楼与自然村的街道垂直，并衍生出数条巷道。巷道相当于家族院落内部的道路。民居沿街道及巷道向后延伸布置住房，形成以血缘为主脉的居住格局。巷道通过姓氏门楼与街道相连。可见兰溪的道路等级分明。不同等级的道路相接处都设有关卡。道路的等级越高，所设的关卡的等级就越高。这也是与兰溪聚落的层级防御体系息息相关的。

**表3.4 兰溪村街巷道路现状**

| 街巷道路 | 主 道 | 街 道 | 巷 道 |
|---|---|---|---|
| 现状 | 用水泥铺设，较为宽敞，便于村民与游客通行 | 较为狭窄，且大部分已变成水泥路，只剩部分为石板路，传统街巷风貌被破坏 | 多维持原有的石板路，狭窄破败且幽暗，不便于通行 |
| 照片示例 | | | |

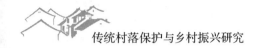

### 3.3.3 兰溪村面状公共空间及其布局

面状公共空间在一定程度上有着交通与联系功能，具有一定开放性的广场空间。与点状公共空间相比，面状公共空间面积相对较大，容纳人数较多，空间界面有所限定。面状公共空间是举办大型公共活动的场所，也是村民户外活动的集中场所，对村落内部人群聚集的发起有着关键性作用。兰溪瑶寨的广场是为了满足当地居民多种社会生活的需要而自然形成的，以建筑、道路、山水、地形等围合，由多种硬质、软质景观构成，采用步行交通手段，具有一定的主题思想和规模的节点型户外公共活动空间。兰溪最常见的两种广场形式是聚会广场和景观广场。聚会广场多设在寺庙、祠堂和戏台的周围，是一种与公共建筑相结合的广场。这种广场多充当聚会庆典的场所，是公共建筑外部空间的扩展，也是瑶胞们使用得最多的一种广场。景观广场则多设在溪流、井台、风雨桥、门楼、古树的附近。这些广场相对较小，位置灵活，是老人休息、儿童嬉戏、青年活动的地方。如相公庙前的文化广场是黄家村的活动中心，广场上设有篮球场，树底下有石凳，村民可以在此打篮球、纳凉以及闲话家常（图3.7）。

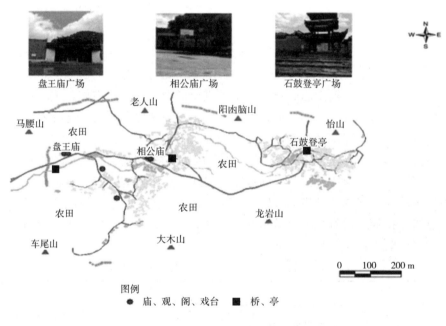

**图 3.7  兰溪村面状公共空间**

### 3.3.4 兰溪村公共空间布局特征

#### 3.3.4.1 顺应自然环境的布局

兰溪瑶寨依山傍水，溪流遍布，兰溪河贯穿整个村落。居民依水而居，各种村落建筑凭水而建，有水的地方就有桥，有大路的地方就有亭，俨然一幅小桥流水人家的诗意景象。村落内部的道路大多顺水的方向布置，沿水系两侧开辟了水井，村民们可以浣衣、洗菜、聊天，自然而然形成了日常交往的场所。另外，兰溪村民为了提升生产生活的便利，以及加强人们之间的交往，在村内的水上和主干道上建造了许多能够遮风挡雨的凉亭和风雨桥，在凉亭内设有石凳或木凳供人们歇息。凉亭和风雨桥成为兰溪村村民纳凉、聊天、娱乐等活动的一种重要公共空间。

#### 3.3.4.2 以祠堂门楼为中心的布局

兰溪是典型的同姓血缘聚族而居的村落。血缘聚落群体具有血缘性、聚居性、等级性、礼俗性、农耕性、自给性、封闭性、稳定性等多种文化特质。这些特制构成聚落共同体强大的亲和力，致使血缘聚落形成的村落得以长期延续，留存至今。受宗族聚居等主要因素影响而形成的村镇，常表现为以宗族祠堂为中心的布局形式。兰溪聚落的布局以各族的门楼和祠堂为中心展开。以下村为例，杨氏、何氏、黄氏、欧阳氏四大家族的门楼构成了黄家村的多个中心点，这多个中心点与一条南北向的街道串连成一个有机整体，形成了村落有序的公共空间。

#### 3.3.4.3 强调防御功能的布局

由于特殊的地理环境以及战乱等历史背景，一些村落的布局体现了安全防御的功能，形成堡寨式的聚落。兰溪村便是一个典型的堡寨式村落。在村落外围，兰溪村依据周围的地形地势，在出入口或山峦之间的关隘处修建城墙，是古寨的第一道防线；守夜屋多位于两个自然村的主要出入口处或主道与街道的交界处，是古寨的第二道防线；关厢多位于门楼两侧的街道上，是古寨的第三道防线；门楼多位于家族院落的出入口处或街道与巷道的交界处，与守夜屋、关厢共同构成封闭的箱形空间，是古寨的第四道防线。这种层层递进、步步为营的布局方式是兰溪瑶胞数百年防御经验的总结和智慧的结晶。城墙、守夜屋、关厢以及门楼的布局体现了兰溪村重视公共空间防御功能的布局特征。

## 3.4 兰溪村公共空间问题及营造策略

### 3.4.1 兰溪村公共空间现存问题

#### 3.4.1.1 村落公共空间功能日益衰败

由于村民已摆脱和放弃了原本自给自足的生活方式，且村落内社会经济结构不断变化，致使传统村落公共空间的必要性逐渐消失，公共空间内人的活动也不断减少，空间的功能也在不断退化，不复曾经的热闹场景。最典型的是寺庙等用于祭祀的公共空间。兰溪村过去在寺庙举行的祭祀、庙会等活动非常多。可如今村落村民的神灵信仰逐渐弱化，祭祀活动也逐渐减少，寺庙等公共空间内部活动减少。现在除相公庙用于民俗文化表演外，其余保存下来的盘王庙、迴龙阁等破败不堪，几乎常年处于无人问津的状态。另外，祠堂也是兰溪村具有代表性的公共空间。虽然兰溪村依旧留存了许多祠堂，但多已经丧失了原本的祭祀、族内议事等功能，不再是用于维持宗族关系的象征。如今的祠堂只用于族人办婚丧等宴席，空间开放性不强，利用率较低。此外，还有一些活动公共空间，由于村民生活方式的变化，其空间原本的功能早已不满足日常生活的需求。就古井空间而言，由于村落内自来水的普及，当地村民在水边洗衣、洗菜的场景逐渐减少。最后对于古桥、古亭等

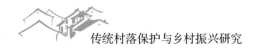

空间，由于如今交通方式的多元化，其原本的休憩交往功能早已退化，再加上长期自然的侵蚀，这些空间已破败不堪。

### 3.4.1.2　公共空间风貌民俗特色丧失

由于对城市宽敞明亮的高楼大厦和方便快捷的现代生活的向往，以及保护意识不足，兰溪村村民希望改变原有的居住条件，无序地新建与翻修住房，现有民居随意占用街巷空间、采用砖混结构、建筑表面瓷砖贴面、装饰不锈钢外窗和欧式栏杆等，导致街巷的尺度、肌理、空间格局和风貌遭到破坏，严重影响了整个村落的风貌格局。此外，随着社会的发展，兰溪村传统的地缘血缘关系纽带逐渐弱化，村落的人口结构趋于空心化，生产生活用品不再依赖自给自足等，使得大部分祭祀性公共空间和传统民俗活动逐渐衰败和消亡，表现为祠堂、庙宇等公共建筑破损且无人问津，集市、庙会、节庆等活动的举办频率降低，参与人数减少，参与人员的积极性降低，在一定程度上影响了村落公共空间的活力。

### 3.4.1.3　村落公共空间配套设施欠缺

兰溪村公共空间的配套设施严重缺乏，这严重影响了空间的便捷使用。村内缺乏与整个环境相适应的座椅、公共厕所、娱乐等设施。尤其是公共厕所，目前只在兰溪村景区的入口游客服务中心和黄家村相公庙附近设有，上村未见公共厕所，这根本无法满足当地村民及外来游客的需求。此外，由于村落的旅游开发更多考虑的是游客的需求，而忽视了本地村民居住的生活需求，村落根本没有供村民平时休闲的场所。随着经济社会的发展，物质生活水平的提高，村民对身心健康发展的需求也越来越凸显，对各类休闲公共空间（如体育健身设施）的需求增加。而兰溪村的公共空间相应的休闲娱乐设施配套非常不完善，缺乏老年人活动室、幼儿活动场所，唯一的设在相公庙广场的篮球场还经常被车辆停放占用，根本满足不了村民的需求。

## 3.4.2　兰溪村公共空间营造策略

### 3.4.2.1　公共空间传统功能的挖掘与再利用

公共建筑的存在都与当时的历史环境、文化背景息息相关，是文化传承的集中体现，且多具有较高的建造水准和艺术水平。更新公共空间时更多的应注重公共建筑的历史功能，充分发掘公共建筑的历史、社会、文化和艺术价值，在展示公共建筑的同时展示其历史文化内涵。尤其是祠堂类公共建筑，作为村落中最为重要的公共建筑，是整个村落人际脉络的根基，关系到整个村落居民血脉的传承与延续。可以利用原来的祠堂空间等增设茶室、公众阅览室、文化展览等公共活动空间。另外，可以恢复村落保存较为完好的古商业街，增设休闲娱乐及商业购物等娱乐服务空间。通过将村落旧的公共空间打造成新旧功能结合的复合体，促进自发性活动的形成，激活公共空间的活力。

### 3.4.2.2　恢复村落公共空间特色风貌

兰溪村可对街巷肌理、沿街界面和公共空间节点要素风貌的修复和重塑。对街巷破损的青石板、青砖路进行修复和整治，维持传统街巷的铺地面貌；对肆意侵占街巷空间的的建筑或构筑物进行拆除，恢复街巷的尺度和肌理；对破坏街巷传统风貌的建筑物进行立面改造，铺贴、加设与原有风貌一致的外墙材料；对风貌遭到破坏的空间节点要素，应重点维修和恢复。其中，建筑和构筑物的修复应满足相应的古建筑修复要求。如结构基本完好时，应进行局部加固和整修，更换相应部件；如结构损坏严重，则需进行拆除复建，恢复原貌。

### 3.4.2.3 完善公共配套设施供给

公共空间最基本的服务设施主要包括休憩的桌椅板凳、健身锻炼器材及儿童娱乐游憩设施等，这些设施可以与村落内开敞的广场空间或河周边空间相结合。同时，在村落内街巷空间或是祠堂、门楼、守夜屋等重要的公共空间节点处增设夜间照明的路灯，不仅方便当地居民夜间出行和晚间健体娱乐活动的开展，也方便外来游客在兰溪村的夜间游玩活动。另外，公共厕所作为基础服务设施，是村落建设中必须建设的配套设施。应按一定的服务半径配置公共厕所，以满足当地村民生产生活及来往游客使用，且公厕设计的外观应与周围建筑相协调。最后，应在兰溪村公共空间中适当增加可供村民休闲娱乐的设施，如健身器材等，以满足村民公共活动的需求。

## 3.5 总结与反思

传统村落公共空间不仅是村民日常使用得最多的空间，也是传统村落地域文化重要的展示空间，更是村落传统文化延续的重要载体。对传统公共空间的利用是在保护的基础上进行的，完善的保护是有效利用的前提。随着时代的发展，确实有些公共空间已经不为居民所需要，可以在不破坏原有空间格局和界面的情况下，用功能置换和功能延伸的方法对其进行合理开发和再利用，激活这些公共空间的活力，让居民真实地、活态地在其中生产与生活。

传统村落公共空间的重塑是重拾乡村价值、延续乡愁、促进乡村振兴的重要环节。在传统村落公共空间重塑中，应尊重村民的习俗与生活方式。村民是传统村落保护和发展过程中最根本的内生力量。让村民参与村落重塑，可以让村民产生文化自豪感和自觉感，重新认识村落的价值并主动进行维护和宣扬。同时，应尊重传统村落的文化传统和历史背景，最大限度地保护公共空间内的村落肌理、空间格局、巷道尺度、文物与历史建筑的真实历史信息，结合村民对现代生活的需求，重塑出独具特色的公共空间。

### 参考文献

［1］张浩龙，陈静，周春山. 中国传统村落研究评述与展望［J］. 城市规划，2017，41（4）：74 – 80.

［2］郑赟，魏开. 村落公共空间研究综述［J］. 华中建筑，2013，31（3）：135 – 139.

［3］孙九霞. 传统村落：理论内涵与发展路径［J］. 旅游学刊，2017，32（1）：1 – 3.

［4］刘馨秋，王思明. 中国传统村落保护的困境与出路［J］. 中国农史，2015，34（4）：99 – 110.

［5］李伯华，尹莎，刘沛林，等. 湖南省传统村落空间分布特征及影响因素分析［J］. 经济地理，2015，35（2）：189 – 194.

［6］康璟瑶，章锦河，胡欢，等. 中国传统村落空间分布特征分析［J］. 地理科学进展，2016，35（7）：839 – 850.

［7］李伯华，曾灿，窦银娣，等. 基于"三生"空间的传统村落人居环境演变及驱动机制：以湖南江永

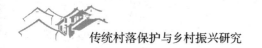
县兰溪村为例 [J]．地理科学进展，2018，37（5）：677 - 687．

[8] 曾灿，李伯华，龚文静，等．聚落"双修"视角下传统村落人居环境转型发展研究：以江永县兰溪村为例 [J]．华中师范大学学报（自然科学版），2021，55（2）：278 - 288．

[9] 张健．传统村落公共空间的更新与重构：以番禺大岭村为例 [J]．华中建筑，2012，30（7）：144 - 148．

[10] 郑霞，金晓玲，胡希军．论传统村落公共交往空间及传承 [J]．经济地理，2009，29（5）：823 - 826．

[11] 唐珊珊，张萌，于东明．传统村落公共空间类型及传承研究 [J]．北京规划建设，2019（1）：113 - 116．

（2022 年优秀报告；作者：王慧玲；指导：罗凯；整理：刘旭）

# 第4章
# 思溪村空间形态及影响因素研究

传统村落原名古村落，实指民国以前所建的村落。[1]在传统村落之中蕴含着丰富的历史信息和文化景观，是农耕文明留下的最大的遗产。其对于历史、文化、科学、艺术与社会均有较高的价值。[2]随着时代的发展，传统村落内逐渐出现了文化丢失、空间荒废等问题。[3]传统村落的未来将何去何从成为当下制约传统村落发展的最重要的因素。[4]通过研究传统村落的历史文化、空间形态的变迁以及分析其影响因素，使得我们能够从其中探索出符合传统村落未来发展的道路。

江西省素有"吴头楚尾，粤户闽庭"之谓，同时也是古时北方人南迁的重要地点之一。这使得江西省古村落的文化十分丰富。同时，江西省拥有的古村落数量也极其之多，其中约2/3为明清时期所建造。婺源县思口镇思溪村内含有一定规模的明清建筑群，可以把思溪村作为江西省大部分传统村落的缩影，因而选取其作为本研究的研究对象。本章主要采用了实地踏勘法、访谈调查法、文献分析法等方法。

## 4.1 研究区域概况

### 4.1.1 历史沿革

思溪村村民祖籍山东济南泗水村，于南宋庆元五年（1199）因逃难迁入现江西上饶。距今有800多年历史。村内俞为大姓，同时也有董、胡、王等姓氏。因村子地处溪水旁，而原村名在当地婺源话谐音"死水"[5]，古人信奉死水养不了活鱼（俞），因而将村名改为思溪村。

思溪村所在的婺源县原由安徽管辖。在中华人民共和国成立后，思溪村才归属江西省管辖。思溪村于2010年3月被评为国家4A级景区[6]，2013年8月被列为中国传统村落，2014年3月入选中国历史文化名村，2019年12月入选第二批国家森林乡村名单，2021年10月入选中国美丽休闲乡村监测合格名单。

现今思溪村内约200户，600人口。拥有古民居80余栋，其中多数为清代建筑。有一些电视剧（如《聊斋》《青花》）就取景于此。近一二十年来，随着部分村民选择在村内另建居所或者进城谋生，村内古民居日渐空置，因而缺乏维护。随着时间的推移，村内一些古建筑已出现结构性的破坏与坍塌。

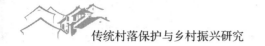

### 4.1.2　文化背景

　　思溪村内建筑均为传统的徽派建筑，白墙配黑瓦。由于古代本地男人多外出经商，家里的妻子在家十分期盼丈夫能够早日归家，于是将墙做成古时女人小脚鞋子翘起的模样，寓意着翘首以盼；将墙叫作马头墙，也有希望丈夫在外经商能够一马当先、马到成功的意思。在思溪村民居入口处通常有一级或三级台阶，一级台阶寓意一本万利，三级台阶则寓意步步高升。民居内部通常设有天井，天井下方有一水缸。当下雨时屋外下大雨，天井处则会有小雨流入缸内，寓意着肥水不外流。

　　徽州三雕是指具有徽派建筑风格的砖雕、石雕、木雕三种传统民间雕刻工艺，又被称为婺源三雕，[7]是江西省婺源县的传统美术，国家级非物质文化遗产之一。其中，砖雕与石雕多用于门楼；木雕则多用于室内，如房子内部的梁柱之上。正因为婺源三雕，思溪村传统建筑的美学价值也被大大提高。婺源三雕图案的主题众多，如以八仙过海、桃园结义等故事为主题，还有的以花鸟走兽、亭台楼阁为主题。其中多蕴含吉祥的意义，是中华传统文化艺术中重要的宝藏。尤其是百寿花厅的扇门上刻有 96 个不同字体的"寿"字，堪称一绝。

## 4.2　思溪村空间形态

### 4.2.1　思溪村村落选址与整体格局

　　《阳宅十书》"论宅外形第一"中写到："凡宅左有流水谓之青龙，右有长道谓之白虎，前有污池谓之朱雀，后有丘陵谓之玄武，为最贵地。"思溪村选址就是如此，村落背山面水，四周多丘陵地形，符合古人所认为的宜居地标准。[8]

　　思溪村位于婺源县城北偏西 19 千米。从整体来看，村落夹河分布，位于村落内的一段河流宽度较宽于其上下游。村落内地形平坦，整个村落大致呈块状分布。由于河流两岸的建筑建造年份相差较远，因此村落内由河流区分出了新村与老村。新村位于河流的北面，老村则位于河流的南面。老村内建筑以村内祠堂（由于年久失修以及自然因素，现已废弃）为重心，以连接通济桥的街道为轴线，向四周平坦区域分散。因此，老村村落形态呈现为较村落整体更高密度的组团状。2009 年前后，老村旁修建了一条跨河连接外部的公路，新村的大多数建筑则沿路分布。因此，新村村落形态呈现为长条状（图 4.1）。

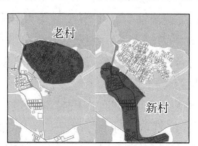

图 4.1　新村与老村形态对比

## 4.2.2　思溪村地形特征

思溪村周围山峦重叠,地貌以丘陵为主。整个村落处于夹在两山之间的平坦地区。从地形剖面图来看,整个思溪村主体均位于海拔 85 米以上。村落南面地形坡度大;北面经过一段小坡度后又有一小段平坦区域,那也正是思溪村新村所在。村落内农田多沿着平坦区域展开,有利于农作物的种植。遇到降水,两边高中间低的地势也有助于汇聚水源。因此,思溪村的地下水量丰富。即使到现在,村民们也在大量使用抽水泵抽水,而不是使用自来水。

## 4.2.3　思溪村街巷空间

思溪村内新旧街道并存,主要街道呈东西向分布(图 4.2)。其中村落建筑正门因出行人流量大,所对应的街巷较宽;山墙所对应的街巷则较窄。最窄的道路仅 1 米宽,被当地人称为"一尺巷"。因而其沿街建筑的建筑间距与建筑高度之比($D/H$)大抵分为三类(图 4.3):$D/H = 1 \sim 3$,一般属于车行道;$D/H = 0.2 \sim 0.8$,一般属于较宽的人行道;$D/H = 0.06 \sim 0.2$,属于较窄的人行道。因古时防火需要,山墙上有高高耸起的马头墙,山墙上少有开窗,即使开窗也十分小。在这种情况下,巷子的狭窄幽闭被体现得淋漓尽致。正是这种狭窄的巷子为当地建筑增添了一份特色。

图 4.2　思溪村主要街巷

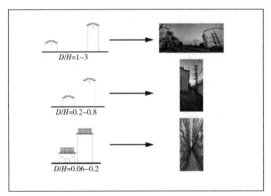

图 4.3　三种街道的 $D/H$ 值

思溪村老村的街巷全部由青石板路铺砌,新村则换为了水泥路。思溪村的街巷多由道路两旁的建筑物所界定,因此其形成的道路类型也是多种多样的,如 X 字形、T 字形、十字形和 Y 字形(图 4.4、图 4.5)。其街巷道路错综复杂,对村落内部空间起到了连接与支撑的作用。

图 4.4　思溪村四种不同的道路类型

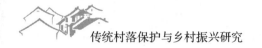

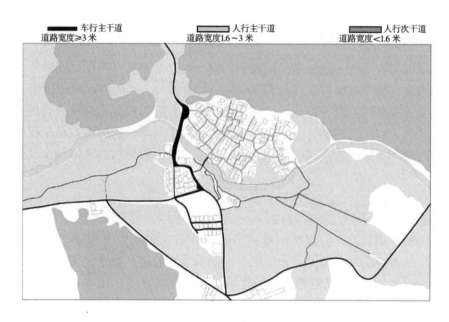

图 4.5　思溪村街道信息

## 4.2.4　思溪村桥梁特点

思溪村内一共拥有四座桥梁（其中一座因 2022 年 5 月洪涝灾害而被摧毁，至今还未修复）。四座桥梁的材质与功能各有不同（表 4.1）。其中建造年代最早的是通济桥，为明代景泰年间制造，至今约有 500 年历史。[9] 现今村内大部分商铺、酒家皆倚傍通济桥而建，使得以通济桥为中心形成了整个村落的商业与社交中心。

表 4.1　思溪村桥梁要素统计　　　　　　　　　　　　　　　　单位：米

| 桥梁 | 长/宽 | 材质 | 形态 | 主要用途 |
| --- | --- | --- | --- | --- |
| 1 | 80/12 | 钢筋混泥土 | 梁桥结构 | 供机动车行驶通过 |
| 2（通济桥） | 22/3.8 | 花岗石与木材 | 廊桥结构 | 村内公共活动空间和最主要的进村道路 |
| 3 | 12/1 | 青石板 | 梁桥结构 | 村落与农田间的通道 |
| 4 | 暂无数据 | 木材 | 梁桥结构 | 村落与农田间的通道 |

通济桥为廊桥结构。桥墩前端砌成半截船型，被称为"燕嘴"，有利于减少水流（尤其是洪水来临时）对于桥墩的冲击力。在桥墩上还立有一根"如来佛柱"（石柱）。桥墩尾部则建有河神祠，供奉着治理洪水的禹王。

## 4.2.5　思溪村空间形态演变

思溪村拥有 800 多年历史，现今只存有清代古建筑。笔者对村内进行走访调查，依据卫星图等，对现思溪村内建筑进行年代划分，并依据对建筑年代的划分近似制做出思溪村空间形态演变图（图 4.6）。

对比清朝建筑分布情况与 20 世纪中后期建筑分布
情况来看，在 20 世纪中后期，沿河南岸即老村民居数
量明显增加，整个村落内建筑与建筑之间的间隙也急
剧缩小，几乎填满了整个平坦的地区。在河流北岸也
有少部分民居形成。其中最明显的变化是在离村落不
远处兴建了一座思溪小学。

对比现今建筑分布情况与 20 世纪中后期建筑分布
情况可以看出，沿河南岸即老村建筑数量只有略微增
加，最明显的变化则是在新村新建了停车场与供游客
住宿的客栈群；原先河北岸的民居大部分改成了供旅
客居住的客栈或餐馆；位处河边的部分古民居也已转
型，变为了民宿或售卖当地手工艺品、特产的商店。
这些是因应思溪村的旅游业发展而发生的变化。

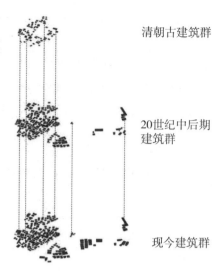

图 4.6 思溪村空间形态演变

## 4.3 思溪村建筑现状

### 4.3.1 思溪村各类建筑分布

对思溪村内部分建筑进行归类，分别绘出其分布图（图4.7），并对其进行分析。

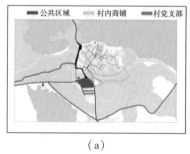
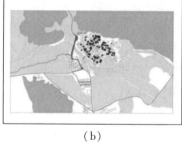
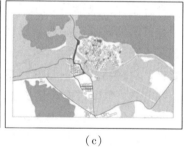

（a） （b） （c）

图 4.7 思溪村各类建筑分布

图 4.7（a）是思溪村村民进行商业活动与社交活动的地点。进行社交活动的公共空
间分布分散，其中包括村民幸福食堂、可供村民开展文娱活动的停车场等；进行商业活动
的建筑则集中分布在以通济桥为轴线的两边，有利于游客到达。

图 4.7（b）是已挂牌的江西省传统建筑分布情况。这些思溪村的传统民居都能够反
映清朝的建筑艺术特色。特别是传统建筑内所运用到的的"三雕"技术蕴涵了当地丰富的
历史文化与民俗传统。这些江西省传统建筑也不完全是民居建筑，有一座匠房因在当地的
产业发展史上具有代表性也被列入了江西省传统建筑。而在这些建筑之中清代的"银库"
屋也十分特别，当世现已罕见。

图 4.7（c）是思溪村的景点分布，包括通济桥、振源堂、一尺巷、百寿花厅、承德
堂、继志堂、敬序堂、燕尾井、清代"银库"等。[10]这些建筑大多受到了保护，游客只能

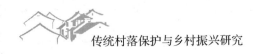

在外部观赏，无法进入到建筑内部。

位于思溪村内的重点建筑敬序堂建成于清朝雍正年间，由庭院、门厅、天井、正厅、后堂、厢房、厨房、花厅等组成。位处于思溪村老村区偏南位置，大门与玉带河之间相隔一小块农田。由于现今仍然有俞家后人居住，因此只有前厅与左右花厅对外来游客开放。敬序堂一共有两层，面积达 664 平方米，是整个思溪村内保存最完美的商宅。

### 4.3.2 思溪村内神圣空间

思溪村祠堂位于思溪村偏西的位置，是整个思溪村的重心。思溪村老村区域也是以思溪村祠堂为重心向外分布。思溪村祠堂周围的道路也宽于一般的道路。而由于年久失修思溪村祠堂于 20 世纪中期废弃并改建为思溪村生产队的仓库。现今思溪村生产队的仓库也已废弃，从外观难以发现祠堂的痕迹。村民如有祭祀等活动通常去位于西冲村的俞氏宗祠进行祭祀活动。

## 4.4 问题与对策

### 4.4.1 思溪村现存问题

#### 4.4.1.1 思溪村村落格局发生不利改变

思溪村老村的村落围合方式为组团状，究其原因是村落聚集而居，房屋以祠堂为中心紧密分布，可以算是一种宗祠文化传承。思溪村新村的围合方式则呈现为长条状，而其原因是村内为发展旅游业新修建了道路，使得现阶段新建房屋均沿着道路分布。这样的分布破坏了几百年来思溪村传统的空间格局，而且长条状去重心化的分布使得村民之间的交流减少，对村落文化内核的传承起到了消极作用。

#### 4.4.1.2 思溪村损毁建筑破坏村落格局

思溪村老村之中有不少建筑发生了倒塌损毁。通过访谈得知这些建筑损坏时间较久，一直未得到妥善处理。而这些损毁的建筑里长满了植株，从卫星图上看就像是村落整体被蚕食了一块。这不利于村落整体格局的稳定。

#### 4.4.1.3 村内观赏路线规划不合理

思溪村有十余处景点，却没有一个清晰明了的浏览路线。只有几个指示牌指引方向，多摆放在不显眼的地方，且指示牌所指引的路线并不能完整串起所有的景点，更与公共卫生间所处的位置背道而驰。同时，指示牌所指引的路线多为小路，当游客进村观赏时，其观赏需求并不能得到很好的满足，反而易引起迷路、走丢等事故发生。

### 4.4.2 建议与措施

#### 4.4.2.1 重新规划新村道路，保持整体格局不变

新村的形成是因为新修建的一条大路，使得房屋沿着道路分布。为了使得村落格局不再发生巨大改变，可以在大路两旁合理规划小路，小路的分布方向则与老村之中主要人行道的分布方向相似，鼓励村民们在小路两旁建造新房而不是继续沿着大路建造新房。这样

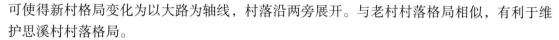

可使得新村格局变化为以大路为轴线，村落沿两旁展开。与老村村落格局相似，有利于维护思溪村村落格局。

#### 4.4.2.2　科学制定古建筑修复政策，提高村民修复古建筑的积极性

损毁的古建筑常年无人修葺可能存在以下原因：①古建筑年代久远，修复难度大；②古建筑修复流程复杂，手续繁琐；③古建筑修复需要较高费用，而收获利益少。因此，应科学制定古建筑修复策略，优化古建筑修复申报流程；对于肯修复自家古建筑的村民，应当给与适当补贴，以调动村民修复古建筑的积极性。通过这些举措解决上述问题，从而保护村落格局不被破坏。

#### 4.4.2.3　合理规划景点浏览路线

思溪村现阶段大力发展旅游业，一个合理的景点浏览路线对于该村旅游业的发展是十分关键的。一个合理的旅游路线应当满足旅客对于能完整浏览景区，能够很好地欣赏风景，能饮食、休憩等各种需求。因此，当地旅游公司可以同当地有经验的村民一起协商，共同策划一条合理的旅游路线，以促进当地旅游业的发展。

## 4.5　总　结

地域的自然环境因素与宗祠等文化因素是影响村落空间形态形成的最重要因素。思溪村的形态结构，从村落整体沿水分布，到老村与新村的形态差异，再到村内主要街巷与次要街巷的区分，都体现了当地自然环境与宗祠文化会影响村落的布局。对其空间形态及影响因素的分析不仅为我们找寻传统村落的未来提供了新思路，还为我们保护此类传统村落提供了帮助。

**参考文献**

[1] 胡燕，陈晟，曹玮，等. 传统村落的概念和文化内涵 [J]. 城市发展研究，2014，21（1）：10－13.

[2] 冯骥才. 传统村落的困境与出路：兼谈传统村落是另一类文化遗产 [J]. 民间文化论坛，2013（1）：7－12.

[3] 吴必虎. 基于乡村旅游的传统村落保护与活化 [J]. 社会科学家，2016（2）：7－9.

[4] 王路. 村落的未来景象：传统村落的经验与当代聚落规划 [J]. 建筑学报，2000（11）：16－22.

[5] 《婺源县志》编纂委员会. 婺源县志 [M]. 北京：中国档案出版社，1993.

[6] 武星宽，荣浪. 古村落景观保护性开发的规划探析：以婺源县思溪村、延村景区的开发为例 [J]. 小城镇建设，2004（6）：24－26.

[7] 谭求. 婺源三雕的文化艺术价值研究 [J]. 美与时代（上），2022（11）：15－17.

[8] 张奕，王崇婉. 水木兴盛的江西古镇：婺源县思口镇研究 [J]. 华中建筑，2015，33（5）：153－157.

[9] 草家. 徽色古韵思溪村 [J]. 住宅产业，2018（6）：75－80.

[10] 张新荣. 思溪村继志堂、承德堂天井布局礼制特点解读 [J]. 装饰，2013（9）：121－122.

（2022 年优秀报告；作者：曹盛；指导：罗凯；整理：刘旭）

# 第 5 章
# 传统村落街巷格局与传统建筑分析

随着现代化、城镇化、工业化突飞猛进的发展，2000—2010 年，我国的自然村由 363 万个锐减至 271 万个，共减少了 92 万个，平均一天消失将近 250 个，其中包含大量的传统村落。[1]本章以国家级传统村落宾阳县中华镇施村为例，开展施村传统村落街巷格局与传统建筑的研究，分析施村文化历史、自然概况，以及施村古建筑群的平面形态、重要的生活场所分布及位置、古建筑群内的空间特征和建筑特点等。

## 5.1 传统村落的保护与发展

### 5.1.1 中国传统村落的保护与发展

传统村落的消失意味着农耕时代的物质见证遭到了破坏甚至毁灭，同时大量根源于村落民间文化的非物质文化遗产消亡，部分少数民族聚集地濒临瓦解，传统村落保护迫在眉睫。[2]2012 年 4 月，国家决定由住房和城乡建设部等四部委联合启动了中国传统村落的调查与认定；2012 年 12 月颁布第一批中国传统村落名录。截至 2019 年 6 月 6 日，已经公布了五批共 6819 个中国传统村落（图 5.1、图 5.2）。[3]

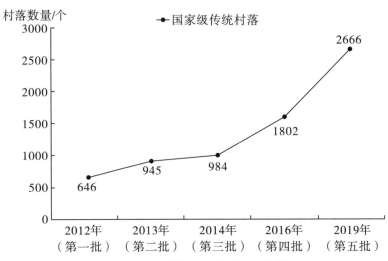

图 5.1 国家级传统村落批次及数量

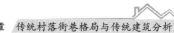

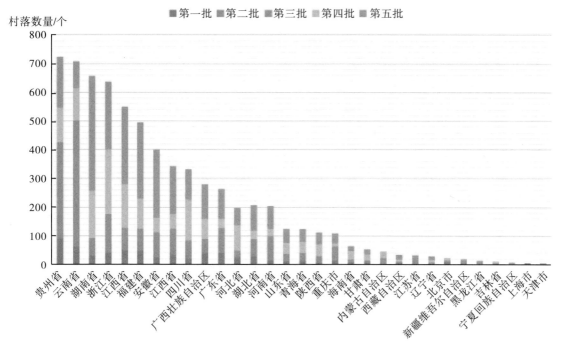

**图 5.2  国家级传统村落地域分布**

## 5.1.2  广西传统村落的保护与发展

广西壮族自治区（以下简称广西）陆域总面积为 23.67 万平方千米，自然村数量达 1.85 万多个，其中传统村落数量 280 个（图 5.3）。传统村落的空间分布明显不均衡，多数传统村落集中于广西北部至东北部，在中部呈小范围的集中，在南部平原主要为大分散、小集中。传统村落的民族特色鲜明，地域特色突出，建筑保存良好，传承较为完整。

广西在传统村落保护上采取的措施是专家包村打造，规划师驻村建设，全程指导和组织实施村落的保护和发展。除包村打造外，广西还开展历史建筑和历史环境要素的建档、挂牌保护工作和建立中国传统村落数字博物馆。将传统村落的建筑形态、空间格局和环境等要素进行数字化记录，以一种量化的方式呈现出来，有助于深化人们对传统村落建筑与空间格局的认知，为传统村落的保护与规划提供科学依据。[4]

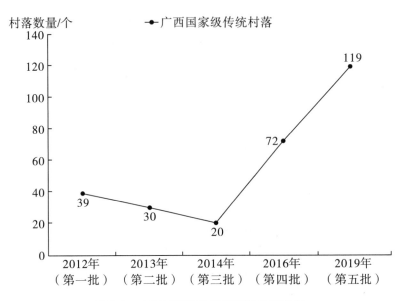

图5.3　广西国家级传统村落批次及数量

### 5.1.3　宾阳县传统村落的保护与发展

南宁市宾阳县传统村落历史悠久，自然山水钟灵毓秀，民族文化博大精深，民间文艺丰富，文化形式多样。目前，政府层面非常重视宾阳县传统村落的保护和开发工作。如宾阳蔡村蔡氏古院的保护规划和旅游开发工作中，把蔡氏书香古宅建成集探访古代建筑、领略古代文化、观赏生态农业、享受休闲度假于一体的广西精品旅游景区。

宾阳县中华镇施村现有户籍人口6347人，由施姓世居组成，是宾阳县最大的村落，在广西境内也属于人口规模较大的传统村落。

## 5.2　宾阳县施村概况

### 5.2.1　施村区位

#### 5.2.1.1　地理区位

施村位于宾阳县中华镇镇区南侧，西邻施鹿村，东南与上施村接壤，村的南面是大明山东延余脉及山口、陶鹿水库，村的北面是广阔平原。

#### 5.2.1.2　交通区位

施村距离宾阳县城19千米，距离中华镇镇区仅3千米。村落交通便利，距离贵隆高速中华镇出口仅3千米，位于南宁一小时生活圈中。

### 5.2.2　自然资源分析

#### 5.2.2.1　地形地貌条件

施村地处丘陵与平原结合部。其南面有大明山余脉作为高地护持，平均海拔250米，其中苍抱、尖岭两山并排耸立，树木常年葱郁；东、西、北面是广袤沃野。村落内有水塘、水渠环绕，绿树成荫。土地肥沃，土壤以红壤为主，其余为黄壤等土质（图 5.4、图 5.5）。

图 5.4　施村鸟瞰

图 5.5　施村航拍全景

#### 5.2.2.2　气候条件

施村属亚热带季风气候，雨量充沛，年平均降雨量为 1346.2 毫米。气温差异小，气候宜人，年平均气温 22.5 ℃。霜期短，年平均有霜日数仅 4.3 天，常年可进行农事活动。夏季高温多雨，冬季温和干燥，旱涝灾害是常见的自然灾害。

#### 5.2.2.3　水文条件

施村在内部古宅部分有多处不与外部相连接的池塘，有一条贯穿整个村子的渠道且连接外部，南面有陶鹿水库。

### 5.2.3　人文资源分析

#### 5.2.3.1　人口分析

施村常住人口近 6000 人，主要为汉族。按村落人口等级规模划分与人口核定，施村属于特大型村落。

#### 5.2.3.2　历史文化

施村始建于明代初期，至今已有 600 多年历史。施村始祖为源海、源济、源澄三兄弟，并称"三源公"。自明朝正统年间（1436—1449）从山东青州府鹧鸭塘迁徙至广西宾州，初居县城东门街，后又迁至琅琊乡武下团的塘心村（即现在的施村），与卢、唐、白三姓氏同居一村。施姓丁财旺盛，卢、唐、白姓却日渐衰落，陆续迁走，最后由施姓独居宝地。全村纯一施姓，所以得名施村，一直沿用至今。施村目前现住人口近 6000 人，居全县之首，被誉为"宾阳第一村"。

随着时代变迁，施村族人逐渐外迁，最大一支为源澄公三子迁居灵山，现有 8 万人左右。除灵山、钦州外，南宁、贵港、北海、崇左、柳州、桂林、百色等市县均有施姓居住，施姓遍布八桂大地。宾阳县除中华镇施村外，古辣、武陵、露圩等乡镇也有施姓。根据目前资料，广西 10 多万施姓人口中 90% 以上来自宾阳县施村，施村是广西施氏的主要发祥地。

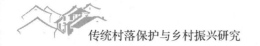

#### 5.2.3.3 旅游资源

悠久的历史赋予了施村深厚的文化底蕴，施村主要的人文景观有东头书院、施氏家庙、施氏古宅群、抗倭阵亡将士墓、三仙庙等（图5.6）。

施氏古宅群　　　　　　　　　　　　　　家庙前

明镜书院

施村全景

图 5.6　施村景观分布

（1）东头书院。又称明镜书院，是典型的明清时期四合院砖瓦结构。布局合理，上厅和厢房为教室，下厅是众人议事或纳凉之地，厅房是老师办公室和住宿处，大小天井可作为学生活动场地。

（2）施氏家庙。施氏家庙是典型的明清时期四合院单层砖瓦结构。正堂始建于明崇祯十三年（1640），后厅建于清康熙四十三年（1704），左右厢房建于清乾隆二十年（1755），建筑占地面积1728平方米。正堂的四条八面石柱刻龙画凤。2005年，施氏家庙被列为宾阳县文物保护单位。

（3）施氏古宅群。施村历史悠久，是宾阳县历经明清保存至今的较为完整且占地面积最大的古建筑群。其建筑保存得非常完备，工艺精湛，别致典雅，仍能展示出当年的格局和繁华。

（4）抗倭阵亡将士墓。在苍抱岭上有"苍抱岭伏击战"抗倭阵亡将士墓，墓前矗立着纪念碑。每年胜利节当天，村里会组织到此祭拜烈士，缅怀革命先烈的丰功伟绩。

（5）三仙庙。三仙庙坐落在苍抱山上，毗邻陶鹿水库。相传300年前，方圆十里天地大旱，村民无计可施，向苍抱山烧香祈雨。村民的虔诚感动了上苍，上苍派卢、唐、莫三位雨官现于人群之上，告知大家不要焦急，夜半即有雨。夜半果然有雨，庄稼得救。为纪念三位雨官，人们于其降落之处建了一座庙宇，雕上三仙肖像，取名"三仙庙"。庙门有一对联："道显灵通随处化身不生不灭，超生脱俗寻声救苦大德大恩"，横批为"苍抱洞天"。庙里墙壁上也记录着三仙对村子做出的贡献。村民都会自发地去庙里祭拜。

### 5.3　数据获取

施村是宗族村落，了解居民意愿是施村古村落传承和发展的重要环节。我们通过问卷调查、村民访谈、实地调研等方法收集资料进行综合分析。

为了解当地居民最真实的想法，我们借助当地乡贤的帮助，采访了以下对象：老校长（80 多岁），当地叔叔阿姨（45～60 岁），出嫁阿姨（30～44 岁），当地小哥（15～29 岁）及学生（18 岁以下）。

在采访过程中，我们感受到施村居民对家园的热爱，以及对保护和传承施村的深切期望。老校长介绍了施村概况和许多施村历史人文故事，如施村具体格局、门户、建筑走向，以及胜利节的来历、三仙的传奇、一门三进士的辉煌，等等。

同时也发现了一些令人惋惜的情况：现今施村老宅除老人及特殊人口外基本无人居住。大约从 20 世纪八九十年代开始，人们接连从老宅区搬出，以村落原外围水田为宅基地建新住宅，少数在原老宅基础上建新住宅或半新半旧住宅。

由于缺乏相应保护措施，施村的老宅在 40 年间急剧减少。上施村已难以找到完整的古建筑群，下施村的古建筑群也因无人居住而渐渐败落，虽然政府进行过相关维修，但杯水车薪，成效不大，老宅败落已是一个不争的事实。由于新生代出生在新住宅，与老宅失去了直接的联系，导致古建筑在传承上出现断层。[5]此外，部分村民认为老宅已不适应当代生活方式，这种认知随年龄的减小而愈趋明显。

## 5.4 建筑分析

### 5.4.1 建筑年代

下施村建筑变迁经历了四个阶段，由不同时期的建筑肌理图（图 5.7～图 5.10）可以看出下施村村落的发展历程。明清时期建筑主要集中分布在池塘周围的古建筑群中，唯有家庙在外围，且建筑数量少。明清时期建筑形式以传统的院落式为主，可见明清时期建房子十分重视风水格局："左青龙右白虎，前朱雀后玄武"[6]。

图 5.7 明清时期建筑分布

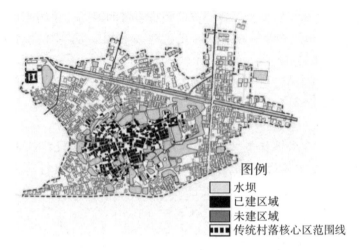

图 5.8　民国时期建筑分布

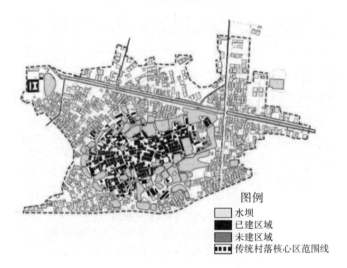

图 5.9　新中国成立后至改革开放建筑分布

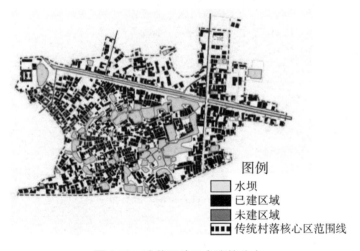

图 5.10　改革开放至今建筑分布

民国至改革开放时期，村落建筑规模开始扩大，并向外围发展。改革开放至今，随着经济的发展，人民的需求不断提高，现代村落道路系统逐渐完善；加之原有建筑的损坏，环绕池塘外围建造的房屋逐渐增多，新的村落格局逐渐形成。民国时期、新中国成立后至改革开放期建筑以砖结构的长条形建筑为主。[7]

时至今日，施村现存明清时期古建筑占施村总建筑的12%，民国时期古建筑占施村总建筑的16%，新中国成立后至改革开放时期建筑占4%，改革开放后的建筑占68%。施村古建筑群的建筑格局与建筑风貌保存良好，这对于研究古建筑群历史发展及传统村落的保护和发展有极大的促进作用（图5.11）。

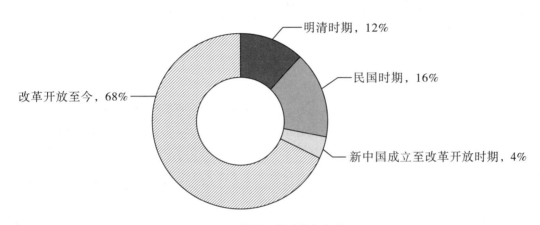

图 5.11　施村现状建筑保留情况

## 5.4.2　建筑特点

宾阳施村具有典型的广西南宁民居特点。南宁民居的建筑形式一般分为干栏式、传统地居式、中西合璧式三大类，而传统地居式又分为天井地居式、宅院府邸式、园林式三小类。建筑形式影响着传统村落的街巷格局，或两侧高峰耸立而窄巷，或两侧绿树成荫而开阔，或曲径通幽而雅致，与不同的建筑形式相得益彰，和谐共生。[8]从建筑形式来看，施村的建筑属于传统地居式中的天井地居式建筑。从建筑年代来看，施村的建筑大致可分为明、清、民国和新中国成立后四个时期。从建筑类型来看，施村的建筑可分为古民居、近现代居民、名人故居、坛庙祠堂四类。从建筑布局来看，施村的古民居表现出负阴包阳、背山面水的风水格局，其街巷规划更是这一理念的精妙体现。街巷如同脉络，穿梭于古村之间。它们或曲折蜿蜒，顺应地势起伏，引导着风水之气在村中流转；或平直开阔，连接着村中的主要节点，巧妙地将自然山水与人工建筑融为一体。[9]其布局充分利用自然地形，满足了适应气候特点、防火防盗、家庭祭祀、议事等方面的功能要求。

施村的民居主要由前厅、天井、后厅组成，形成以"进"为基础的单元格局，基本为对称式分布，在空间中主要呈现"内开外闭"的形态[10]：由大门进入，与大门正相对的是一个房间；接着进入前厅，其两侧分别有一个房间，天井两侧一般布设一两个房间，部分民居内设两个天井（图5.12），有些前厅与天井之间会有屏风遮挡；在后厅两侧各有一

51

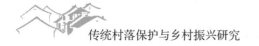
个房间且与天井两侧的房间相通。

图 5.12 "二进式"民居

### 5.4.3 建筑类型

施村古建筑群范围内以民居为主，另有 2 处公共建筑（家庙和土地庙）和 4 处市政公用建筑（3 处生产队和明镜书院）。由图 5.13 可以看出市政公用建筑与公共建筑主要分布在靠近古建筑群的入口处和村落的主要道路上。

家庙占地面积约 3500 平方米，后庭设有诗词、史书、小说以及综合类读书室，还有厨房、餐厅以及会客厅共 9 间房；两侧各 8 间房；家庙中庭为供奉使用，前厅主要陈列施村的主要事迹和名人的题字。明镜书院的主要建筑层高为 2 层，中庭两侧建筑呈对称式分布，左侧为教室，右侧建筑有外廊，景观优美。

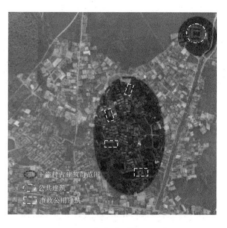

图 5.13 建筑类型分布

### 参考文献

[1] 林琳，田嘉铄，钟志平，等. 文化景观基因视角下传统村落保护与发展：以黔东北土家族村落为例 [J]. 热带地理，2018，38（3）：413 – 423.

[2] 胡燕，陈晟，曹玮，等. 传统村落的概念和文化内涵 [J]. 城市发展研究，2014，21（1）：10 – 13.

[3] 李伯华，尹莎，刘沛林，等. 湖南省传统村落空间分布特征及影响因素分析 [J]. 经济地理，2015，35（2）：189 – 194

[4] 陶伟，陈红叶，林杰勇. 句法视角下广州传统村落空间形态及认知研究 [J]. 地理学报，2013，68（2）：209 – 218.

[5] 张军民，刘亮. 传统街巷系统规划与古城风貌延续：以曲阜明故城街巷系统规划为例 [J]. 规划师，2010，26（7）：51 – 55.

[6] 郑霞，金晓玲，胡希军. 论传统村落公共交往空间及传承 [J]. 经济地理，2009，29（5）：823 – 826.

［7］荀琦，龚晓芳，周旭东. 文脉传承视角下的历史街区活力复兴：以南通枡茶镇中市街改造为例［J］. 建筑与文化，2019（6）：88－91.

［8］李早，叶茂盛，孙慧，等. 徽州传统村落街巷空间与居游通行的关联规律［J］. 建筑学报，2021（S1）：24－32.

［9］张军民，刘亮. 传统街巷系统规划与古城风貌延续：以曲阜明故城街巷系统规划为例［J］. 规划师，2010，26（7）：51－55.

［10］杨立国，刘沛林，林琳. 传统村落景观基因在地方认同建构中的作用效应：以侗族村寨为例［J］. 地理科学，2015，35（5）：593－598.

（2022 年优秀报告；作者：勾海俪；指导：祁剑青，蒋武林；整理：宁旺芬）

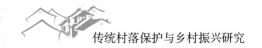

# 第6章
# 文脉延续视角下传统村落文化景观转型研究

  自 2017 年国家提出乡村振兴战略后，推动乡村经济、文化、生态等的建设，乡村发展得到进一步的关注。乡村文化景观是乡村居民与自然共同作用、长期互动、持续进化而形成的产物[1]，是乡村发展的重要一环。乡村文化景观不仅折射了特定历史时期独特的人地关系，也表征了当时人们的价值理念，承载着地方情感和意义，其变迁则反应了地方人地关系和价值理念的变化。[2] 现阶段，城乡之间的交流更为频繁、密切，工业化、城市化、旅游开发等对乡村的发展产生影响。场所文脉是规划发展过程中不可避免的元素，是乡村得以延续的重要条件。从内涵构成来看，文脉是文化景观的内在涵养；从空间关系来看，文化景观是文脉的外在载体，二者相互依托。在此背景下，本章拟探讨文脉的延续对乡村文化景观的影响以及乡村文化景观的转型。

  文化景观被认为是记忆和地方最显著的联系。国外对于文化景观的研究始于 19 世纪初；国内文化景观的研究初步发展于 20 世纪 80 年代，在李旭旦、吴传钧、郭来喜、张文奎等学者的推动下相继得到发展。[3,4] 近 10 年来对乡村文化景观的研究主要集中在保护与更新[5]、演变机理与演化过程[6]、营造地域特色景观[7] 等方面，呈现出跨学科、多领域研究的趋势。

  文脉主义主要是指在城市建筑及外部空间环境规划设计时要与人的需求、文化、历史、社会和自然场所等外部条件相匹配[8]，其形成是环境中众多的文化资源要素与场所在时间上和空间上发生动态性联系，并构成具有张力的文脉关系，众多不同的文脉又交织形成了整体的场所文脉[9]。"文脉"的概念在场所理论中被首次提出，所谓城市文脉就是"城市赖以生存的、与其本质密切相关的背景"，是人与建筑的关系、建筑与城市的关系、整个城市与其文化背景之间的关系，它们相互之间存在着内在的、本质的联系。[10] 该理论最早在建筑学中被提出，现阶段该理论在国内常用于城市层面的更新[11,12]、历史文化街区[13] 等方面，还较少应用于乡村地域。对于乡村地区场所文脉，可理解为乡村与环境的关系、乡村整体与其文化背景之间的关系，是地区山水环境孕育的乡村传统。文脉是乡村文化在时空上的反映，可以增强乡村的有机整体性，使乡村的地域特征更鲜明；文脉也是人们记忆的载体，可增强人们对乡村的认同感与归属感。

## 6.1  研究设计

### 6.1.1  案例地概况

湖南省衡阳市常宁市庙前镇中田村于 2012 年被列入第一批中国传统村落名录。中田村古民居是典型的湘南明清古建筑群，保存状况完好。其建筑群整体依山傍水，布局整齐，坐南朝北，南依翠微峰，北有月光塘，前面为宽阔平坦的农田，西北方向与著名的中国印山相望，东北有庙前地质公园（岩溶蚀余地貌），东南有野猪岭。

## 6.2  研究方法

本研究主要采取文献阅读法和田野调研法。首先，通过阅读与梳理有关文化景观和中田村这两大主题的文献，以及通过中国传统村落数字博物馆等查阅相关资料，获取相关知识与数据，以方便后续调查的开展。然后，对中田村进行实地调研，包括乡土建筑、街巷空间、土地利用、聚落形态等方面，获取一手资料，切身实际感受中田村古民居，并运用 GIS、DepthmapX 等软件进行空间方面的相关分析。

## 6.3  结果分析

### 6.3.1  中田村文脉分析

#### 6.3.1.1  显性要素

文脉的显性要素就是指文化脉络下特定的物质基础以及人文生产的一切物质产品，一般由自然环境和建成环境组成。[14]

（1）自然环境。中田村古民居位于翠微峰南、月光塘北，其布局呈现"山环水绕、负阴抱阳"的古代最为经典的风水格局。后为山谓之玄武，前为水谓之朱雀，右为河流谓之白虎，左为道路谓之青龙。翠微峰作为中田村"龙脉"，维系整个村落的气运，庇护着村民的安全；月光塘聚水，满足村民们生活与军事防御需要。民居整体以月光塘为中心，呈内向围合态势"凹"字围绕在翠微峰下。[15]

（2）建成环境。中田村古民居内有 108 巷，纵横交错，呈棋盘式，其仅能一两人并排通过的宽度、箭孔代替木窗，无不体现了当时的军事功能。现保留民居 100 多幢，是湘南地区典型建筑，房子基本上无廊无檐。每座单独的房屋至少有一个天井，一方面可弥补采光和通风的不足，另一方面也将四周屋面的雨水收集进来，俗称"四水归堂""财不外流"。屋顶以硬山顶为主，体现其防御、防火要求高。当地盛产大理石，为修筑堡垒式民居提供了便利。

图6.1　中田村古民居鸟瞰

#### 6.3.1.2　隐性要素

文脉的隐形要素主要指建村以来一直流传下来的民族精神、宗法礼制思想和传说等内容。

（1）尚武精神。中田村的李氏家族最先因军事起家，建起了壮观而坚固的家园。清康熙年间，虽然已经转军为民，但仍然保持着骁勇善战的尚武传统。透过街巷格局和建筑建造仍能感受到当时的军事气息。

（2）宗法礼制思想。中田村是依附于血缘关系建成的聚居村落，李氏祖上福五郎长孙麻田由明永乐时期来此地定居，繁衍子孙，聚族而居。受宗法礼制影响，所有的建筑围绕着祠堂而建立，至今留存有文书房、武书房、明慧祠、凰房祠、公祠堂、李氏祠堂6座祠堂。现如今部分祠堂破败，没有修复。

（3）月光塘传说。月光塘是中田村重要的组成部分，相传有"吾者月光也，堂堂名胜古迹也，此塘是乃我先祖妣妇兰生外氏赠奁之垦田"。中田村后有翠微峰形状似猪，当地人又叫猪形山。在对面的冲山村有一座虎形山与猪形山相对。虎与猪相克，两山相较，对中田村非常不利。中田村村民感到很不安。有一位老婆婆梦见一地仙，地仙告知在中田村禾坪中央修一弯弓形的水塘，对准对面的虎形山，就能压倒对方。月光塘由此而修建。

（4）金蟾传说。中田村整体布局及翠微峰形似三足金蟾。道教中三条腿的蛤蟆被称为"蟾"，传说它能口吐金钱，是旺财之物。古代有刘海修道，用计收服金蟾以成仙，后来中国民间便流传"刘海戏金蟾，步步钓金钱"的传说。古代又有"山养人水敛财"的说法。在这联壁青山之中植被茂密，自然人气鼎盛。人脉好之后，开始寻求"财源"。最初的中田村是依靠两条小溪来"聚水敛财"，后在清乾隆年间在村前修建月光塘"聚天之财"。

中田村文脉总结如表6.1所示。

表 6.1　中田村文脉

| 文脉 | 类型 | 图示 |
|------|------|------|
| 显性要素 | 自然环境 |  |
| | 建成环境 |  |
| 隐性要素 | 箭孔（尚武精神） |  |
| | 宗祠（宗法礼制） |  |
| | 金蟾传说（总体布局） |  |

### 6.3.2 中田村乡村文化景观分析

传统乡村文化景观是存在于特定的乡村地域范围内的文化景观类型，它在特定的地域文化背景下形成并留存至今，成为记录乡村传统地域文化的载体。其物质文化景观突出表现在乡村聚落景观、乡村建筑景观和乡村土地利用三个方面[16]，非物质文化景观主要通过乡土文化、传统节庆习俗、生产生活方式等体现。

#### 6.3.2.1 物质文化景观

（1）乡村聚落景观。受特殊的军屯需求以及"山环水绕、负阴抱阳"的风水格局的影响，中田村的布局也遵循这一规律，倚山靠塘。翠微峰是中田村的"靠背"，是全村的一种心理依托，背后有山给村民带来安全感；月光塘则对调节局部小气候有一定作用。整个中田村由村口、宗祠、庙宇、街巷、溪流、民居院落等要素组成。街巷纵横交错，构成整个村落的骨架，有明显的规划感，内部流线清晰；民居院落毗邻相接；宗祠和庙宇作为公共空间位居村落中央，和月光塘广场、门前、街巷等共同构成了村民日常交流的空间。[17]随着村民收入的增加、农业产业结构升级以及家庭观念的转变，现阶段整个中田村呈现出向外扩展与空心化状态。

（2）乡村建筑景观。现村内大致呈现出三种建筑形式。一是中田村古民居，是排列有序、形制统一、坐南朝北的三进两层的窨子屋。建筑外墙皆为厚实的青砖砌成，高大光滑，坚硬且防火性能好[18]，屋顶无檐；内部搭建木质房舍，冬暖夏凉，却又有别于传统窨子屋只在南墙开窗，东、西、北墙只开通风孔或小窗，将东、西山墙面临街巷原有的部分风孔改成箭洞，使得中田村的整体防御体系愈发完善。[19]二是因住房需求、生产生活方式等的变化，村民不满足于居住在窨子屋里，在外围修建两至三层平房，屋顶形式也变为平顶，建筑材料也开始大量运用玻璃等现代化材料。三是村内发展旅游业后在沿街统一修建的新房，采用新中式建筑形式，建筑立面统一协调。

（3）乡村土地利用。中田村土地利用类型分耕地和住宅用地两大类。农业生产景观是乡村文化景观中主要的文化特征之一。据统计，中田村农田面积约为1100亩，主要种植粮食作物和经济作物；在丘陵处种植茶油树，到季成熟后村内老人会在广场处剥茶油籽以补贴家用。因发展旅游业，现有靠近古民居处的农田改为种植荷花，供游客欣赏拍照，与远处的印山交映，形成一幅蓝天碧山绿荷的美景，增加了观赏价值。

#### 6.3.2.2 非物质文化景观

中田村的非物质文化景观基本和常宁市的一致，主要通过查找网络资料得到[20]，并将其分为艺术表演、传说典故、传统技艺三个大类（表6.2）。

表 6.2　中田村非物质文化景观

| 类型 | 名称 | 类型 | 名称 |
|---|---|---|---|
| 艺术表演 | 皮影戏<br>字灯/花灯<br>衡阳花鼓戏/马灯<br>舞龙/玩龙灯<br>渔鼓<br>唱春牛<br>杀年猪<br>干塘<br>抖糍粑 | 传说典故 | 月光塘与翠微峰传说<br>尚武传说<br>大刀传说<br>武将李世文传说<br>舞龙传说 |
|  |  | 传统技艺 | 排水乌龟<br>竹木雕刻<br>剪纸<br>油茶制作<br>编竹篮 |

## 6.3.3　中田村文脉传承延续中存在的问题

### 6.3.3.1　文脉肌理濒临断裂

村落的文脉主要体现在与外部环境之间的关系，以及村落内部各要素之间的相互关系。中田村现如今文脉肌理杂乱，遭到破坏。自然损坏方面，古民居内居民搬出，房屋闲置，长时间来无人居住且修缮管理难以跟上，出现房屋塌陷、庭院长草等现象（图6.2）；人为损坏方面，生活水平的提高、自身认识的提高等都使得村民对自身居住环境也有了一定的要求，出现弃旧换新、弃古换洋的现象，部分村民自建房与古民居呈现割裂状态。

图6.2　中田村破败的古民居

### 6.3.3.2　文脉价值未完全体现

建筑作为文脉传承的载体，受当地的自然条件、文化风俗等影响。中田村古民居均已完成挂牌保护，但实际上并未发挥应有作用，忽略了人的主观感受，在整体性保护方面有所缺失。就建筑而保护建筑不是可持续之路，要对文脉进行分析、转译并加以运用，使其得以传承下去。如新建房屋可借鉴古民居修建中所使用的材料、建造的形制等。文化的发展具有动态性，借鉴不是一成不变的，可以在继承的基础上进行创新；但绝不是直接照搬其他地区的古建筑风格，显得不伦不类。

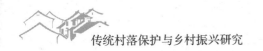

### 6.3.3.3 场所情感表达弱化

场所作为人与环境相互联系的空间，是情感表达的最佳场所。自2012年中田村被列为中国第一批传统村落，许多游客慕名前来，为服务游客在月光塘前修建了草坪与停车场。运用DepthmapX软件进行人流量的模拟（图6.3），显示在月光塘南侧的草坪应是游客停留最多的地方，事实上该区域正是观赏古民居立面的最佳区域。但该区域并未提供其他设施，游客也仅仅是在此观看、拍照后便去其他区域观赏，未有更多情感的交流。而宗祠和月光塘中间的广场更多的是为村民服务的，是村民进行日常交流以及举办重大活动的地方。但也因其空间的单调，村民日常活动逐渐向街口等地转移；且受疫情影响，村内原举行的舞龙大会等活动也不再举行。这使得场所与人情感的交流逐渐变少，情感表达也相应的弱化了。

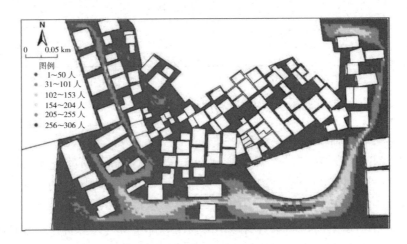

图6.3　中田村人流量模拟

## 6.3.4　中田村文化景观变化与转型

### 6.3.4.1 传统型转向现代型

乡村为适应市场需要和时代转变，受城市化、信息化、工业化以及农业现代化的影响，或主动或被动地向现代文明转型。

中田村内布置有自来水、路灯、垃圾箱、变电站等基础设施和公共设施。中田村由传统型向现代型转变不仅体现在设施方面，土地利用亦是如此，商业用地得到增加。在古民居外围不远处修建了庙前镇商贸城这一颇具城市意味的街区，基本满足中田村居民日常生活的消费需求。古民居旁有村民新修建的住宅，多是三层楼的现代化建筑，是村民自主地向现代化靠拢，但其样式与古民居截然不同，与村落原有整体风貌不协调。

### 6.3.4.2 完整型转向破碎化与孤岛化

景观生态格局中的景观孤岛化是景观破碎化的产物，与景观的整体性、连续性和网络化相对应，是指景观空间整体性遭到破坏所呈现的不连续性现象和特征，强调和周边环境的较大差异性。[21] 传统村落景观破碎化包括四个方面：建筑景观破碎化，民俗文化景观破碎化，外围景观破碎化，整体景观破碎化。[22]

中田村古民居在被列入传统村落名录后一直得到保护，且逐渐发展旅游业。但这种保护性发展使得古民居成为功能性孤岛，成为仅供游客观赏的景区，其生活、生产、文化等功能逐渐消失，古民居内几乎无人居住。而这种无人居住的现象也导致一些建筑出现破损与倒塌。为了发展旅游业，紧靠古民居的外围修建了一条双向四车道的乡道，将古民居部分与村内其他建筑隔离开来，两者之间的相互交流也因此进一步减弱，古民居失去了原有的活力。局部性的保护更加剧了中田村古民居的破碎化与孤岛化。

### 6.3.4.3　居住型向旅游型转变

乡村是人类活动的重要空间，其文化景观是乡村旅游的重要部分，也是游憩功能实现的载体。中田村自 2012 年被列入传统村落名录后，其主要功能逐渐向旅游转变。

中田村古民居建于明末清初，既有居住功能又有军事功能，成为一处屯垦两用、易守难攻的军事村堡型建筑群。在现代社会，其军事功能逐渐弱化至消失，但相应的建筑艺术价值被发掘。中田村整个聚落以及单体建筑的形制都有一定的观赏、研究价值，也因此吸引游客到此参观游览。种种原因下村内居民搬出，总体人口数减少，居住功能也逐渐弱化，古民居部分更多的成为了一个重要的游览区域而不是居住区域。

中田村文化景观变化如表 6.3 所示。

表 6.3　中田村文化景观变化对比

| 类型 | 2012 年前 | 2012 年后 | 变化 |
| --- | --- | --- | --- |
| 土地利用 | | | 粮食作物（水稻）→经济作物（荷花） |
| 民居 | | | 建筑样式现代化 |
| 祠堂 | | | 祠堂修复 |
| 道路 | | | 道路破损 |

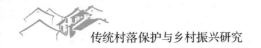

## 6.4　结论与建议

### 6.4.1　结论

第一，短时期内的文化景观的转变基本都是受到人文因素的影响。物质文化景观层面的乡村聚落、建筑景观、土地利用等都或多或少地受到国家政策、城镇化进程、人口数量与结构、个人需求等多方面的影响，而自然环境对此影响较小。

第二，文脉理论强调的是处理好人与建筑、城市、文化之间的关系，充分展示本质特征、体现特色。但现阶段中田村文脉传承延续性与活力不足，新建建筑以及空间未能体现地方特色，未与地方文化景观有机融合。

第三，文脉在历史演进过程中形成了地域性、动态性、时代性和连续性的特征。中田村文化景观在历史的演进中呈现出的转型主要有风貌上由传统型向现代型转变、空间上由完整型向破碎化与孤岛化转变、功能上由居住型向旅游型转变，其主要影响因素为新型工业化、信息化、城镇化和农业现代化。

### 6.4.2　建议与展望

第一，整体性保护。根据不同文化景观的发展情况并结合其自身特色，因地制宜地提出保护利用方案。中田村古民居在周边及自身环境保存情况较好的情况下，采用整体性保护方法。强调的是对传统村落内的每一个构成要素进行保护，包括保护聚落景观本身及周边环境及建筑本体不发生改变；做到各构成要素之间相互协调统一，充分发挥构成要素的潜力，共同延续传统村落的文化内涵。

第二，微更新式保护与开发。在保持传统村落肌理及文脉的前提下，对已有空间进行小范围、小规模的局部改建，以一种"绣花"功夫对古民居中破败的街巷、院落空间进行修补，使街巷格局完整、居住功能恢复。整体环境的优化、建筑的织补与修缮、自然环境的保护与改善等，可使得中田村可持续发展。

第三，功能增加。中田村古民居内主要功能原为居住。在 2012 年被列入传统村落名录后，不少游客慕名前来，但村内的设施及配套仍未跟上需求。除居住功能外，可适当增添文化功能（作为文化展示窗口）、商业功能以满足游客基本需求。文化、商业以及居住用地保持动态平衡。

因对中田村历史资料查阅不足，本章未对中田村文化景观转型进行具体的时间段划分，只是笼统地以被列入名录的时间为节点，探讨该节点前后的文化景观转型。

**参考文献**

[1] 徐雅露，严少君，郑叶静，等. 乡村文化景观的演变与发展 [J]. 乡村科技，2020，11（26）：17－20.

[2] 孔翔，卓方勇. 文化景观对建构地方集体记忆的影响：以徽州呈坎古村为例 [J]. 地理科学，2017，37（1）：110－7.

[3] 张景秋. 1900—1970 年中国人文地理学的发展与回顾 [J]. 人文地理, 1998 (1)：69 – 74.

[4] 王兴中, 李九全. 中国人文地理学复兴与发展见证：郭来喜先生学术思想与经历 [J]. 人文地理, 2021, 36 (5)：1 – 3.

[5] 孙彦斐, 唐晓岚, 刘思源. 乡村文化景观保护的现实境遇及路径：基于"人地关系"的环境教育路径 [J]. 南京农业大学学报（社会科学版）, 2020, 20 (1)：117 – 26.

[6] 房艳刚, 刘继生. 集聚型农业村落文化景观的演化过程与机理：以山东曲阜峪口村为例 [J]. 地理研究, 2009, 28 (4)：968 – 78.

[7] 康建军, 栾志理. 基于地域特色的乡村生态文化旅游景观设计 [J]. 建筑经济, 2021, 42 (4)：151 – 2.

[8] 过伟敏, 郑志权. 城市环境：从场所文脉主义角度认识城市环境改造设计 [J]. 装饰, 2003, (3)：39 – 40.

[9] 刘芝兰, 廖倩. 基于"场所文脉"的乡村绿道文化景观构建 [J]. 乡村科技, 2021, 12 (20)：23 – 5.

[10] 王受之. 世界现代建筑史 [M]. 北京：中国建筑工业出版社, 1999.

[11] 海佳, 朱雪梅. 基于场所记忆的城市型大学更新设计研究：以广东工业大学东风路校区为例 [J]. 城市发展研究, 2019, 26 (2)：84 – 91.

[12] 赵赛文, 王梓懿, 谢帆. 新文脉主义视角下徐州城市更新设计策略研究 [J]. 艺术百家, 2022, 38 (3)：164 – 70.

[13] 鲍黎丝. 基于场所精神视角下历史街区的保护和复兴研究：以成都宽窄巷子为例 [J]. 生态经济, 2014, 30 (4)：181 – 4.

[14] 王新月. 文脉传承视野下傣族村落旅游服务空间设计研究 [D]. 重庆：四川美术学院, 2022.

[15] 袁佳利, 陈驰, 周秋月, 等. 传统聚落民居景观基因挖掘及形态量化研究：以衡阳市中田村为例 [J]. 城市建筑, 2021, 18 (28)：102 – 5.

[16] 孙艺惠, 陈田, 王云才. 传统乡村地域文化景观研究进展 [J]. 地理科学进展, 2008 (6)：90 – 6.

[17] 刘磊. 常宁市庙前镇中田村村落形态研究及其保护策略探析 [D]. 长沙：湖南大学, 2014.

[18] 李登舟. 古村落防御体系研究：以中田村为例 [J]. 城市建筑, 2020, 17 (22)：111 – 5.

[19] 宋晟溥. 古村落民居的活态化保护策略探究：以庙前镇中田村为例 [J]. 城市建筑, 2021, 18 (16)：85 – 8 + 110.

[20] 李果. 湘南传统村落景观形态更新设计 [D]. 衡阳：南华大学, 2020.

[21] 王云才, 韩丽莹. 基于景观孤岛化分析的传统地域文化景观保护模式：以江苏苏州市甪直镇为例 [J]. 地理研究, 2014, 33 (1)：143 – 56.

[22] 刘沛林, 李雪静, 刘颖超. 行动者网络视角下传统村落景观破碎化的过程与机制研究：以皇都侗族文化村为例 [J]. 衡阳师范学院学报, 2022, 43 (3)：1 – 12.

（2023 年优秀报告；作者：黄楚敏；指导：李强；整理：辛静）

# 第7章
# 景观基因信息链视角下传统村落公共空间活力研究

　　传统村落是我国历史文化传承的重要载体。住房城乡建设部、文化部、国家文物局和财政部在开展传统村落调查的通知中指出："传统村落是指村落形成较早，拥有较丰富的传统资源，具有一定历史、文化、科学、艺术、社会、经济价值，应予以保护的村落。"加大对传统村落的保护力度，对于延续和弘扬传统文化、留住乡愁具有重要意义。[1]

　　传统村落公共空间是村民进行日常生产和生活的主要场所，同时也是村落内传统文化和景观基因的重要载体。传统村落公共空间具有物质和社会两种属性。物质属性方面，传统村落公共空间包括广场、祠堂、寺庙等固定公共场所，也包含村民集会所形成的临时场所，是村民进行日常交往和处理公共事务的公共场所的总称。社会属性方面，传统村落公共空间是集村民社会交往、文艺活动和休闲娱乐等多种功能于一体的社交性空间，是各个村落的交往中心。随着城市化进程的加快，众多传统村落由于处在边缘地区，出现村落衰退的现象，进而村落公共空间失活困境越来越明显。在乡村高质量发展背景下，提升传统村落公共空间活力对于保持传统村落文化和增强村落整体活力具有重要意义。[2]本章研究的主题为"景观基因信息链视角下传统村落公共空间活力研究"，旨在使传统村落公共空间保护、发展、活化理论与实际案例相结合，收集整理传统村落有关资料，熟悉传统村落的相关研究方法，通过认识传统村落保护、发展现状，以培养分析问题和解决问题的能力，激发新的研究兴趣点和科学探险精神，为今后从事传统村落保护研究积累理论和实践经验。

## 7.1　案例地概况

　　本章研究选取的案例地为皇都侗文化村（图7.1）。皇都村位于湖南省怀化市通道侗族自治县坪坦乡，地处湘黔桂三省交界地带，是百里侗文化长廊的中心地带。距县城10千米，为纯侗族聚居，占地2.9万亩，总人口2250人，共230户。皇都村于2014年被评为第三批中国传统村落。村内具有浓厚的传统文化特色，别具特色的侗族民俗、民风吸引着各方游客，成为侗文化村的重要旅游资源。皇都侗寨由头寨、盘寨、尾寨、新寨共同组成。侗族的民族建筑非常富有特色，一般分为居住建筑和公共建筑两类：居住建筑大部分为三层杉木结构的吊脚楼，公共建筑包括寨门、戏台、鼓楼、风雨桥、凉亭等。该村落公共空间众多，村落景观资源丰富。因此，以皇都村作为案例研究具有一定的代表性和典型性。[3]

**图 7.1　皇都侗文化村区位**

## 7.2　研究方法

### 7.2.1　文献资料法

收集并分析有关传统村落、公共空间、景观基因信息链等国内外参考文献和网络资料，了解皇都村发展概况，总结前人研究进展和现状，为传统村落公共空间的研究做好准备。

### 7.2.2　访谈法

提前拟定访谈内容，主要访谈对象为村落内部村民和村干部。通过观察记录、记录田野笔记、现场录音等方式进行访谈。通过访谈进一步了解村落公共空间活力现状和历史发展概况，调查公共空间活力失衡困境、存在的问题和发展对策。

### 7.2.3　空间分析法

利用 ArcGIS、CAD 等，软件对皇都村村落空间肌理进行分析，分析街巷格局与各公共空间的相互关系。提取各公共空间景观基因元素，分析其与空间活力的关系，为实施研究提供相关数据支撑。

### 7.2.4　田野调查法

本研究通过对皇都村进行实地考察调研，通过访谈、实地观察和拍摄影像资料等方法收集皇都村自然景观、人文景观、公共空间建筑风貌和村落整体空间等相关资料，为研究提供数据基础。通过实景照片，对皇都村公共空间景观基因进行提取分析，研判公共空间物质属性活力现状，同时通过对各公共空间人群活动的观察，分析公共空间社会属性活力现状，为皇都村公共空间活力研究打下基础。

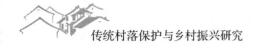
## 7.3 结果与分析

### 7.3.1 皇都村公共空间分布状况

公共空间是传统村落的重要组成部分，具有物质和社会双重属性；同时，公共空间的内在社会属性通过外在物质属性表现出来。[4]皇都村公共空间众多，按照时间顺序划分，可将其分为现代公共空间和传统公共空间。

#### 7.3.1.1 现代公共空间

皇都村现代公共空间包括山水实景演出场、观景平台、非遗长廊、实景演出观看区、民族竞技园、室内演出场等。从皇都村公共空间分布图（图7.2）来看，这些公共空间主要沿坪坦河两岸和村落内部主要道路分布，且分布较为集中，能够串联成一条公共空间廊道，具有较好的连贯性。非遗文创中心、民族竞技场和游客集散广场等一系列陆上公共空间主要分布在村内东西向主干道（S341）两侧，呈条带状分布。皇都村陆上与水上现代公共空间相互连接，整体形成"T"字形结构。从功能上看，皇都村现代公共空间主要用于民族表演和活动展示，在坪坦河两岸分布，能够更好地与水域结合，向游客展现具有侗族特色的民族风俗。

**图7.2 皇都村公共空间分布**

#### 7.3.1.2 传统公共空间

传统公共空间是指主要以村民的文化活动作为核心，保持相应的村落形式和内容、现存并且在使用的场所和地方，具有一定的地域性、动态性和历史性。[5]皇都村传统公共空间包含普修桥、鼓楼、寨门、风也亭、萨坛等具有侗族传统民族特色的建筑空间（图7.2）。传统公共空间主要散布在各个村寨内部，以鼓楼为各村寨的核心，其他公共空间围绕其分布。系凤楼作为皇都村新修的鼓楼，坐落在整个村落的核心位置，是皇都村传统建筑天际线的最高处。头寨鼓楼和尾寨鼓楼分布在两个村寨的交界处，与室外活动广场共同组成皇都村的民族活动中心。欧氏祠堂作为头寨的宗族祠堂，坐落在头寨的西北处。萨坛作为侗族居民的精神核心，分布在头寨和尾寨的中心位置。重阳楼、斗鸡场等作为侗族居民日常生活休闲的地方，主要分布在村落主干道两旁。总体来看，与现代公共空间相比，皇都村传统公共空间布局较为分散，各传统公共空间通过街巷相互串联，形成较为完整的传统公共空间网络。

## 7.3.2　公共空间景观基因提取

　　景观基因理论最初由刘沛林教授结合自身的研究提出，是将生物学上基因的概念转化应用到文化景观研究上，并且借用类型学、形态学等相关方法对景观基因进行分类后形成景观基因图谱。按照作用大小，景观基因可分为主体基因、附着基因、混合基因等[6]；按照物质形态，景观基因可分为显性基因和隐性基因，景观基因是判断传统聚落景观区的核心要素[7]。本研究以物质形态为划分依据，将皇都村景观基因划分为显性景观基因和隐性景观基因。

### 7.3.2.1　显性景观基因

　　显性景观基因包含居民景观基因、街区景观基因、单一聚落景观基因、地方聚落景观基因等一系列因素。通过对皇都村各村寨景观基因识别提取，皇都村显性景观基因如表7.1所示。

表 7.1　皇都村显性景观基因提取

| 提取维度 | 提取特征 | 提取指标 | 提取结果 |
|---|---|---|---|
| 整体布局 | 选址特征 | 山型地势 | 群山环抱 |
| | | 水系格局 | 穿越式 |
| | | 街巷布局 | 网格状、人字形 |
| | 街巷格局 | 街巷铺装 | 青石板、水泥地 |
| | 建筑布局 | 整体形态 | 枕山夹水式、组团式 |
| | 传统民居 | 干栏式建筑 | 干栏式吊脚楼 |
| 侗寨建筑 | 公共建筑 | 鼓楼 | 系凤楼、头寨鼓楼、尾寨鼓楼 |
| | | 寨门 | 新寨寨门、盘寨寨门 |
| | | 风雨桥 | 普修桥 |
| | | 表演场地 | 室外活动场地、室内表演场地 |
| | | 亭子 | 风也亭 |
| | | 萨坛 | 头寨萨坛 |
| | 神圣建筑 | 祠堂 | 欧氏祠堂、吴氏祠堂 |

（续表）

| 提取维度 | 提取特征 | 提取指标 | 提取结果 |
|---|---|---|---|
| 景观环境 | 水体环境 | 河流 | 坪坦河、水渠 |
| | | 水池 | 抢鱼塘、荷花池 |
| | 农业环境 | 农业景观 | 果园、梯田、稻作 |
| | | 农业设施 | 立式水轮车 |
| | 山体环境 | 山坡 | 凤行山、量它山、坝上山、屋背后山、进水冲山、粪冲山 |

#### 7.3.2.2 隐性景观基因

隐性景观基因是指传统村落当中非物质的景观，包含原始图腾、民间信仰、民俗文化等一系列内容，通过对皇都村各村寨景观基因识别提取，皇都村隐性景观基因如表 7.2 所示。

**表 7.2 皇都村隐性景观基因提取**

| 提取维度 | 提取特征 | 提取指标 | 提取结果 |
|---|---|---|---|
| 制度信仰 | 社会制度 | 管理制度 | 村寨婚姻制度、款寨制度 |
| | 民族信仰 | 萨岁崇拜 | 祖先崇拜、自然崇拜 |
| 传统工艺 | 建筑建造 | 木质建筑 | 鼓楼、普修桥、寨门等 |
| | | 织染技术 | 侗布、侗锦 |
| | 手工技艺 | 银饰锻造技术 | 侗族银饰 |
| 民俗文化 | 饮食习俗 | 特色食物 | 腊鱼、酸食 |
| | 节事节庆 | 传统节庆 | 为也①、芦笙节、侗年（又称"冬节"）等 |
| | 歌舞乐器 | 歌舞 | 侗戏、侗族琵琶歌、侗族大歌、侗族双歌、哆耶舞 |
| | | 乐器 | 芦笙、侗笛 |
| | 服饰配饰 | 服饰样式 | 侗族服装 |
| | 民族体育 | 侗族体育 | 骨术、侗拳、高马脚、哆毽等 |

### 7.3.3 公共空间景观基因信息链完整性分析

构建景观基因信息链是深入理解传统村落文化景观主体特征和空间整体意象的基本方法。景观基因信息链的核心四要素包括景观基因信息元、景观基因信息点、景观基因信息廊道和景观基因信息网络。传统村落公共空间景观基因信息链的完整性对于研究村落文化景观功能属性和公共空间布局具有重要意义。[8]

---

① "为也"，侗语音译，"做客"的意思。"为也"节一般在每年春季或秋后举行，招待各寨之间相互访问的客人。

### 7.3.3.1　景观基因信息元分析

景观基因信息元是指文化景观基因所包含的核心文化因子，是附着在景观之上的各种文化元素，是构成文化景观的最核心因子。皇都村的公共空间受当地环境和社会文化的影响，拥有本地区独一无二的景观基因。

头寨鼓楼（图 7.3）和尾寨鼓楼作为皇都侗寨主要的代表建筑，具有明显的侗寨特色。头寨鼓楼底层为正方形，屋顶为五重檐，属于歇山宝塔式的杉木结构；鼓楼外每层檐板上绘制侗族特色的花卉、鸟虫、人物，从一层到五层的檐边翼角上，分别塑有龙、凤、鱼、喜鹊等泥塑像。尾寨鼓楼为七重檐结构，其中一至四层为四角，五至七层为八角，属于攒尖宝塔式木质结构；翼角上塑有凤元素，体现侗族尊重妇女的优良传统。头寨鼓楼和尾寨鼓楼作为侗寨居民日常使用的场地，景观基因信息元保存较好。

图 7.3　头寨鼓楼　　　　　　　　图 7.4　盘寨寨门

寨门同样为侗寨的重要公共空间。新寨寨门为歇山顶双坡屋面，小青瓦，如意斗拱出跳，二层有明显的韵律变化，挑水枋的枋头上有侗家盛酒的瓜葫芦造型装饰；盘寨寨门（图 7.4）为重檐歇山顶，檐口两边设有翘脚、瓦脚和封檐板，挑水枋的枋头上同样有瓜葫芦造型装饰，第一层屋檐上设有侗族特色的石狮子，且每层檐边上纹有侗族龙蛇纹图腾纹饰。两处寨门经过翻修后，景观基因信息元得到了维护和更新，目前完整性较好。

祠堂与萨坛作为皇都侗寨的神圣空间，也具有丰富的侗寨特色。欧氏祠堂为侗寨传统木质结构，祠堂门为重檐歇山顶，且檐边上具有大量的侗寨图腾纹饰，结构与寨门类似；萨坛（图 7.5）作为侗寨最神圣的地方，为三重檐结构，中间摆放着萨岁神像，底层为传统木质结构，其景观基因信息元保存完整。

图 7.5　萨坛　　　　　　　　　　图 7.6　普修桥

风雨桥是侗寨文化景观和公共空间的重要组成部分。普修桥（图 7.6）上侗族景观基因信息元丰富。全桥共有 21 个廊间，桥廊两侧设置通长直棂窗，四柱三间排架，桥身为重檐长廊，分设三座桥亭，桥两端各设一桥门，桥门为重檐歇山顶。两边桥亭为三重檐，方形平

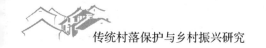

面歇山顶式；中间桥亭有七重密檐，下三层为方形平面，上四层为八角攒尖葫芦顶。桥间设三个神殿：头殿为侗族始祖祠，供奉姜良、姜妹；中殿为关圣殿；第三殿为文昌阁。普修桥长廊上挂满了用侗锦编制而成的彩灯，侗族气息浓厚，其景观基因信息元保存完整。

#### 7.3.3.2　景观基因信息点分析

景观基因信息点是信息元的具体物化，是构成景观的基本单元，同时也是真实存在的具体物化的景观单体。由于受不同地区地理环境、文化背景差异等多种因素的影响，公共空间景观基因信息点在功能属性上存在明显的差异。[9]具体来说，景观基因信息点是包含特定地区文化的物质载体。皇都村的公共空间景观基因信息点根据不同功能属性划分为祭祀空间景观、社会习俗空间景观和文化艺术空间景观。[10]

祭祀景观主要零散分布在皇都老寨中。头寨中东侧分布着欧氏祠堂、萨坛，北侧有土地公；在盘寨中部分布着萨坛，东侧有土地公。其中，欧氏祠堂作为皇都欧氏家族的祭祀场所，其空间活力度并不算高。根据走访调查得知，欧氏祠堂只有每年农历十月二十六日和过年期间才会使用，使用效率较低，日常人群活动少。萨坛坐落于村寨的中心地段，周围被吊脚楼民居所包围，但由于功能的特殊性，仅限于侗族人民逢年过节的时候才使用，因此萨坛的空间活力度也较低。头寨土地公分布于村寨一处民居前，其祭祀功能也是在过节的时候才发挥，日常时间其周围空间提供给居民和游客休闲逗留，因此空间活力度较高。

社会习俗空间景观主要包括皇都村的室外活动广场、系凤楼、重阳楼、斗鸡场、头寨鼓楼和尾寨鼓楼、普修桥等（图7.7）。室外活动广场是皇都村的重要集散空间，是游客跟居民的主要聚集地，人流量大，活动丰富，空间活力度较高。在平常生活中，供居民在广场上嬉戏游玩、乘凉闲聊；在重要节日中，侗族合拢宴也开设于此，届时广场上活动丰富，空间活力度较高。系凤楼是新修的鼓楼，坐落于整个村寨中心位置，与传统村寨鼓楼不同，其主要的功能是供游客进行参观游览。因此，系凤楼是游客主要打卡地之一，同时一些侗寨旅游活动项目也在此举行，空间活力度也较高。重阳楼位于盘寨靠近主干道一侧，作为一栋传统建筑，其功能主要是供村寨老人休息闲聊。由于修建年代久远，重阳楼出现破损，目前仅有少数老人使用，空间活力度一般。斗鸡场原是居民娱乐休闲的传统场

**图7.7　社会习俗景观点空间分布**

所，现已被作为停车场，娱乐功能大幅减弱，空间活力度较低。头寨鼓楼和尾寨鼓楼作为皇都侗族标志性建筑，是侗族居民日常生活的重要场所。两个鼓楼坐落于室外活动广场两侧，居民日常集聚于此乘凉休闲，也是游客的打卡地之一，人流量较大，人群活动丰富，空间活力度较高。普修桥作为皇都侗寨的地标，是侗族居民日常生活祭祀和游客集散打卡的地方之一。除侗寨节庆祭祀使用外，普修桥也是居民跨越坪坦河，往返于新寨与其他村寨的要道，游客也经常在此逗留参观，空间活力度较高。

文化艺术空间景观主要集中在坪坦河两岸，包括山水实景演出场、观景平台、非遗长廊、实景演出观看区、民族竞技园、室内演出场等。实景演出区域与坪坦河相结合，作为侗族大歌表演的实景场地，每周六都会吸引数百人前来观看，成为皇都村人群最密集的区域，空间活力度高。室内演出场主要用于侗族表演团队日常训练和少数民族表演，其余时间不对外开放，空间活力度一般。民族竞技园是新建的网红打卡地，但由于资金原因，民族竞技园暂时没有开放，因此空间人群活力度低。

### 7.3.3.3 景观基因信息廊道分析

景观基因信息廊道是由景观基因信息点按照一定的规律排列组合而成。在空间上，景观基因信息廊道是旅游者切实感受旅游地文化景观的廊道，是一条或多条切实存在的游道。[6]根据皇都村各景观要素的空间分布，景观基因信息廊道可分为主次廊道：主要廊道为连接各个景观信息点的主要通道，也是一条主要的游览观光通道；次要廊道为沿坪坦河两岸的实体演出舞台和连接村寨内部居民和景点的石板路，串联传统民居的民俗风情观光带（图7.8）。

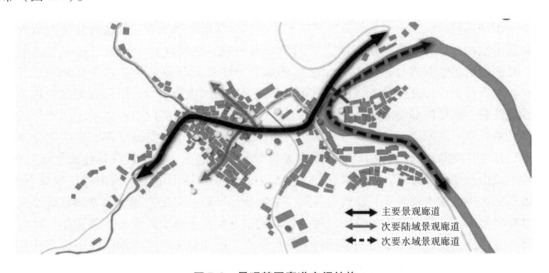

图7.8 景观基因廊道空间结构

主要景观基因信息廊道以寨门为起点，连接普修桥、非遗长廊、系凤楼、荷花池、室外广场和头寨鼓楼、尾寨鼓楼等一系列体现侗族村寨特色的景观点。主要廊道串联起的特色建筑是皇都村的灵魂和组成细胞，通过将主街的特色鲜明的建筑景观信息点串联起来，形成特色浓厚的建筑文化景观信息廊道。主要廊道上的景观点是皇都村的主要旅游景点，同时也是游客的主要集中地，公共空间人群活力较高。

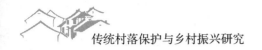

次要景观基因信息廊道可分为水域廊道和陆域廊道，分别由坪坦河两岸景点和主干道外延伸至各村寨内部的巷道组成。水域廊道两侧主要为室外实景演出观景台和演出广场以及坪坦河沿岸风光带。坪坦河作为皇都侗文化村的主要河流，是"背山面水"景观格局的主要组成部分，也是皇都侗寨的水域景观核心。平常为游客主要游览地，每周六的《戊梁恋歌》实景演出使其成为皇都侗文化村的游客核心集散地，因此水域景观廊道空间活力度较高。次要廊道主要是延伸至各村寨内部的巷道，且村寨内部多以传统民居为主，公共空间分布较少，因此次要廊道空间活力度较低。

## 7.4 活力提升路径分析

### 7.4.1 保护和修复侗寨景观基因元

景观基因保护和修复是指对村落中景观基因的完整性和连续断面进行修复。在皇都侗文化村的公共空间景观基因保护中，首先要注重侗族传统文化符号的保护和修复，在寨门、鼓楼等重要地标中，对"杉树""太阳鸟"等精神图腾图案进行原真性保护，同时对寨门、鼓楼的屋顶（有攒尖顶、歇山顶和硬山顶等不同形式）和整体建筑结构形式进行维护修复，保持侗族特色建筑风貌。[10]在萨坛、祠堂等核心神圣空间中，对萨岁神像、祠堂内部空间进行保护和打理，维持神圣空间基因元的原貌。

### 7.4.2 优化和维护景观基因点的建筑风貌

景观基因信息点作为构成景观的基本单元，包括祭祀空间景观、社会习俗空间景观和文化艺术空间景观。一是祭祀空间点中的萨坛和祠堂。在保证萨坛建筑整体完整的前提下，对萨坛周边空间进行拓宽改造，增加萨坛引导性设施，使游客更方便到萨坛进行参观；对欧氏祠堂内部进行改造修复，拆除内部较为破旧的建筑结构，以具有传统风貌的现代设施代替，保证内部结构的完整性和原真性。二是社会习俗空间点，主要包括室外活动广场、系风楼、重阳楼、头寨鼓楼、尾寨鼓楼、普修桥等。这些都是皇都侗寨的主要景观节点，在维持现状建筑风貌的同时加强对破损部分进行修复，特别是对其建筑立面结构、屋顶形式进行原真性修复。三是文化艺术空间点，主要包括山水实景演出场、观景平台、非遗长廊、实景演出观看区、民族竞技园、室内演出场等。文化艺术空间点的打造要充分与皇都侗寨山水格局相呼应，沿坪坦河一带的景观点要增强对水元素的打造运用，民族竞技园、室内演出场等要充分与侗寨民俗文化相结合，增加侗族民俗活动、民俗表演要素设施，使其与侗寨其他建筑特色相融合。

### 7.4.3 激发景观廊道的空间活力

皇都村景观基因廊道由主次廊道组成，是皇都侗寨景观的主要分布区域。提升景观廊道空间活力，一是要保护和完善村寨内部主干道的景观风貌，在主干道两旁进行具有侗寨特色的风貌改造，如增加侗寨传统元素挂饰和注重沿街建筑立面的打造，保持主干道侗寨景观基因的完整性。二是要保存好村寨街巷空间肌理，对各村寨内部的人字形街巷格局、

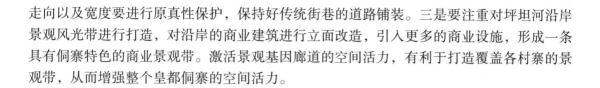

走向以及宽度要进行原真性保护，保持好传统街巷的道路铺装。三是要注重对坪坦河沿岸景观风光带进行打造，对沿岸的商业建筑进行立面改造，引入更多的商业设施，形成一条具有侗寨特色的商业景观带。激活景观基因廊道的空间活力，有利于打造覆盖各村寨的景观带，从而增强整个皇都侗寨的空间活力。

# 7.5　结　语

　　传统村落公共空间活力是村落经济发展的重要体现。皇都侗文化村是传统村落旅游开发的代表性村落之一，是区域地理环境与侗族文化叠加的产物，具有独特的侗文化属性。本研究从景观基因信息链的视角对传统村落公共空间活力展开研究，通过田野调查法、访谈法等研究方法对皇都侗文化村的公共空间活力开展调查，为该村落的空间活力研究提供有效的基础数据保障。由于数据收集有限，本研究还处于初步探索阶段，对景观基因信息链与公共空间活力的结合、公共空间活力的分类体系和评价指标体系等问题还需进一步深入研究。后期研究中可引入空间分析技术对景观基因信息链进行量化研究，以期更好地对传统村落公共空间活力进行系统化研究。

**参考文献**

[1] 胡燕，陈晟，曹玮，等. 传统村落的概念和文化内涵 [J]. 城市发展研究，2014，21 (1)：10 – 13.

[2] 陈晓华，陈倩倩. 我国传统村落公共空间研究综述 [J]. 安徽农业大学学报 (社会科学版)，2019，28 (6)：25 – 32 + 58.

[3] 李伯华，周璐，窦银娣，等. 基于乡村多功能理论的少数民族传统聚落景观风貌演化特征及影响机制研究：以湖南怀化皇都村为例 [J]. 地理科学，2022，42 (8)：1433 – 1445.

[4] 罗凯，杨楚星. 社会文化视角下的侗族村寨公共空间特征解析：以皇都侗文化村为例 [J]. 衡阳师范学院学报，2023，44 (3)：112 – 119.

[5] 杨馥端，窦银娣，李伯华，等. 符号消费与场域转换：传统村落文化空间演变与重构 [J]. 地理研究，2023，42 (8)：2172 – 2190.

[6] 刘沛林. 家园的景观与基因：传统聚落景观基因图谱的深层解读 [M]. 北京：商务印书馆，2014

[7] 刘沛林. 中国传统聚落景观基因图谱的构建与应用研究 [D]. 北京：北京大学，2011.

[8] 胡慧，胡最，王帆，等. 传统聚落景观基因信息链的特征及其识别 [J]. 经济地理，2019，39 (8)：216 – 223.

[9] 李桂芳，郑文俊，田梦瑶，等. 贵州肇兴侗寨景观基因信息链构建及其特征分析 [J]. 园林，2022，39 (7)：49 – 55.

[10] 向远林，曹明明，秦进，等. 基于精准修复的陕西传统乡村聚落景观基因变异性研究 [J]. 地理科学进展，2020，39 (9)：1544 – 1556.

（2023 年优秀报告；作者：李君培；指导：罗凯；整理：辛静）

# 第二部分

## 传统村落旅游开发

# 第 8 章
# 鄂东传统村落社会记忆演化与旅游发展保护

20 世纪 80 年代以来，随着城镇化的快速推进，中国的自然村落总数已由 2000 年的 363 万多个减少到 2017 年的不足 200 万个，17 年间有 160 多万个村落在中国消失，平均每年减少 94118 个，平均每天减少 258 个，消失速度惊人。[1] 根据中南大学中国村落文化研究中心的调查，近年来，长江流域、黄河流域等地颇具历史、民族、地域和建筑文化价值的传统村落数量正以"平均约 3 天 1 个"的速度在快速消亡。[2] 传统村落是中国农耕文明的重要载体，是中华传统文化的原生地和滋生地，是中国乡土文化的化石地。2012 年 4 月 16 日，住房和城乡建设部、国家文物局、财政部、文化部联合颁布了《关于开展传统村落调查的通知》（村建〔2012〕58 号），标志传统村落保护工作正式启动。传统村落的保护也迫在眉睫，这促使我们不得不对传统村落进行重新审视，对现行传统村落保护的指导思想和实施路径进行反思。

首先，从传统村落本身来看，在漫长的社会发展进程中，受社会发展规律的影响，在传统的农耕社会，社会生产的基本形式是自给自足的小农经济。人们为了抵抗自然风险，无论是在村落的选址还是社会生产的组织上，都体现出聚族而居的特点，传统村落在空间上必定会表征出相互吸引、相互依存的关系。其次，从社会环境来看，传统村落肇始于"差序格局"[3] 的中国传统社会，现有保护方式忽略了传统村落社会记忆网络的等级化、位序化，导致传统村落保护普遍存在"雷同化""躯壳化"的现象。如果忽视了传统村落内生的生活秩序，采取千篇一律的保护模式，必将导致传统村落出现"雷同化"现象。更重要的是，保护传统村落不仅是保护看得见的建筑实体，同时还要保留传统村落内在的生活习惯，不然将会出现无文化内涵的"躯壳化"现象。最后，从历史发展脉络看，传统村落原有的社会记忆网络逐渐消解，现有的保护方式很难从根本上实现传统村落"活化"。经济体制改革以后，中国农村社会发生了显著的变化，土地承包制度赋予农民以生产经营的自主权，使农民有可能按照自己的愿望去组织生产，血缘关系、地缘关系占主导的优势开始下降，业缘关系日趋重要。同时，由于交通、居住的便利，社会人口流动速度加快，规模加大，农村的熟人社会也由于外乡人的进入逐渐变成半熟人社会，使得原有社会记忆链受到巨大冲击。因此，如何在新的社会分工体系下重构新的社会记忆网络至为关键。

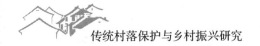

## 8.1　理论基础

地理学主要从空间的社会属性探讨人与空间的关联性问题。早在 20 世纪 40 年代，Wright 即通过"地理认识学"的概念，认为人与地理环境之间的互动关系有着复杂的形式与结构[4]；至 70 年代，Tuan 将"地方"作为"感知的价值中心"的概念引入人文地理学，掀起了地方认同、地方感、地方依恋等的研究热潮[5]。Bird 等指出社会记忆被唤起，能引发地方认同，增强地方依恋，若是忽视或遗忘之，历史地区很有可能失去社会文化能力[6]；李彦辉等认为社会记忆根植于地方，地方会储存和唤起个人、集体的记忆，二者共同构建个人和集体的认同[7]；李凡等指出记忆更能反映出一种复杂的社会关系和地方构建[8]；孔翔等认为地方感的形成虽然受到集体记忆等的影响，但总处于变化之中，会被个体因素、结构性因素和外部环境所影响[9]；蔡晓梅等认为在新环境中寻求过去的回忆，源于人们的地方认同、民族或种族认同或宗教认同[10]。因此，社会记忆作为载体，一般被认为是唤起个人或集体对地方产生认同感、地方感、依恋感的重要形式。

## 8.2　研究价值

传统村落是历史文化过程的重要载体，空间上是连接古今文化交流的桥梁，其时空过程犹如一面"社会之镜"。传统村落的演化过程恰好就是传统社会向现代社会变迁的过程。因此，本研究选取在传统村落演化过程方面具有代表性的鄂东地区，通过梳理传统村落原有的社会记忆脉络，并选取历史上簇团关联较强的典型传统村落进行实地研究，分析其在城乡融合背景下，旅游助推传统村落发展的政策对传统村落的保护与发展造成的影响。其意义在于：一方面，深化传统村落空间结构理论基础。通过典型实证研究，结合社会网络分析方法、空间分析法等，多尺度、多学科地分析鄂东地区传统村落簇团空间结构的特征，可以丰富和优化传统村落空间体系。另一方面，提高传统村落保护的科学性。通过梳理传统村落社会空间的关联性，不仅能促进传统村落的集群化发展，更有助于最大限度地提高传统村落的个体价值，增强文化吸引力，为传统村落未来的旅游发展建设提供决策指导。

## 8.3　研究方案

### 8.3.1　研究内容

本研究依据暑期学校主题"乡村振兴背景下传统村落保护与旅游开发研究"，考虑疫情的大背景，采取就近原则，选择鄂东地区为研究区域，以该区域范围内的传统村落为研究对象。研究内容包括：一是追根溯源，通过文献资料和村落史志，厘清鄂东地区传统村落形成的过程，并通过 Arcgis 工具构建起历史时期的簇团空间；二是现状分析，通过实地研究以及问卷调查、深度访谈所获取的数据，对鄂东地区传统村落社会记忆留存及发展现状进行分析；三是未来发展，通过分析乡村振兴大背景下旅游驱动对于鄂东传统村落所产生的积极或消极作用，针对性地提出保护和发展的建议。

## 8.3.2　研究对象

研究所指的鄂东地区，位于湖北省东部。区域范围西至随州—孝感—武汉—咸宁一线，东至英山—黄梅—武穴，包括武汉、鄂州、随州、孝感、黄冈、咸宁、黄石 7 市，共计面积 60182.06 平方千米。整个区域的北、东、南方向分别与河南省、安徽省、江西省、湖南省毗邻。鄂东地区属于亚热带季风性湿润气候，雨热同季，降水丰富，年降水量为 800～1600 毫米。鄂东地区地理区位优势突出，具有承东启西、接连南北的功能，在古代有"吴头楚尾"之称。[11]它具有源远流长的历史文化，至今已有 2000 多年的建制历史。

湖北省传统村落的空间分布极不均衡。整体来看，湖北省的传统村落主要分布在鄂东和鄂西两大区域。在鄂西南的恩施地区形成一个高值区，核密度值由北的宣恩县向南方向的来凤县增大，高值大致位于来凤县范围内；在鄂东北的黄冈地区形成一个中值区；低值区大致位于鄂东南的咸宁范围内，核密度值由通山和阳新由东北方向和西南方向稀疏化；在鄂西北的十堰地区形成一个微弱的聚集区；鄂中南是传统村落分布的空白地带。三个核心分布区分别位于湖南与安徽、重庆等地的交界地带，呈现出边缘分布的特点。

综上所述，在自然环境与人文环境的相互作用下，造就了鄂东地区独特的文化圈与生态圈。从区域的角度来看，它在系统内部具有完整性、稳定性以及综合性，可以说鄂东一直以来都是一个相对完整的地理单元。因此，选择鄂东地区作为本章的研究区域，以传统村落的空间结构演化特征作为研究载体，对于揭示鄂东地区聚落地理及文化地理的变化特征具有重要意义。

## 8.3.3　数据来源

本章传统村落数量数据来源于中华人民共和国住房和城乡建设部、文化部、国家文物局、财政部、国土资源部、国家旅游局联合颁布的四批传统村落名录。借助 Google Earth 对传统村落的坐标进行标定，利用 ArcGIS 10.2 对地图进行矢量化处理，得到鄂东地区传统村落的空间分布点。传统村落背景资料主要通过查阅鄂东地区各县的县志、地方志等文献获得，传统村落的现状数据主要通过深度访谈、田野调查、问卷设计的方式获得。

## 8.3.4　研究方法

### 8.3.4.1　田野调查法

根据鄂东地区传统村落簇团情况和区域空间分布情况，组织田野调查小组，前往选取村落进行实地走访，采用参与观察、深度访谈的形式，对传统村落的社会记忆信息进行了解、采集和归纳，之后再进行深入剖析，进而获取鄂东传统村落社会记忆的特点以及变迁情况。

### 8.3.4.2　问卷调查法

完成调查问卷，并对每个传统村落实地走访，最大程度上覆盖每一户居民。从地脉、人脉和文脉的三个层次，分析传统村落内部空间的环境、形态、建筑物、构筑物等物质要

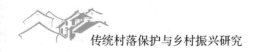

素和人物、事件、民俗、艺术等非物质要素，提炼传统村落的社会记忆关键因子，构建鄂东地区传统村落内部空间的社会记忆符号系统。

#### 8.3.4.3　学科交叉分析法

本研究融合地理学和社会学的空间分析方法，结合建筑学、城乡规划学的微观物质空间的认识标准，利用历史文献学研究方法，从学科交叉角度较为系统和全面地构建社会记忆的空间研究框架。从地脉、人脉、文脉三个层面选择因子，构建社会记忆符号系统，判别传统村落类型及特征。

#### 8.3.4.4　GIS 空间分析法

在簇团的识别上，一方面，利用社会网络的趋势度，从社会属性上识别传统村落的簇团空间；另一方面，基于 GIS 的空间分析方法，运用最近邻距离、最近邻指数、核密度等方法，叠加社会网络趋势度，进一步从物质属性方面甄别传统村落的簇团空间。以此识别传统村落的传统及现状社会记忆演化的空间差异性，系统分析传统村落社会记忆网络的总体空间变化特征。

### 8.3.5　指标体系

传统村落记忆承载着文化传统和乡愁情感，具有文化规约、社会认同、心理安慰与心灵净化的功能。传统村落的社会记忆也表现在村民的行为准则、价值判断和对人类社会的主观认知中。结合地理学和社会学的空间分析方法，融合建筑学、城乡规划学的微观物质空间的认识标准，从学科交叉角度较为系统和全面地构建社会记忆的空间研究框架。

社会记忆的影响因素可归纳为三类：人的因素、物理环境因素（现实环境因素）和社会环境因素（人文环境因素）。为了表示社会记忆的连续性特征，从地脉、人脉、文脉的三个层面选择记忆因子，构建社会记忆的符号系统，判别传统村落类型及特征。

## 8.4　历史时期鄂东地区传统村落形成

### 8.4.1　鄂东地区传统村落的诞生

传统村落的空间结构，无论是它的内部空间结构还是它的群体空间结构，都有一个长时间的形成过程。从鄂东传统村落形成的历史阶段来看，大致经过了魏晋南北朝以前的停滞期、隋唐五代至元时期的萌芽期、明时期的繁盛期、清时期的平缓期四个阶段。

（1）停滞期。从社会历史环境来看，魏晋南北朝以前的湖北战乱频繁，自古就有"四战之地"之说。[11]鄂东地区在该时期无新增传统村落。无论是先秦时期的吴楚之战、秦楚之战，还是魏晋南北朝时期的襄樊之战、夷陵之战、赤壁之战等，都使得湖北长期处于战乱扰动中，人口与社会经济损失严重。

（2）萌芽期。隋朝结束了至东晋以来中国 300 多年长期分裂的局面，国家实现南北统一。隋初革新行政管理体制，建立郡（州）县两级行政管理体制，鄂东北地区的安陆、永安、蕲春成为湖北县分布最密集的地区之一[11]，经济活动频繁，人口聚集度高，人口与社会经济有所恢复。鄂东地区的传统村落在该时期有所萌发，新增 2 个传统村落。

荆南地区是宋初"先南后北"统一全国战略的始发地。统一全国后的湖北主要属于荆湖北路、荆西南路，襄阳、荆州、武昌成为宋与辽金对峙时期的重要防御据点。[11]但鄂东北地区远离城市，其位于行政区的边界之地，历代都有驻兵，更有大别山盘踞于此，具有天然屏障作用，且战争大多未蔓延至此，为聚落的形成和发展提供了稳定的社会环境。鄂东地区的传统村落在该时期有了进一步发展，新增3个传统村落，传统村落总数增加到5个。

至元代，统治者推行了一些有利于稳定社会经济秩序的政策。如忽必烈时期实行有利于农业发展的劝农政策，社会生产方式由"空为牧地"的游牧生产转向"安业力农"的农业生产，鄂东地区也成为这一政策的受益者。混乱局面很快就得到了治理，社会稳定发展，经济秩序得到有效恢复，人口有了明显上升，为传统村落的较快发展提供了稳定的社会环境。鄂东地区的传统村落在该时期得到进一步巩固，新增8个传统村落，传统村落总数增加到13个。

（3）繁盛期。明代是湖北社会经济大改观时期，尤其以人口迁移最为明显，历史上"江西填湖广"的移民运动在明代达到高峰。一方面，来自江西的移民大量迁居湖北境内，首先抵达鄂东南和鄂东北地区，进而再转迁他地。例如，在鄂东的59个传统村落中，具有明确记载祖籍源于江西的就有22个。另外，来自安徽、河南等地的移民沿"黄黄官道"翻越大别山，再沿举水河南下，进入麻城、黄州等地。

（4）平缓期。清代是湖北省社会状况改观的重要时期，尤其以人口流动最为关键。人口流动主要为湖北省境内流动。鄂东地区在该时期的传统村落增速平缓，仅有7个传统村落形成于该时期，主要分布在鄂东与安徽边界交接、海拔较高的地带。

综合来看，大规模的人口迁入是鄂东地区传统村落形成的原始动力，尤其是明代来自江西的移民为鄂东地区聚落的形成提供了原生力量，也带来了他们的习俗、文化等生产与生活方式。这些移民在经过100余年的发展以后成为新的土著居民。[11]从空间分布来看，相关村落具有明显的同籍聚居的特征。

## 8.4.2  传统村落历史时期形成的影响机制

### 8.4.2.1  自然因素条件

传统村落的形成影响机制可以从它的历史形成过程观察研究。从传统村落空间结构形成的空间要素看，区位要素中的自然要素既是传统村落空间结构的驱动力要素，同时也是制约要素。传统村落空间结构在区位要素的矛盾关系中寻求一个平衡点，以此来维系聚落人口增长与环境供给之间的平衡关系。由于在同一的地理单元内，人们的生产方式也相对同一，聚落之间的联系通过这种生产方式的同一性形成地缘上的联系。总体而言，自然生态环境条件决定了传统村落的分布规模，在地势平坦、水源充足等区域容易形成聚居模式。

### 8.4.2.2  社会历史事件

从传统村落形成的时间过程上看，社会历史驱动要素中的人口迁入是鄂东传统村落形成的原生力量。在横向过程上，以江西籍为主体的移民大量迁入鄂东地区；在纵向过程上，鄂东传统村落大致经过了魏晋南北朝以前的停滞期、隋唐五代至元时期的萌芽期、明

时期的繁盛期、清时期的平缓期四个阶段。朝代更替、社会动乱成为影响传统村落形成的宏观环境。元末明初的移民浪潮改变了湖北的人口结构,也给湖北的开发和经济发展提供了机遇。在微观层面上,鄂东聚落在明时期呈现爆发式增长,它们在空间分布上倾向于同籍聚居。经过上百年的发展后,原来的移民成为当地新的土著民,成为开发建设鄂东地区的重要力量。

传统村落形成的影响因素总结如图8.1所示。

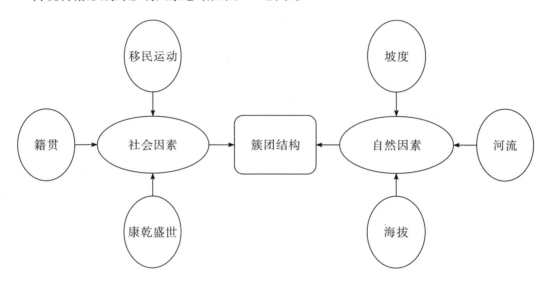

图8.1 传统村落形成的影响因素

## 8.5 现代鄂东地区传统村落旅游保护发展现状

### 8.5.1 鄂东地区传统村落现状研究对象选取

历史时期鄂东地区传统村落在总体关联(地脉关联、文脉关联、人脉关联)作用下,在空间上形成7个簇团分布,分别是麻城—罗田簇团、麻城簇团、麻城—红安—黄陂簇团、红安簇团、大悟—孝昌簇团、咸安—通山簇团、阳新簇团。由于研究条件的限制,本章只从其中选取一个较为典型的簇团进行重点研究。选取的原则主要是基于以下几个方面[12]:①选取的簇团具有一定的规模,以避免样本量太少的缺陷;②与地脉、文脉、人脉的簇团空间结构具有一定的相似性,即能综合体现传统村落在三脉主导下的簇团空间结构特征;③在整个簇团结构中具有中心地职能的簇团;④传统村落的保存较为完整。通过综合分析我们选取麻城—红安—黄陂簇团作为典型簇团。并且由于时间限制以及疫情影响,特选取该簇团中的大董家、大余湾、蔡官田村共3个村落进行实地研究。

### 8.5.2 旅游对鄂东传统村落影响的实地研究

#### 8.5.2.1 红安县喻畈村大董家

据董氏族谱记载,先祖于明洪武二年(1369)由江西乐安县迁移至楚北。大董家位于鄂东北的黄冈市红安县永佳河镇北，大别山南麓，分别与孝感市大悟县、信阳市新县毗邻。村落整体坐北朝南，依山傍水，尾斗湖水库和龟山、蛇山如同屏障将整个村子包围在其中，使得村子较为封闭，是典型的传统村落布局的环境肌理。村落主体建筑群由一条主街和六条巷道围合而成，主街为南北走向，巷道为东西走向，长 2～3 米；建筑与街道的比例大约为 1:1，建筑与街道的围合空间呈现出鱼骨状肌理。房屋多为三开间的"明三暗五"的悬山式砖木建筑。2015 年，作为湖北省美丽乡村建设中第一个实现规划建造和原址保护的乡村，大董家在传统民居原有的基础上，重新将村内道路修整铺装，新建设了许多基础设施，以方便村民和游客。该村现共有居民 16 户，50 人左右，且多数为老人小孩，村民中因病致残者有 14 人，空巢化现象严重。其社会记忆保存现状如下。

（1）地脉记忆。《董氏家志》中记载，大董家董氏始祖瑞甫公从事经商，家业殷实，买田置地 300 多亩，买山林 500 余亩。修建土地庙、碾屋、石磨，深挖水井，铺设石头路面。至明末清初，大董家民居建筑始成规模。20 世纪 60 年代修建水库时，村民搬迁至尾斗湖水库的上游。在 2015 年湖北省美丽乡村建设中，部分建筑得以修复重建，村落整体上进行了较为明显的规划改造，所以村内民居年代构成较为复杂，传统青砖黛瓦建筑同新时期农村红砖建筑共存，有古街道、古巷道、古烤烟房、古井、古墓葬群、古兵寨等历史文物建筑，也有观耕亭、金线桥、林荫步道等后期建筑。

本村共涉及 14 户访谈对象。对地脉记忆方面，所有访谈对象都谈到了龟山、蛇山、猫头山三座三脉以及尾斗湖水库，都对尾斗湖水库给村落带来的变化表示记忆尤其深刻。其原因是大董家曾经历了一个重要变迁：1960 年当地政府修建尾斗湖水库，处在水库边缘的大董家村民搬迁至高处，原有建筑的砖瓦均被运送到高处修建新房。在访谈对象中，年纪稍微大些的老人还能清晰地回忆起以前的房屋、街巷结构。可以看出，关于本村地脉记忆整体较弱，对山水的认知并没有在集体记忆中形成固定的记忆符号。但是，"水库淹村落"几乎是本村集体的共同记忆。

（2）人脉记忆。所有访谈对象都提到了教书先生董光松，甚至有村民认为本村的男女老少均知道教书先生董光松的故事，包括从外村嫁入本村的人。此外，访谈对象对于对祖籍源于江西这个传说都表示知晓，不过都表示并不知道传说的真实性，"老一辈都是这么说的"是大多数访谈对象提到最频繁的一句话。

（3）文脉记忆。对村落的空间形态认知方面，只有 71.14% 的访谈对象提到村落中的六条古巷道；剩余的人表示，自从搬出村落旧址以后，多年都不曾回去，尤其是家中的孩子，对村落旧址的空间形态认知更加模糊。村民对村落的中重要构筑物认知方面，只有 21.42% 提到村落中的寺庙，并表示是早期村民烧香祈福的地方。对村落的古民居认知方面，仅有村干部对建筑风格为三开间的"明三暗五"悬山式砖木结构、灰砖黛瓦以及村落中的古石柱、古铜锁、风火墙等有所认知，对建筑的功能、历史也仅是保留在村干部的认知里；大部分村民都表示不清楚。主要是因为人们搬出古民居以后都住进了新建的现代式的砖房，古建筑的功能、意义正在从集体的记忆中逐步退去。在信仰风俗方面，所有访谈对象均表示现在的习俗与过去变化不大。在民间艺术方面，所有访谈对象都提到玩龙灯、踩龙船这两项社会习俗，不过大部分访谈对象都表示："玩龙灯、踩龙船也是 20 世纪六七十年代的事情了，在 2000 年左右还有少部分这样的活动，现在由于电视、手机的普及，

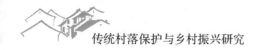
已经完全消失了。尤其是年轻人多在外面，也就是听说过，但都没有见过。"应该说，集体记忆的母体与村民的生活密切相关。居民的生产、生活受到自然环境的强烈约束，居民对山水的认知并没随着时代的进步而从集体记忆中退去[13]；相反，文脉记忆需要记忆载体，由于其功能作用被代替，逐渐从集体记忆中淡去。人脉记忆由于代代口述相传，至今仍保留在村民的集体记忆中。

综合来看，传统村落的社会记忆体现在地脉记忆和人脉记忆两方面。关于文脉的社会记忆，由于人们兴趣爱好的转向、现代科技的兴起、文化主体的变革，其载体功能已经逐渐从集体记忆中退去，而且现存的文脉记忆主要集中在 20 世纪六七十年代出生的村民，文脉记忆主体老年化成为一个现实的问题。如切实存在的古建筑作为一种社会记忆的载体，它本身就担任着传承社会记忆的作用[14]，只是它所隐藏在历史长河中的多元意义在被人们解读的过程中，受个人认知差异的影响，每个居民主体在对建筑的功能作用、历史以及代表的意义方面表现出差异化的认识。因此，并不代表每个记忆主体都能够较为清楚地获取相关的社会记忆。特别是日渐现代化的今天，传统村落的社会记忆在集体记忆中就更加小众化，集体的记忆表现为"这是一处古民居"这样一种表象。相反，地脉记忆与人脉记忆由于寄存于各种耳熟能详的传说中，传说本身也被赋予了传承社会记忆的功能，集体记忆通过传说这条渠道实现了社会记忆的保留与传承。

（4）研究实录。

A. 自然环境。大董家依山傍水，尾斗湖水库和龟山、蛇山如同屏障将整个村子包围在其中，使得村子较为封闭。这种环境肌理符合传统的中国村落布局，体现出了天人合一的境界和对美好生活的向往。由此可以看出大董家湾选址中蕴含的传统思想。早在春秋时期管子提出"高勿近阜而水用足，低勿近泽而沟防省"的选址原则时，国人就已经充分认识到自然环境在选址中的作用与影响。[15]同时，满足自给自足的自然经济之下的农业生产与生活需要也成为鄂东地区的传统村落选址的基本原则，而影响农业生产与生活的主要因素有水、土地、地形、气候等。

大董家的主要水源是村落南部的尾斗湖水库，库容容量 7000 多万立方米，水质优良，且该区域降水充沛，河溪纵横，因此该地自然植被系列比较完整，类型完整。除耕地作物以外，地带性植被为常绿阔叶林、针叶混交林、次生落叶林及灌木丛、草丛等。耕地主要种植各种经济作物，包括花生、马铃薯等。据统计调查，境内共有古树八株：古枫树，古柏树，古松树，古石榴树，古木瓜树，古银杏，古金银花。

B. 街巷建筑。大董家主体建筑群由一条主街和六条巷道围合而成，主街为南北走向，巷道为东西走向，2～3 米，建筑与街道的比例大约为 1:1，弯曲的街巷使街道空间与建筑空间相互渗透，扩大了交往空间领域，形成了丰富多样的人看人、不自觉的交流行为等街巷生活形态。这样的建筑同街道的围合空间使大董家呈现出街道与建筑组合而成的鱼骨状肌理。

村中古民居建筑多为三开间的"明三暗五"悬山式砖木结构。因古村处于缓坡地形，建筑亦依地势而建，形成了平缓弯曲的线性街道空间和每栋不同等级台阶的建筑布局。民居以天井或者院子为生活中心空间，适应了"夏季要通风，冬季要日照"的地域气候特点；建筑大木作综合抬梁、穿斗之优点而采用插梁式，既满足结构要求，又可获得较大的室内空间。[16]由于修建尾斗湖水库,大董家村搬迁重建,整体上保留了原有风貌,少数房屋属于砖瓦结构,用石灰、油漆抹面。

村镇建筑是村镇居民在与大自然的长期斗争中形成的建筑类型,具有极高的科学与艺术价值。建筑中的山墙结构,不仅可以有效地防汛、防火、防盗,而且可以有效地解决容量问题,使建筑可以比较安全地密集组合,体现了特有的地域风情和文化品位。但是,村内古民居建筑因多年失修,无法居住,部分居民已搬迁至县城,或在附近新建楼房居住。

村落中心筑有一个高约1米的台子,取名"龟来坡"。"龟来坡"一旁,有一座后来修的观景亭,叫作"观耕亭",在此可俯瞰到大董家的大部分耕地。在旁边有一条绿树鲜花掩映的小径直通尾斗湖边。湖边建有木质栈桥,叫作"金线桥"。"金线桥"顺着湖岸七弯八拐,直到"观仙轩"——建在湖边高地开阔之处的锥形亭子,周边有芦苇,或是芭茅,别有风味;亭子内很宽敞,四周铺有宽木板,可以坐十来人。亭子四面凌空、透风,可以全方位观看风景。

村中还有一口古井,在东明潭边,名叫"双福泉"。井口四周为四条青石板围砌。该井历史悠久,如今仍有村民在此打水浣洗。此外,村中还有两处古烤烟房,都是黄泥抹墙,屋面小灰瓦。其中一处作为遗址保护,加装了木制隔板;一处作为厨房,至今可用。

C. 走访实录。大董家是2015年作为湖北省美丽乡村建设中第一个实现规划建造和原址保护的乡村,在传统民居原有的基础上,集中规划了观耕亭、望仙轩、金线桥等,重新将村内道路修整铺装,新建设了许多基础设施,以方便村民和游客。

可以说大董家湾的风貌是与鄂东大部分地区物质、非物质文化遗产大不相同的另一类遗产,是一种该地区生活生产中的遗产,同时又包含着传统的生产和生活。根据当地村长和组长的介绍,大董家湾的传统村落保护发展工作是一项开创性的工作,这是继湖北省的文物保护单位、历史文化名城、名镇、名村之后一项新的保护工作。近些年来,湖北省启动濒危传统村落保护专项行动,实行挂牌保护;同时对传统村落的建设加强管理和指导,以减少建设性破坏,将传统村落保护的责任义务纳入乡村规划建设管理条例。在走访大董家村的过程中,我们也发现了很多传统村落复兴与改造中面临的问题:空巢化,全面旅游化,村民自身对于村落及传统的冷漠。

传统村落最为原真、完整,最能集中反映我国灿烂悠久的农耕文明。但是,由于高速城市化进程中村民对于空间追求的多元化,乡村呈现出不同程度的萎缩。[17]"必须承认,在赤裸裸的现实面前,任何漂亮话都没用。你知道村里的厕所和城市不一样,往往是跟猪圈挨在一块,村里的人确实要追求更好的生活。"村长用一个最粗浅的例子,足以说明农村与城市之间的巨大差异。当然,村里人想出来,出来后也不愿意回去。在走访过程中,我们发现大董家常住人口不到总人口的1/3,甚至没有40岁以下的青壮年,老人和小孩在家中过着自给自足的生活。在村里基本上都是空荡荡的,极少看到年轻人的身影。就算偶尔有年轻人出现,大部分也都是从县城下来玩的。大部分的老人都有基础病,高血压、心脏病等是比较常见的高危病,更多因病致残的老人甚至没有医保,生活难以为继。

被评为国家级传统村落,使村落旅游开发的价值凸显,但地方仍然缺乏对传统村落保护价值的认识。"现在很多村落的乡镇领导说古村落保护,实际想的是古村落搭台,旅游经济唱戏。"大董家村的组长说。他感到更残酷的一个现状是,"我们的村民不热爱自己的

乡村文化。当然，这也怪不得村民。因为城市文化离他们的生活向往更接近，他们有权利过上更现代化的生活。而他们认为自己习惯的文化已经过时了、麻木了，认识不到村落文化有什么价值，甚至认为，古村落能够旅游、能够赚钱，才有价值。"大董家经过旅游规划以后，打造了水上步道、水池景观、天耕体验、古井遗迹等。但是，从走访得知，虽然改造给村民带了很多生活上的改善，如厕所的修建、基础设施的改造、路面的铺装等，但是后期维护和宣传成了很大问题，村中几乎不见游客身影。

大董家村是现阶段中国传统村落的一个缩影——正处于传统社会向现代社会转型的关键时期。这一时期的农民作为"过渡人"，面临着传统与现代两种价值体系的影响，农民的交流与发展不可避免地受到更多文化要素和思想的冲击。乡村旅游发展所带来的符号化文化、象征性文化，是经过现代设计被抽象出来的结果，失去了传统文化应有的符号与标签，最终导致传统村落文化的碎片化。与此同时，在乡村旅游发展过程中，传统村落村民的生活方式发生了较大的改变，他们开始接受现代文化并改变传统村落文化，传统文化实现了一定程度的置换，导致村民生活内容与村落形态、地域环境产生了一定的偏差，以至于传统村落的生活与物质空间脱离、物质形式与精神内涵分离，造成了传统村落的"伪复兴"。

在"乡愁经济""城乡一体化""乡村城市化""社会主义新农村""特色小镇""精准扶贫""对口扶贫"等国家政策推动下，全国各地掀起了一股乡村建设的热潮，各种乡村规划如火如荼。[18]但是，其中某些地方的某些做法却备受诟病，如大量资本进驻农村开发房地产项目、借科技兴农的名义占地搞非农经营、整体抬高农村物价水平、强迫农民征地拆迁、破坏农村自然生态环境等。笔者以为，上述种种乱象都是以城市化、现代化和工业化的思维去看待和审视乡村，表面上是改变农村落后的发展面貌，其实在发展经济的同时也破坏了乡村既有的社会和文化支持系统，是对乡土性的摒弃，其核心问题在于没有按照社会建设的理念和社会工作的方法务实求真地开展农村工作。开发农村和建设农村的根本目的，绝不止于农村经济发展、产业增长、收入提高等硬要素，还有传统农村社会关系的重塑和乡土社会的复归等软要素，最终达到乡土社会的复归。[19]

### 8.5.2.2 黄陂区蔡官田村

蔡官田村位于武汉市黄陂区蔡榨街道西北部。据蔡氏家谱记载，在明洪武年间，蔡氏祖先从江西筷子巷举家迁移到此，到黄陂繁衍生息已经数百年。蔡官田村东、南、北三面环山，西面望水，是典型的背山面水居住选址。村落的空间格局具有封闭性。建筑以石砌为主要特色，民居多为东西朝向。村落以蔡公井为核心，以九巷十八门为主要框架。蔡官田村是龙灯艺术传承之乡。龙灯是始于清朝至今流传的文化传统，现在每年正月十五，村里仍有玩龙灯的传统。蔡官田村同样面临着严重的空心化问题：全村总人口1415人，村内留守人员多为老弱妇孺，且生活水平偏中下，青壮年基本都在外打工或读书，整个村子缺少活力。其社会记忆保存现状如下。

（1）地脉记忆。本村共涉及23户访谈对象。所有的访谈对象用"圆椅地"一词描述他们对村落所处自然环境的认知。蔡官田村三面倚山，村民将其形象地比喻作一张圆形的靠椅。靠椅作为生活中常见的物件，古人非常朴素地将其与自然环境形态相联系，进而成为本村居民世代相传的集体记忆。

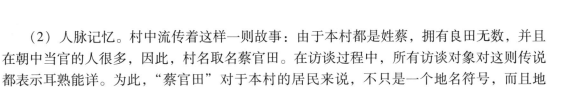

（2）人脉记忆。村中流传着这样一则故事：由于本村都是姓蔡，拥有良田无数，并且在朝中当官的人很多，因此，村名取名蔡官田。在访谈过程中，所有访谈对象对这则传说都表示耳熟能详。为此，"蔡官田"对于本村的居民来说，不只是一个地名符号，而且地名所蕴含的历史传说成为居民共同的集体记忆。对于祖籍源于江西的这一历史事件，所有采访对象均表示从祖辈那里听闻过，不过都表示这只是一种传说，无法知晓其真实性。

（3）文脉记忆。在村落形态方面，关于蔡公井的传说家喻户晓。相传当年绍一公千里迢迢来到黄陂东乡安家之后，身体劳累不适，彻夜难眠，也可能是更换了新环境，致使他寝食难安。一天半夜他突然听见有水流声，仿佛就在房子不远处。于是他急忙穿好衣，提着灯笼慢慢走出家门，发现离房子不远处一突起的地面上冒出水来，提灯一看，清泉涓涓流淌。一公十分惊喜，急忙用手捧起水来喝了一口，并无异味，甘甜可口。再细细观察其流量，他兴奋地默默念道：好水，好水，好甜的水，真乃苍天所赐。天亮之后，他立刻命众人深挖，并用石块砌井，后又修了泄水沟，以免污水流入。蔡公井至今仍完整地保留在村落中。另一则传说是关于村落中的三棵古树，这三棵古树被认为是守护村落风水的灵物，现今仍然完好地保留在村内，任何人不准砍伐。最为人们所传颂的便是"九巷十八门"的村落空间布局。对于"九巷十八门"布局的原因，所有采访对象都表示，主要是出于防匪徒、强盗的安全因素。在建筑物方面，96.15%的访谈对象分别提及土地庙、蔡氏宗祠两项记忆载体。对民居建筑的历史、功能意义等认知上，所有访谈对象都只是表示时间很久，记忆较为模糊。在构筑物方面，访谈对象没有提到有关实质性的记忆载体。在信仰风俗上，所有访谈对象对彩词文化都表示记忆深刻。在当地有这样一则说法："凤凰彩词三百六十句，句句不离凤凰。"在婚丧嫁娶方面，一些访谈对象表示，现在的习俗没有过去那么浓重，现在与过去相比有较大的变化。在民间艺术方面，所有访谈对象都表示，对玩龙灯、踩龙船、皮影戏等传统民俗记忆深刻，然而现在已经没有这样的习俗了，特别是从大部分年纪较大的访谈对象的脸上可以看出那种惋惜之情。时代变迁，这些属于那个时代的记忆也仅是存留在同个时代的集体记忆里。

（4）研究实录。

A. 村落概况。蔡官田村位于武汉市黄陂区蔡榨街道西北部，距离黄陂城关约15千米，234省道从村落西侧穿过。蔡官田村东、南、北三面环山，西面望水，西眺凤凰寨，村子坐落在广袤的田园上，山环水绕之间，繁荣兴盛。全村总人口1415人。全村建筑采用青砖、石墙、黑布瓦，错落有致，有福泽子孙的古井、古树和古池塘，是宜居的原生态村落、难得的宁静之地。走进古村有"一天揽胜，探悉千年"之感。自1412年形成村落至今。从辛亥首义到护法运动期间，这里走出了蔡济民、蔡良村、蔡极忱、蔡振民等辛亥革命先驱，被称为"辛亥革命第一村"。

B. 自然环境。蔡官田村东、北、南三面均为小山丘，树木郁郁葱葱；西面地势平坦开阔，远眺凤凰寨。三面的山丘连绵环绕着村落，犹如罗圈椅的靠背一样，在几百年前就被称为"圆椅地"，是适宜居住的良地。蔡官田村内散布着大小水塘7口，村西不远处，富水河缓缓流过开阔的良田。几百年来，水塘和河流滋养了蔡官田一代代村民，灌溉了广袤的良田，与建筑、田野、远山共同形成了美丽的山水田园画卷。

C. 街巷建筑。蔡官田村以蔡公井为核心，以九巷十八门为主要框架，窄巷人家，高

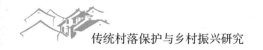

门大院，村内纵横交错的小街巷连接着大小数十个院落，民居、祠堂、晒坪、广场、池塘兼备，聚族而居。建筑以石砌为主要特色，民居东西朝向，沿西南侧水塘水平排开，面向河流，背靠山林。周围的山体和水塘景观成为蔡官田村的自然特色，形成其特有的风水格局。

村落西北部为普通百姓的聚居区，房屋规格较小，出于安全等因素，必须集中布置以利于防御。房屋之间整体布局紧凑，排列有序，东西向窄巷多，村民平时通过窄巷进出。纵横巷道尽头有前大门和后大门。关上门，俨如一个内城，有极强的内向性和防御性；打开门，阡陌交通，形成线路清晰、开合有致的街巷空间。这体现了居民之间具有特色的邻里关系。村落东部为商贾大户的聚居区，房屋数量多，采用四水归堂的合院形式，气势宏伟，自成院落。因此东部巷道较少，相对封闭。

村落中心有一口井，呈半圆形，井边均铺青石板，是村内最集中用水的公井。此井可供村中百人饮用，到了大旱时，邻村乡民也来挑水使用，利民、利村。说来也异常神奇，自从有了这口井，村民得病者甚少，长寿的人更多。此水井大旱不枯，大雨不溢，并且冬暖夏凉，碧绿清澈，水质甘甜。

D. 文化底蕴。

革命热土。蔡官田村是"辛亥革命第一村"，是中国近代大事件的承载地，在历史文化的传承上具有重要意义。村中以蔡济民为代表的革命志士辈出，辛亥革命留存至今的"铁血十八旗"仍然是蔡官田村的精神代表。

龙灯艺术。蔡官田村是龙灯艺术传承之乡，武汉地区著名的龙灯第一村。每年正月十五，村里的传统节目就是玩龙灯，这是从清代流传至今的文化传统。龙灯文化的传承与发扬对于保护和发展对沿袭龙灯文化和铭记辛亥革命历史有着特殊内涵与意义。

美食故乡。蔡官田村是中国第一面——热干面发明者蔡明伟的故乡。作为在全国乃至世界都具有知名度的美食，热干面是重要的非物质文化遗产的代表，是蔡官田村的一张响亮名片。热干面、三蒸、豆皮都构成了蔡官田村的美食特色记忆。

彩词文化。蔡官田村是武汉市彩词第一村，词曲歌舞遗存丰富。彩词是蔡官田村独特的民俗文化，相传"凤凰彩词三百六十句，句句不离凤凰"，现仍以口口相传的形式流传。

蔡官田村与外界相连的是一条乡道，较为平直，交通便利。由于地理距离的阻隔，一定程度避免了城市的喧嚣，保留了优美的田园风光、民居建筑和传统风俗。蔡官田村拥有8个自然村，占地面积2.6平方千米。脱贫率100%。如同走访的大多数村落一样，蔡官田村同样面临着严重的空心化问题，村内留守人员多为老弱妇孺，且生活水平偏中下，个别家庭还有瘫痪卧床的病人，青壮年基本都在外打工或读书，整个村子缺少活力。如何留住人气、吸引人气，是蔡官田村可持续发展必须应对的问题。

由于村内独具特色的红色文化和民居建筑，近几年吸引了很多单位和个人来此地参观学习，大大提高了村子的知名度。但由于餐饮、住宿等基础设施不完善，难以留住游客，旅游业发展处于初级水平。对文化遗产的保护和传承可以为乡村振兴战略提供有力的文化支撑，尤其是在发展特色产业、营造乡风文明和提升乡村治理等方面起着积极的作用。乡村产业发展不可千篇一律，必须因地制宜，无论是对传统手工业的转型升级还是对乡村旅游服务业的发展，特色文化将会成为发展的新兴动力。随着生活水平的提高，人们开始更

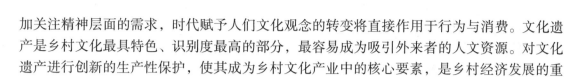

加关注精神层面的需求，时代赋予人们文化观念的转变将直接作用于行为与消费。文化遗产是乡村文化最具特色、识别度最高的部分，最容易成为吸引外来者的人文资源。对文化遗产进行创新的生产性保护，使其成为乡村文化产业中的核心要素，是乡村经济发展的重要途径。

### 8.5.2.3　黄陂区大余湾村

大余湾村位于武汉市黄陂区木兰乡双泉村，现有村民 108 户，居民 324 人，有 40 多栋明清时期古民居，村落建筑整体保存较为完整。根据《余氏宗谱》记载，余氏先祖于明洪武二年（1369）从江西婺源、德兴一带迁徙而来。村落顺"圆椅地"的地形呈团状分布，三面环山，向南敞开。大余湾的建筑是典型的婺源民居风貌。过去遗留的玩龙船、皮影戏等文化习俗在现代科技文化的冲击下几乎荡然无存，现今的村落也被开发为旅游游览地。其社会记忆保存现状如下。

（1）地脉记忆。本村共涉及 26 户访谈对象。"左边青龙游，右边白虎守，前面双龟朝北斗，后面金线钓葫芦，中间如意太极图"，是所有访谈对象都跟我们提及的。村后的龟山与西峰山一脉相承，村前有大金山、小金山锁住水口；横贯全村的清水河从村西蜿蜒流过，村前有一个形似葫芦形的池塘；一湾池塘与紧紧相邻的田垄，几乎就是活脱脱的一幅如意太极图。这说明在本村落的居民在长期的与自然环境的接触中，对山水的认知也在不断深化，尤其是在传统村落的风水思想下，人们总会极尽所能地抽检出自然环境对人们生活之间的密切联系，以此庇佑安居乐业、人丁兴旺。[20]

（2）人脉记忆。所有访谈对象都知道自己的祖先源于江西，大部分访谈对象还能说出自己的祖先是洪武二年从江西婺源、德兴迁移到此地。96.55% 的访谈对象都提到，祖辈非常重视教育，注重家训。我们了解到，"勤俭能创千秋业，耕读尚开富贵花"的对联至今仍然保留在村内。或许正是由于自古以来的优良传统，成就了余家菊、余传韬、余传斌、余传典等名人。除此以外，有的访谈对象还提及，他们的祖辈在医术方面也非常出名。大余湾村在以前有"药湾村"的称号，"医官济世三十代，忠厚传家五百年"，很好地解释了村民口述中的"药湾村"形象。我们还了解到，纂修族谱是大余湾村的一件大事，族谱记载了家族人员的变化及主要事迹。

（3）文脉记忆。在村落的空间形态认知方面，访谈对象并没有透露出有关空间形态方面的认知。现存的村落里有 20 余条街巷小道纵横分隔，形成网状，大小不同的居民建筑在空间上呈组团分布。或许居民对空间形态的感知已经融入较为传统的、封闭的邻里关系之中。居民的建筑在空间上并没有严格按照一定的组合关系分布，这种具有随机性质的组合布局导致居民对居住空间形态感知较弱；但是实际形成的组团分布却是居民的生产、生活需要的结果。在建筑物的功能、历史认知方面，大余湾村民居采用三合院型制，由三间正房、两厢和天井组成，即"一正两厢房，四水落丹池"。所有访谈对象都提到余氏宗祠，大部分访谈对象表示："房子很老，都是祖辈上传下来的，几百年了。"不过，也有少部分访谈对象能够较为详细地描述古民居的建筑结构。如其中一位访谈者说："全村房屋坐北朝南，背靠木兰山。整个民居大体分为四大房群：第一个房群是宗祠，第二个房群为'百子堂'，第三个房群是几列并排的房屋，第四个房群为'德记院'。"在构筑物认知方面，所有访谈对象均无提及。在信仰风俗上，所有访谈对象均表示，"村民现在没有什么习

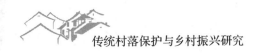

俗"。在民间艺术方面，88.46%的访谈对象提到本村在过去有玩龙灯的传统，84.62%的访谈对象提到本村在过去有"斗鸡"传统，不过都表示现在已经没有再举办这样的活动。问其原因时，几乎都表示："现在的年轻不喜欢这些老东西。现在大家都玩手机、看电视，这比那些老东西有意思多了。"在婚丧嫁娶方面，大部分访谈对象均表示，现在与过去差异很大，"过去很隆重，也很热闹，现在没有以前有意思"。在现代科技的快速发展下，文化记忆传承既迎来了机遇，同时带来了挑战。网络化的普及使得文化的宣传和保存更加便捷，这是文化发展与保存的重大机遇；但是，也面临文化客体对象新需求的挑战，传统的文化往往因为年代久远、缺乏新颖性而被大众所抛弃。[21]

（4）研究实录。

A. 村落概况。根据大余湾《余氏宗谱》记载，余姓先祖于明洪武二年（1369）从江西婺源、德兴一带迁徙而来。其祖先余秀山以"勤俭能创千秋业，耕读尚开富贵花"为家训，开启了大余湾在"龙传龙人　人和人　上下五千年"大幕下，"石砌石屋　屋挨屋绵延六百载"的发展史。

据村委会相关工作人员介绍，大余湾村是一个典型的旅游发展名村，现有村民100户左右，居民300余人，有40多栋明清时期的古民居。2005年9月16日，大余湾被国家建设部与国家文物局（建规〔2005〕159号）公布为全国第二批历史文化名村，也是湖北省首个获此名号的村落。正如我们亲眼所见，大余湾整个村子犹如武汉后花园的一朵木兰奇葩，绚丽多姿：一排排青布瓦、线石墙的明清民居，飞檐翘角；一幅幅屋檐诗书壁画，交相辉映；一条条青石铺就的石板路，纵横其间……星罗棋布间尽展出大余湾的乡村余韵。

B. 街巷建筑。大余湾的建筑是典型的婺源民居风格。大余湾已有630年的历史，仍保存着明清建筑房屋40余栋。这里的古民居是华中地区罕见的明清风水建筑文化遗产：石块砌墙，青瓦盖顶，雕梁画栋，飞檐翘角；石板路桥，穿村跨水；石墙围村，城廓御敌。大余湾房屋建筑特色主要有"房前墙围水，屋后山围墙；大院套小院，小院通各房；全湾百来户，串通二十巷；家家皆相通，户户隔门房；青石板块路，滴水线石墙；顶有飞琉瓦，檐伸鸟兽状；室内多雕刻，门前画檐廊"。

全村房屋坐北朝南，背靠木兰山，房子的大门大都朝向村口的池塘。整个民居大体分为四大房群：一是宗祠；二是原来的"百子堂"；三是几列并排的房屋，主街从中间穿过；四是"德记院"。每个房群合一大院，由20余条巷子纵横分隔。村里有一条横贯东西的主街，呈线性地将四个房群串接起来。街巷小道成网状与主街相连，广场或池塘作为道路骨架支点，房群围绕道路节点展开布局。

大余湾民居采用三合院型制，即由三间正房、两厢和天井组成。即"一正两厢房，四水落丹池"。正房为中间一间，前为堂屋，后为灶房。左右两间为卧室，有的隔为四间。堂屋正中设神龛，供祖宗和"天地君亲师"牌位。两间厢房，加上五间正房共七间，当地叫"联五转七"。每户住宅两侧山墙、前后墙均用长方体石块砌筑，墙高处达6.3米。更奇特的是采用糯米与石灰灌浆之法，黏合石块，也有采用干砌方法的。整栋房屋缝隙严密、工艺讲究。室外是方块石板路，屋顶上是飞流瓦，屋檐作鸟兽状，门前檐廊上彩绘各种图案。

C. 文化底蕴。北宋元佑八年（1093）中秋之日，著名诗人与书法家黄庭坚在为江西修水长茅余氏家谱所写的跋文中写道："长阅族系，溯源委而知：余氏名节之高，甲于江西。后自翰林稽姓苑，观科书显要，又见余氏之繁，甲于天下。"据说南宋理学集大成者朱熹于南宋淳熙六年（1179）为《余氏宗谱》所作序言中说："一门三太守（余良肱的三个儿子分别为徇州、杭州、明州太守），廉保勋名之振，四代五尚书（兵部余侃、吏部余爽、刑部余怒、工部余良肱、礼部余彦明），能分帝王之忧。守俸禄如井泉，抚百姓如妻子。"著名教育家、台湾中央大学前校长余传韬先生，每年返大余湾探亲谒祖。从其父亲、我国近代著名教育家余家菊的文集中，对大余湾的近百年发展史有了进一步的了解。据《余家菊（景陶）先生回忆录》载："献廷公（即余文发，余家菊祖父，大余湾余氏 16 世孙）机警笃厚，读书明理，乡党不称其名，而呼曰余四爹。壮年回乡，置田产二百石，造住屋十栋，皆石墙到顶。造研子岗同顺典当铺屋、永兴号铺屋、黄土泥木料行铺屋、王家河永兴福号铺屋……资本共约银十万两。"（台北慧矩出版社 1994 年版，第189～190 页）由此便可以看出，早在百余年前，余传韬的曾祖父就富甲一方。为了持续培育余氏家族及湖北家乡英才，10 余年来，余传韬博士不仅资助了 50 余名大余湾学子进入高中、大学或研究院所深造，还在武汉大学、华中师范大学、黄陂一中设立"余家菊奖学金"等，奖掖学子。他还在海峡两岸六所中学实施诗化工程，迄今已经举办了十余届唐宋诗词研习班，在海峡两岸广为流芳。

　　2002 年 11 月，大余湾被评为湖北省文物保护单位。2005 年 9 月，大余湾被建设部、国家文物局评为中国历史文化名村。早在 2007 年，黄陂区就完成了大余湾古民居建筑群保护和修建的两部规划，并通过专家组评审。按照规划，投资商将对大余湾总投入约 1.5 亿元，建设"三线十二节点"、五个自然组团和"前庭后院"。建成后的大余湾将形成古建筑参观区和后山体验区。古建筑参观区通过对 5 户重点古民居的展示和百来户民居的集中打造，让游客从房屋的精雕细琢中、从装饰摆设的讲究中、从家庭文化的打造中，体会中国博大精深的古民居文化。后山体验区以大余湾 600 年的人文历史、典故传说衍生出系列旅游产品，吸引游客在爬山的过程中去探寻、去体验，如孝子文化——摞子石的故事、风俗民情的传统——晒米石的传说、大余湾的读书传统——西峰尖的书院和文庙、大余湾繁盛的根源——葫芦塘探秘等。两个区域自成一体，特色鲜明，相辅相成，共同组成大余湾的综合旅游体。

　　2019 年，大余湾公司打造的大余湾新村项目，一改过去单户单宅自行开发的旧模式，通过"新村换旧村"的途径，开创了"整村置换"开发的新模式。该模式有利于古村落保护开发，建造一个赋有荆楚风格的新村，同时也保证村民良好的生活质量，需要的设施一应俱全。这种开发新模式实现了双赢的局面，开创了全省"整村置换"开发模式的先河。

## 8.6　传统村落保护与发展建议

　　2002 年，我国首次将古村镇纳入《中华人民共和国文物保护法》，标志着传统村落的保护正式进入法制轨道。之后，关于传统村落保护的法律法则得到不断完善，为传统村落的保护提供了坚实的外壳。但是，随着城镇化进程的加快，法律法规的制定仍然没能阻挡

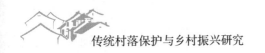

住传统村落的大批消亡。[22]因此，传统村落的保护仍然任重道远。结合本章的研究结果，提出如下对策建议。

## 8.6.1　政策引导，扶持发展

通过走访我们发现，村落空心化是众多传统村落的共同现象。随着打工潮的盛行，村落中的许多年轻劳动力都外出打工，只留下老人与小孩，甚至在有的村落连小孩都没有，更为严重的是有的村落仅有几户人家。总的来说，研究过程中所发现的问题总结如下：

（1）缺乏完善的整体规划，标准不高。例如，大董家湾是 2015 年作为湖北省美丽乡村建设中第一个实现规划建造和原址保护的乡村。大董家湾经过旅游规划以后，打造了水上步道、水池景观、天耕体验、古井遗迹等，虽然厕所的修建、基础设施的改造、路面的铺装等给村民带了很多生活上的改善，但是后期维护和宣传成了大问题，村中几乎不见游客身影。

（2）基础设施落后，产业乏力。例如，蔡官田村村内留守人员多为老弱妇孺，且生活水平偏中下，个别家庭还有瘫痪卧床的病人，青壮年基本都在外打工或读书。由于村内独具特色的红色文化和民居建筑，近几年吸引了很多单位和个人来此地参观学习，大大提高了村子的知名度。但由于餐饮、住宿等基础设施不完善，难以留住游客，旅游业发展处于初级水平。

总的来说，无论是在物质文化方面，还是在非物质文化方面。传统村落均具有非常浓厚的文化底蕴。[23]只要稍加保护和利用，这些传统村落就可以实现"起死回生"。因此，在具体的保护过程中，应加强政策引导，加大扶持发展力度。责任主体可以通过发展相关产业（旅游业）来促进传统村落的保护与利用，如大余湾村的传统村落旅游。同时，设置相应的管理机构，构建自上而下与自下而上相结合的管理回馈机制，防止传统村落过度开发与利用。[24]这样，使传统村落的保护与开发能够控制在一个相对稳定的平衡点，进而实现传统村落的可持续发展。

## 8.6.2　集聚式保护，针对性开发

在社会化的历史过程中，村落的演化不是孤立地进行，村落在历史的演化过程中也是一种群体化产物。因此，在保护上应避免单体保护。通过集聚式的保护，让传统村落在空间上形成集聚性效应，进而实现传统村落之间的相互促进。另外，对于人口流失严重的外向型村落来说，这一类村落保护的重点在于保护非物质文化。这里的非物质文化不同于我们传统意义上的非物质文化遗产[25]，而更多地的是指文脉和人脉流传下来的记忆，尤其是在传统村落中保存并传承至今，能代表传统村落文化遗产的民间文学、表演艺术、传统工艺美术、传统生产知识、传统生活知识、传统仪式、传统节日类文化事项。外向型村落人口锐减，尤其其中的文化流传的传承性出现困难。针对这种现象，当务之急是对传统村落的非物质文化进行挖掘和保护。针对内向型村落而言，其往往意味着村落内部可以构建起完整的"生活圈"，所以加强基础设施的打造成为村落现代化的重点任务，应为传统村落及其周边配备较为完整的公共服务设施和必要的基础设施。[26]另外，这一类村落的保护重点更多地在于物质文化等乡村实体空间构建物，如传统建筑、村落公共中心，以及村

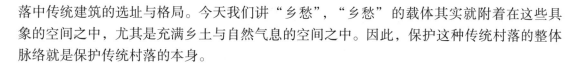
落中传统建筑的选址与格局。今天我们讲"乡愁"，"乡愁"的载体其实就附着在这些具象的空间之中，尤其是充满乡土与自然气息的空间之中。因此，保护这种传统村落的整体脉络就是保护传统村落的本身。

### 8.6.3　构建集体记忆，强化地方认同

传统村落经过数百年的沉淀，它的文化已经成为一个集体的共同记忆。在传统的生产方式下，居民主体对地方具有强烈的认同感。这种认同感随着时代变化，已经上升至精神层面。但是，随着信息化时代的到来，尤其是手机、电视的大量普及，作为传统的习俗文化在新的时代潮流下逐渐受到侵蚀，有的文化习俗甚至已经消失在人们的生活习惯中。尽管从发展的定义来看，新旧事物之间的矛盾关系是新事物战胜旧事物，但是，从传统村落本身来看，传统村落的价值就是延续那些经过数百年沉淀之后的文化，这些文化需要一定的载体来延续。[27]其中，人作为这种文化传承的直接参与者，集体的记忆就显得尤其重要，它往往是赋予文化生命的重要元素。从研究过程中我们发现，关于传统村落文化的集体记忆的主体日趋老年化，年轻一代由于生活环境的改变，对传统文化的认同普遍淡化。因此，应该通过增添村落的活力，构建传统村落文化集体记忆的延续和地方认同，以此来促进传统村落的内在意义，防止传统村落陷入"躯壳化"境地。

## 8.7　不足与展望

### 8.7.1　不足

一是数据资料的客观性较为欠缺。一方面，尽管在收集资料的过程中尽可能做到每个村落的资料都详细准确，但却无法避免因一些村落的资料短缺无法收集完整；另一方面，许多关于村落的历史资料散落各处，对于收集到的资料的准确性也有待进一步的考证。

二是实地访谈对象的年龄跨度较小。村落中由于缺少年轻力量，访谈对象的年龄大多在 60 岁以上，在反映整个村落的社会记忆强度方面就有所减分。此外，由于条件所限，并不能对村落所有户籍人口的经济生活方式做统计。

### 8.7.2　展望

传统村落的保护实质上是中国乡村振兴的问题，而乡村振兴是社会经济平稳发展的基石。在信息时代，延续社会记忆的方式在发生巨大的变化。在新旧事物的博弈下，传统村落作为社会记忆载体的作用确实不断受到信息化时代的侵蚀。[28]因此，传统村落的功能与意义又应该如何去定义？它的保护方式又应该如何去革新？相关利益群体的矛盾又应该如何来平衡？诸多问题需要更多学者来做研究。

在不到百年的时间中，我国从农业文明古国迅速转型为城市化率达 66% 的工业大国，其社会经济和文化结构也经历了巨大的变化。从 2005 年开始的新农村建设到 2018 年正式将乡村振兴作为国家战略，乡村毫无疑问地获得了与城市同等重要的发展地位。即使城镇化率达到 70%，我国依然有超过 4 亿人留在农村，显示出我国城乡差异的长期性和乡村研

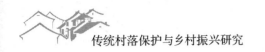
究的必要性。[29]作为后发工业国家，如何在有限的资源条件下优化生产要素的利用与分配，以弥合城乡发展差距，已然是我国未来发展的重要挑战。

## 参考文献

[1] 刘天曌，刘沛林，王良健. 新型城镇化背景下的古村镇保护与旅游发展路径选择：以萱洲古镇为例 [J]. 地理研究，2019，38（1）：133 – 145.

[2] 特别关注：如何保护好传统村落 [EB/OL]. http://village. csu. edu. cn/info/1004/1022. htm.

[3] 费孝通. 乡土中国 [M]. 北京：北京出版社，2009.

[4] WRIGHT J K. Terrae incognitae：The place of the imagination in geography [J]. Annals of the association of american geographers，1947，37（1）：1 – 15.

[5] TUAN Y F. Topophilia：A study of environmental perceptions，attitudes，and values [M]. Columbia：Columbia University Press，1990.

[6] 钱莉莉，张捷，郑春晖. 地理学视角下的集体记忆研究综述 [J]. 人文地理，2015，30（6）：7 – 12.

[7] 李彦辉，朱竑. 地方传奇、集体记忆与国家认同：以黄埔军校旧址及其参观者为中心的研究 [J]. 人文地理，2013，28（6）：17 – 21.

[8] 李凡，朱竑，黄维. 从地理学视角看城市历史文化景观集体记忆的研究 [J]. 人文地理，2010，25（4）：60 – 66.

[9] 孔翔，张宇飞. 开发区建设中的居民地方感研究：基于上海闵行开发区周边社区的调研 [J]. 城市发展研究，2014，21（6）：92 – 98.

[10] 蔡晓梅，刘晨，朱竑. 大学的怀旧意象及其空间性建构：以中山大学为例 [J]. 地理科学，2013，33（6）：710 – 717.

[11] 张伟然. 湖北历史文化地理研究 [M]. 武汉：湖北教育出版社，2000.

[12] 李亚娟，陈田，王婧. 中国历史文化名村的时空分布特征及成因 [J]. 地理研究，2013，32（8）：1477 – 1485.

[13] 胡最，郑文武，刘沛林. 湖南省传统聚落景观基因组图谱的空间形态与结构特征 [J]. 地理学报，2018，73（2）：317 – 332.

[14] 金涛，张小林，金飚. 中国传统农村聚落营造思想浅析 [J]. 人文地理，2002（5）：45 – 48.

[15] 朱瑾. 徽州村落环境空间形态与构成秩序 [J]. 东华大学学报（社会科学版），2005（2）：42 – 46.

[16] 支军. 传统生态人居模式探微 [J]. 山西建筑，2007（11）：47 – 48.

[17] 畅月萍，季志新，薛林平. 山西商道型古村镇的保护与利用模式探究 [J]. 小城镇建设，2010（4）：78 – 83.

[18] 袁小平，吕益贤. 关系网络与中国乡村社会关系变迁 [J]. 安徽农业科学，2008（3）：1275 – 1278.

[19] 林聚任，杜金艳. 当前中国乡村社会关系特征与问题分析 [J]. 中国农业大学学报（社会科学版），2007（3）：34 – 42.

[20] 黄亚平，冯艳，张毅，等. 武汉都市发展区簇群式空间成长过程、机理及规律研究 [J]. 城市规划学刊，2011（5）：1 – 10.

[21] 邹农俭. 当代农村：变迁·分化·矛盾·整合 [J]. 江西社会科学，2005（1）：20 – 25.

[22] 陈征，徐莹，何峰. 我国历史文化村镇的空间分布特征研究 [J]. 建筑学报，2013（S1）：14 – 17.

［23］储金龙，刘瀚，李久林. 古徽州传统村落的空间分布与演化研究［J］. 安徽建筑大学学报，2018，26（3）：26－34.

［24］李伯华，尹莎，刘沛林. 湖南省传统村落空间分布特征及影响因素分析［J］. 经济地理，2015，35（2）：189－194.

［25］谭悦. 鄂东传统村落簇团空间分布及社会关联研究［D］. 武汉：华中师范大学，2018.

［26］贺雪峰，仝志辉. 论村落社会关联：兼论村落秩序的社会基础［J］. 中国社会科学，2002（3）：124－134，207.

［27］郑杭生，张亚鹏. 社会记忆与乡村的再发现：华北侯村的调查［J］. 社会学评论，2015，3（1）：16－23.

［28］杨同卫，苏永刚. 论城镇化过程中乡村记忆的保护与保存［J］. 山东社会科学，2014（1）：68－71.

［29］余斌，卢燕，曾菊新，等. 乡村生活空间研究进展及展望［J］. 地理科学，2017，37（3）：375－385.

（2022 年优秀报告；作者：程波；指导：刘天曌；整理：张家界）

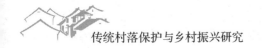

# 第 9 章
## 乡村振兴背景下朝阳县集中连片
## 传统村落资源与发展研究

传统村落原名古村落，拥有较丰富的文化与自然资源，具有一定的历史、文化、科学、艺术、经济、社会价值。[1] 到 2012 年 12 月，我国现存村落仅剩不到 230 万个，传统村落数量减少之快令人心惊。[2] 2013—2017 年，中央一号文件中的相关内容逐渐扩充和深化，足见在国家层面传统村落保护工作正稳步推进。[3] 党的十九大首次将乡村振兴上升到国家战略的高度，将其作为党和政府建设国家的重要工作。[4] 其战略部署更有全局性，战略规划要更有长远性和前瞻性。[5] 朝阳古称龙城，位于辽宁西北部。自前燕建都到元代废弃，朝阳古城兴盛了近千年，源远流长的历史，造就了数量丰富、类型多样的传统村落。2012 年至今，国家对传统村落的保护发展十分重视，辽宁省共有 30 个村被列入传统村落名录，其中 15 个分布在朝阳市，分布在朝阳县内的传统村落有 6 个。2022 年朝阳县入选国家传统村落集中连片保护利用示范县。对朝阳县传统村落的集中连片保护和规划，让居民"望得见山，看得见水，记得住乡愁"，并将村落的原始风貌保留下来，已经成为朝阳市传统村落保护的重要课题。本章旨在通过对朝阳县传统村落的资源进行调查，了解传统村落在发展中可能遇到的困境，并提出保护策略。本研究主要采用实地调查、访谈、拍照、文献查阅等方法。

## 9.1 研究区域概况

### 9.1.1 区域位置

朝阳县隶属于辽宁省朝阳市，位于辽宁省西部，大凌河中上游，东、东南与凌海市及葫芦岛市的南票区、连山区接壤，西、西南与建平、喀左及建昌等县相毗邻，北与北票市、内蒙古自治区敖汉旗交界。南北长 109.1 千米，东西宽 76.2 千米，总面积 3757 平方千米，下辖镇 13 个、乡 13 个。

朝阳县西五家子乡新地村（入选第五批中国传统村落名录）位于努鲁儿虎山脉朝阳境内第一高峰——大青山脚下，在西五家子乡西北端，东临簸箕掌村，南邻半截沟村，西北侧与内蒙古自治区交界，西侧紧邻着三道沟。三道沟村（入选第三批中国传统村落名录）南边和吐须沟村接壤，北侧挨着新地村，西侧临着北沟门，村落坐落在大青山脚下，土地多为半坡地，土层较薄，水源缺乏。这两个国家传统村落相连，共同构成传统村落片区。

## 9.1.2　自然环境特征

朝阳县地处中纬度地区，属于温带大陆性季风气候区，是半干旱半湿润的易旱地区。境内四季雨热同期，日照充足，昼夜温差较大；光能条件优越，属全省高值区。朝阳县地形多样，丘陵分布广泛，平原面积较小，只有延河冲积的平洼地段。地势西北高、东南低，由西北向东南倾斜。朝阳县山脉纵贯、河流冲积，既有连绵起伏的中低山，又有沟壑纵横的丘陵和缓平的冲积平原。

新地村分布在山地丘陵地带，土地贫瘠，缺乏水源，村域主要灾害是干旱。村落内有季节性河流，且紧邻天桥沟水库。植被资源丰富，村域内植被覆盖率达到 90% 以上，其中森林覆盖率达 75.4% 以上，动物种类繁多。三道沟村的植物属于华北植物系，向东北过渡为半干旱针叶林与阔叶林混交林带，其中药用草本植物 300 多种。境内有森林、水域、低山、丘陵等，动物资源比较丰富。村域主要灾害也是干旱，历史上屡有发生。

# 9.2　传统村落分析

朝阳县的传统村落村域内山区丘陵多、平原少，村落基本上都是分布在山区丘陵相对比较开阔平缓的地区，沿着山脊线的方向延伸。

## 9.2.1　形态与格局

朝阳县传统村落居民点的形态主要有团状集中型、团状分散型、团状倾向辐射型、带状分散型（表 9.1）。

表 9.1　朝阳县传统村落形态

| 类型 | 村落 | 形态 | 特点 |
|---|---|---|---|
| 团状集中型 | 新地村的撒牛沟村 | | 整体空间向心聚合力较强，形态规整 |
| 团状分散型 | 三道沟村 | | 由于地形限制形成多个团状空间串联，空间与自然环境融合度较好 |

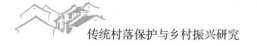

（续表）

| 类型 | 村落 | 形态 | 特点 |
|---|---|---|---|
| 团状倾向辐射型 | 肖家店村、八盘沟村 | | 受制于自然环境或建设因素制约，整体空间形态呈现出从中心向四周辐射发展的趋势 |
| 带状分散型 | 西大杖子村、三家子村 | | 空间形态顺应自然山水走势而形成 |

朝阳县传统村落的分布格局主要是依据地势走向成团块形或者狭长型（表9.2），是"因地制宜、因物制宜"思想的具体表现。朝阳县的传统村落基本上都是分布在山区丘陵相对平缓的地带，村落居民点的大小一方面受制于农业耕地面积的多少，另一方面受制于山体地形的限制。所以，在山地可耕作的土地资源稀缺、山体地形不宜建设的条件下，村落规模都比较小（如石灰窑沟村、八盘沟村、三道沟村）；只有在相对比较平缓的丘陵地区，村落居民点的面积才相对大一些（如肖家店村）。受到"天人合一"思想的影响，一般都选择山体环绕、河流穿行的地方建造村落，形成山体、农田围绕村落四周，季节性河流穿行的格局。这种山、水、田、村的格局是交通不发达的农业社会时期的典型代表，也是最利于农业耕种的布局，是人们充分开发利用周围自然环境的结果。

表9.2 朝阳县传统村落格局

| 村落名称 | 唐杖子村八盘沟村 | 西大杖子村石灰窑沟组 | 三道沟村 |
|---|---|---|---|
| 村落格局形态 | | | |

（续表）

| 村落名称 | 三家子村 | 肖家店村 | 新地村 |
|---|---|---|---|
| 村落格局形态 | | | |

资料来源：文献［6］。

## 9.2.2　街巷

传统村落的街巷分为干道（主路）和巷道（支路）两级。村落干道主要是为了村民的对外交通，巷道的形成则主要是为了村民各家庭之间及村内各个家庭之间的沟通联系。因为村落的院落布局都是坐北朝南，所以道路基本上均为东西朝向。这样的独特布局与朝阳地区寒冷多西北风的气候原因是有关系的，是因地制宜思想的具体体现。朝阳隶地处东北，境内春、夏、秋三季的主风向为南风，冬季的主风向则是西北风，为了维持村落的保暖性，村落的干道基本上全是东西朝向，南北方向基本上没有干道（图 9.1）。三道沟村和新地村内，村落之间的干道多为柏油路面，进入村落的道路为砂石铺设，连接街巷的道路为柏油路面，通向居民家的街巷为水泥路面。

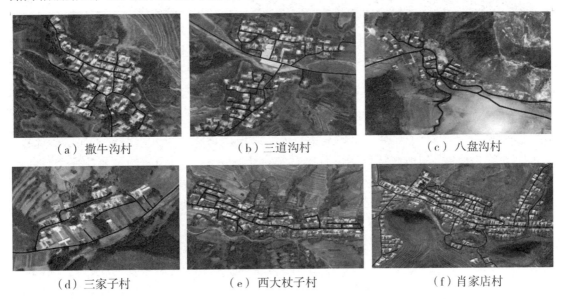

（a）撒牛沟村　　　　　　　（b）三道沟村　　　　　　　（c）八盘沟村

（d）三家子村　　　　　　　（e）西大杖子村　　　　　　　（f）肖家店村

**图 9.1　传统村落街巷格局**

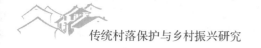

### 9.2.3　传统民居

#### 9.2.3.1　院落布局

朝阳县传统村落的院落布局形式是由四合院转变而来的，四合院庭院的方向与面积受宅地与光照（纬度）制约。东北地区因为纬度较高，接收太阳辐射较弱，为了获得更大的采光空间，院落空间扩大，逐渐就演变成朝阳地区的东北大院（图9.2）。朝阳地区村中住宅院落大都坐北朝南，左右形成横行，住宅的墙壁也很厚，起保温隔热的作用。正房坐落于院落北方，一般为三开间、四开间或五开间。正房的大门一般在中间，不一定为正中方向。这种建造方式主要跟建筑内的功能布局有很关。朝阳地区的厨房不在厢房内，堂屋也不在正房的正中间，而是在正房的东侧次间内，祖宗牌位或者祭祀天地等都是在这个房间。院落内一般有东西厢房，基本上不住人，以堆放杂物、农具或者牲畜用房为主；院落空间比较大，所以除生活空间外还有一部分空间用来做菜地或者种植粮食、果树等的生产空间。整体说来，院落的布局特点是生产与生活相结合的居住空间。

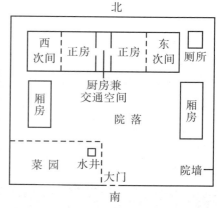

**图9.2　朝阳传统村落院落格局**

（资料来源：文献［7］。）

#### 9.2.3.2　"囤顶"形式

朝阳传统村落独特的囤顶民居建造形式，是农耕文化"因地制宜、因物制宜、因时制宜"思想的完美呈现。"囤顶"形式是从我国传统坡屋顶建筑形式结合朝阳地区多风沙、干旱少雨、土地贫瘠的地域特色逐渐演化而来的（图9.3）。囤顶房的主要特征是：前后稍低，中央稍高，屋顶略呈弧形，近似平屋顶，前后有流水线，便于雨天排水；两边的山墙大约高出屋顶400毫米，主要是为了建造烟囱。朝阳地区风沙较大，传统坡屋顶整个屋顶都是风的受力面，这样极易损坏屋顶，增加建造成本。结合这种自然特征，人们将坡面换成受力小的平面，这样就可以同时解决阻力和承载力的问题；同时，屋顶的弧形不大，还给村民提供了粮食晾晒场所，解决了山地地区缺少平坦场地晾晒粮食的问题。可谓是一举多得。这种民居建造形式最终因适宜这个地区，得以广泛应用，最终形成独特的民居风貌特色。

图 9.3　囤顶房

### 9.2.3.3　建筑材料

　　古时候，由于科学技术和交通不发达，人们在建造房屋的时候要就地取材，进行简单的加工打磨之后形成建筑材料。在朝阳地区，传统村落一般都选在四面环山、植被旺盛的山谷平坦地带，所以建筑材料主要为石头、泥土、树木这三种（图 9.4），也有用稻草和泥土混合作为建筑材料。只有比较富裕的家庭才能花费财力、物力从别的地方购买青砖并拉回来建造房屋，多数人家只在房屋的门框、窗框等比较显眼、能看到的地方加一起青砖充门面。

图 9.4　石头房

### 9.2.3.4　建筑装饰

　　三道沟村的囤顶民居几乎不进行装饰。坡屋顶建筑的屋脊均为实心屋脊，带有雕花，较富裕的人家会给山墙左右两端墀头和腿子墙处的石雕雕花，图案多寓意吉祥纳福、避邪。瓦当为双重瓦当滴水形制，上面刻有多种形式的福字，象征福寿绵长；建筑单体的正立面通常有木门、木窗，窗户为支摘窗，木窗雕有方形的装饰图纹，样式丰富，做工精巧（图 9.5）。

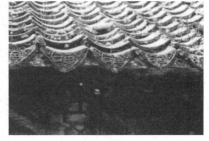

图 9.5　建筑装饰

## 9.3 传统村落历史资源

### 9.3.1 古井

三道沟村和新地村古井建造时间比较久远,风貌基本没有破坏,一般由青石堆砌围建,井口凸起于地面15～30厘米,呈圆形(图9.6)。井口上设辘轳(由辘轳头、支架、井绳等部分构成),作为提水设施。大部分古井还可以继续使用,但住户饮水不再采用挑水形式,而是安装加压器械,将井水直接泵入居民家中。古井不仅仅是作为生产生活设施,同时还兼具着村落集聚中心和公共中心,在古井周边一般都会自发形成一个大小适中的广场,这个广场就是村民的公共活动区域。

图9.6 古井

### 9.3.2 古树

#### 9.3.2.1 三道沟千年古桑

经林业部门鉴定,三道沟古桑树树龄为1700多年。两棵桑树相互拥抱在一起,树干需5人合抱方能围拢,树冠直径约15米,其中一株结果,一株不结果,所以又被称为夫妻桑。夫妻桑的神奇之处为树上竟有10多种不同形状的叶子,传说看了古桑不同形状的叶片寓意着子孙后代和谐美满、福寿绵长。

#### 9.3.2.2 三道沟暴马丁香

在夫妻桑树旁不过数米的地方还长有一株树龄500多年的暴马丁香(图9.7)。暴马丁香树是木樨科的落叶小乔木。每到春季,这株暴马丁香绿叶苍翠欲滴,繁花满树,浓浓的香气飘满整个村子,仿佛走入桃花源。

图9.7 暴马丁香

此外，该村有杏林上万亩，被誉为"万亩杏林村"。还有松树林4300亩，榛子林620亩，杜鹃林400亩。三道沟村海拔较高，植被茂盛，野生的杏树、杜鹃、丁香集中连片，每年5月花开遍地，是旅游休闲的好去处。

### 9.3.2.3 新地村古树群

新地村域范围内的努鲁儿虎山自然保护区内有不计其数的古树群落，有几百年甚至是上千年的古柳树群，柳树树干直径1～4米不等，根据生长年限的不同，直径大小不同，树冠大小13～30米不等，树体或笔直或倾斜，树形或扩散或舒展，形态优美，树叶繁茂。还有古暴马丁香树群。暴马丁香树一般生长相对比较缓慢，百年直径只有7～10厘米，而新地村内的暴马丁香树群基本都是300年以上，树干直径都超过20厘米；野生暴马丁香一般都是单独生长，基本很少聚集，而新地村暴马丁香树群很多都聚集生长，其中有棵是由三棵暴马丁香合抱而成，枝干粗壮强健，枝叶繁盛，这种合体树实属罕见，可观性强。

## 9.3.3 三道沟御赐牡丹

清代道光甲辰年（1844），三道沟村的读书人许植椿及其兄许植桐同时考取举人和秀才，道光皇帝为嘉许许植椿，赐洛阳牡丹一株，名曰"状元红"。许植椿历时28天，由京城用马拉铁轮车运回老家，栽植在宅院里，精心养护，视为珍宝。这株牡丹在许家世代相传，如今生长在许植椿第八代后人许润忱家院内，至今已有180年历史。现已有140多株，一年最多可开300多朵，开放的"状元红"牡丹雍容华贵，芬芳四溢（图9.8）。每年5月上旬，来自各地观赏牡丹的游人、绘画和摄影爱好者络绎不绝，有时一天多达近千人。

图9.8 牡丹花池及牡丹

## 9.3.4 生产器具

### 9.3.4.1 新地村犁杖

农作物在耕种之前需要翻地，犁杖是重要的耕土工具。它的主要作用是划破土沟、翻土作垄，还可以松土、碎土。犁杖因为地区、土地种类不同可分成很多类型，主要是南方水田犁系列和北方旱作铧式犁系列。朝阳地区的犁杖以北方旱作铧式犁为主（图9.9）。犁需要借助畜力来翻耕土地。新地村耕种的牲畜主要是驴（图9.10）。也有部分家庭采用开沟机等现代机械进行翻地。

图 9.9　犁杖

（资料来源：文献 [6]。）

图 9.10　驴犁地

（资料来源：文献 [6]。）

### 9.3.4.2　新地村古碾

碾子（图 9.11）的主要作用是将谷物磨成面粉。它由圆柱形碾砣子（也称碾砣或碾滚子）和承载它的碾盘构成，碾盘架在石头搭成的台子上。碾砣子的框架和扶手一般都是木质的。碾子大多数都放在村落里、院落外的碾坊里。由于现在科技的发展，农民生产生活器具更新，人们现在主要是用机器来给谷物脱粒、磨粉，碾子大多数都不再被使用。在新地村的撒牛沟村和上新地村，碾子依旧承载着将谷物磨成面粉的重要功能，使得传统农耕生产生活方式得以传承和延续。

图 9.11　新地村石碾和碾坊

## 9.3.5　历史建筑

三道沟村的举人故居（图 9.12）是清代举人许植椿和哥哥许植桐的故居。老宅为三进院落，门房左右各三间，院落内有东西配房。第二进院落内，正房六间，中间有门洞通往后院。进入三进院落，为许植椿的居所，七间具有晚清建筑风格的硬山式青瓦房古朴雅致。房子是起脊式建筑，房顶镶嵌着鱼鳞青瓦，瓦脊中央有两对螭吻相对，中间衔着一个方形钱纹构件。院内马厩前有三个拴马桩，桩头分别为蹲坐狮子（谐音"太师"，寓意职位高升）、抱桃猴子（寓意"马上封侯"）、天禄兽（寓意天赐福禄）雕像。这座兴建于深山沟里的举人宅第，如今已成了三道沟村的标志性建筑。据许氏家谱记载，道光二十四年（1844），许植椿和许植桐兄弟二人分别考中了举人和秀才，这七间瓦房便由其兄弟二人在当年所建。目前，这七间房屋由许氏后人居住。在举人故居西侧，还保留着许植桐曾居住过的老宅三间，为辽西典型民居——囤顶房屋。

图 9.12　举人故居

## 9.3.6　历史习俗

### 9.3.6.1　"夜八出"

"夜八出"寓意天上八组神仙下到凡间，由天兵天将开路，是传统的民族民间舞蹈形式。它是由在夜间演出的八组民间舞蹈组成的，所以称之为"夜八出"。演员们戴上假面具，上演八出戏，用唢呐、胡琴、笛子、鼓、铙、钹等民间乐器伴奏。其节奏与普通秧歌不同，数拨秧歌在一起表演时，很容易听出"夜八出"最为响亮。《朝阳秧歌大观》一书介绍说，"夜八出"中的假面具是由"傩舞"或者"假面魁头舞"演化而来。在整个"夜八出"表演中，"驱傩"是该表演的重点，傩人戴着狰狞的面具，拿着道具，唢呐、大鼓和铙、钹伴奏，在火把或者灯笼的照耀下沿街逐门驱疫，将危害人类的邪魅赶走，祈求风调雨顺，让百姓安居乐业。[7]

### 9.3.6.2　跑黄河

春节期间，人们用玉米秸秆在地上扎出迷宫一样的黄河阵（图 9.13）。在夜间跑黄河阵时，上百个村民装扮成古时的各种英雄人物，手里拿着蜡烛或者灯笼，随着锣鼓声在黄河阵中寻找出路，场面十分震撼。如今，村民们跑黄河阵寓意为消灾解难、风调雨顺、吉祥平安。

图 9.13　跑黄河

（资料来源：http://www.cylc.gov.cn/html/LCQZF/202302/0167566239016916.html.）

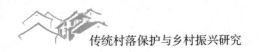

## 9.4　当前传统村落所面临的问题

### 9.4.1　现代发展破坏传统风貌

由于传统村落基础设施不发达、生活不便利、生产生活方式落后等缘故，村民对自己居住的乡村文化认同感较低；随着科技的不断进步，电视、手机、网络的不断普及，村民们可以更多地了解外面的世界，见识到城市的建设和生活。这一切都严重冲击了村民传统的生产生活方式。他们在经济允许的情况翻建房屋，将具有传统地域文化特色的囤顶房拆掉，换上水泥平顶，将木质门窗换成了铝合金门窗，将院子里的石头小路换成了宽敞的水泥平地……彻底改变了代表着传统文化特色、地域特征的传统村落风貌。

由于科技不断发展，农业器具不断更新，原来村落中重要的生产生活工具碾子也很少用到了。现在村落里基本上都实现了自来水的供应，质量达标的地下水也采用加压的方式直接泵入居民家中，而且由于现在朝阳村落内干旱情况越来越严重，所以很多深度不足的古井都已经干枯，被废弃了。

### 9.4.2　传统民居质量差

在调研传统村落的过程中，我们发现很多风貌原本保存良好的传统民居建筑都存在或多或少的质量问题：有的屋顶因风吹日晒风化，房笆因长时间受潮、时间久而脱落；有的房屋墙壁裂开，房屋倾斜、下沉；还有些房屋原有的木质门窗风貌良好，但是保暖性和防风性很差；等等。这对村民的居住安全产生很大的威胁。所以，在房屋损毁后，人们不再采用原有方式进行修复，而是直接推倒重建。现在撒牛沟村和三道沟村的传统民居，除了青砖房外，几乎全部采用现代建筑材料重建。

### 9.4.3　政府宣传教育工作不到位

在调研传统村落时，我们询问村民家里是否还保存有传统农耕生产的老物件时，大多数村民的反映都是：嫌没用，还占地方，早就扔了。这说明村民对于代表农耕文化、农耕特色等的物质与非物质文化没有明确的认知，他们甚至都不清楚这些东西就是我们传统农耕文化的代表，是值得传承和保护的。政府在这方面的宣传教育工作不到位，向村民普及保护传统文化、传统生产生活方式知识的工作不足，这也和多数乡镇领导干部自己都缺乏这方面的意识有很大关系。

## 9.5　朝阳县传统村落集中连片保护策略与可持续发展

集中连片保护发展是从区域角度出发，整合乡村各类有限资源，进一步明确传统村落特色产业，通过规模化建设的措施，有效挖掘区域特色产业经济。[8]通过整合传统村落周边资源，深度挖掘各个片区独特的、可识别的内核，突出各片区的主题、功能，组织形成一个完整的村落脉络，最终形成以乡村振兴为最终目标的集中连片区域。[9]传统村落集中连片保护发展促进了地域内的各传统村落的发展，通过整合资源、聚集优势获得更多的发展机遇，使传统村落与村落之间、区域与区域之间实现最大程度的协同发展。[10]朝阳县西五家子乡的传统村落空间分布簇集，传统人文发展脉络之间的联系紧密，为传统村落集中连片保护与发展创造了必要条件。[11]

## 9.5.1　保护策略

### 9.5.1.1　保护反映村落历史的环境要素

将反映村落历史和农耕特色的历史环境要素识别出来，并对不同类型的历史环境要素进行分类保护：①将村落周围的自然环境和山体划定为核心保护区，不能随意开发和破坏，进行整体性保护。②维持石坝梯田的自然形态，确保其不被荒废；传承修建梯田的石坝工艺，将坍塌的坝栏用同样的工艺进行垒建，不破坏它的风貌。③将古树记录到传统村落档案中，在古树上做一些明显的树木说明牌。对千年古树要采取一些适当性防护措施，对生命力特征出现衰退的古树要进行及时救治[12]，同时增强绿化对整体风貌的影响[13]。④修复正在使用的石碾形态，保持其使用功能，并在石碾周边形成一个小型的公共场所，供大家休憩闲聊；将不再使用的石碾复原，建上碾坊，将其作为一个展示农耕生活的场所。⑤将能继续使用的古井恢复其使用功能，并将其拓展成村民的公共中心；不具有使用功能的古井改造成农耕人工景观展示点。⑥建立展览馆，对农耕生产生活工具进行保护；制作一些农业耕种的模型，配以文字说明，让人们更加了解这些农耕历史。⑦将这些历史环境要素编写进档案，并建立朝阳县传统村落历史环境要素数字博物馆。

### 9.5.1.2　保护传统民居风貌，改善居住品质

利用现有技术改善村民居住品质。①在不改变房屋建筑式样、外貌的前提下，配置空调、风扇、冰箱、天然气等，改善村民的居住条件；②对损毁房屋进行修缮，建筑材料选择与原来差距不大的，或者对建筑外表进行装饰，尽量符合当地有珍贵价值的传统建筑艺术和装饰风格[14]；③新建一些符合当地风貌特色的民宿等基础设施；④租赁闲置的房屋，建造村落创意民俗博物馆等，除展览一些生产生活的用具，还可以在院落内还原农家的布局，隔出菜园种上蔬菜以及观赏性的小花等；⑤允许部分村民将住房改成民宿或者商店，并支持村民出售自制的特色美食。

### 9.5.1.3　传承传统农耕生产生活方式

注意对农耕作物、种植技艺等传统生产方式的传承。①找到谷子种植的传承人，将谷子种植技艺进行文字、视频记录，然后对传承人给予专项资金补助，如种植每亩地谷子每年额外再多给一些专项补助；②鼓励中青年农民传承传统种植技艺，在政策上给予倾斜，如中青年农民种植谷子，政府可以免费提供种植所需的所有种子、肥料等生产原料；③政府积极打造产业链，给收获的谷子找销路，让村民没有后顾之忧，鼓励中青年农民回归村落；④对于传承人的子女教育、医疗和养老等社会保障方面也给予一定优待；等等。这也可以鼓励中青年农民回到村落，解决村落空心化的问题。

非物质文化遗产是体现传统村落文化内涵与精神传承的重要载体，更体现了原生态的民族个性与民俗文化。[15]对当地发展具有较大价值的非物质文化遗产应按照当地保护要求进行保护和传承。[16]为了能够更好地传承秧歌这项国家非物质文化遗产，鼓励支持唱

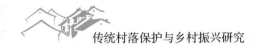

秧歌的老师傅带徒弟，政府对带徒弟的师傅进行资金奖励，对在学习期间的徒弟给予少量的生活补助，学成之后鼓励其进行商业演出。传承人不仅有资金补助，还将其纳入朝阳县的匠人档案中，给予其终身荣誉称号。

#### 9.5.1.4 制定相关法律

传统村落的许多历史环境要素还达不到文物级别，如果按照《文物保护法》的相关规定，这些传统村落的历史环境要素无法受到保护；如果按照《城乡规划法》的相关规定，则不能对其整体性、全域性进行保护。仅依据这些法律和条例都不能全面、准确地对传统村落进行保护。可以出台一部有针对性、全面性的《传统村落保护法》，针对不同地区的发展情况、地域文化，做有差别的规定；也可以参照现有的《历史文化名镇名村条例》，在此基础上完善传统村落监管机制，强化社会民众共同参与，加大违法处罚力度等。

### 9.5.2 可持续发展方法

#### 9.5.2.1 提供有力的社会保障制度

社会保障是传统村落村民最基础的生活保障。在经济快速发展的背景下，传统村落村民依旧传承和延续传统农耕生产生活方式，这会使他们的生活相对贫困，政府就要在土地补贴、养老、医疗、住房安全、教育等方面给予村民足够的保障，以帮助村民解决实际问题。

#### 9.5.2.2 寻找经济发展新动能

要想对传统村落的农耕文化和古建筑进行最大程度的保护，以活态化传承并可持续发展，需要庞大的资金支持。虽然国家会给予一定的资金帮助与扶持，但是仅靠这些资金是远远不够的。村落及乡镇需要挖掘出自己的特色产业，在不破坏传统村落民居建筑和村落整体环境的前提下，合理地利用村落的资源。

朝阳县传统村落目前是以农业为主，拥有丰富的旅游资源，但是没有很好地开发和宣传。将朝阳县产业的基本情况调研清楚，可做出适宜的发展规划。例如，三道沟村以农业为基础产业，该地区的气候和地形适宜种植辣椒和药用芍药，可以将部分旱地进行轮作，种植经济价值更高的作物，以此提高该村的经济收益，从而带动其他产业的发展。此外，三道沟村被划分在奴鲁儿虎山自然保护区范围内，自然资源丰富，村内还有举人故居，书香氛围浓郁，十分适合发展旅游产业。可以以朝阳县传统村落的农耕文化为核心，结合六个村落已有的景点，将整个县域的旅游资源衔接到一起，形成一个完整的县域旅游游览规划系统。

#### 9.5.2.3 打造具有传统农耕特色的宜居村落

随着科技不断发展，传统生产生活方式发生了一些变化。将现代与传统相结合，让村民生活得更开心、居住得更舒适，给予传统文化、传统村落新的活力和生命力是我们工作的重点。要既保证提高村民生活质量，又保持传统风俗不改变，既保证增加村民收入，又不改变村落的传统风貌，建设具有传统农耕特色的宜居传统村落。

具体举措包括：一是保证道路畅通无阻。目前传统村落内部道路经过修缮后比较通畅，但有些村落的对外交通道路仍然不能通车，只有摩托车或电动车才能勉强进入，保证这些村落基本的对外交通道路通畅是第一步。二是保证村民能喝到质量达标的饮用水。朝阳县是缺水地区，现在村落内大部分家庭在饮用质量达标的地下水，基本都没有供应自来水。同时要培养村民的污水处理意识，并采用简单的污水处理设施。三是实现网络的全覆盖。四是增加公共服务设施，如增加垃圾收集点，在村落内建立公厕，增设停车场，还要增加一些公共活动中心和广场，并且所有的设施建设都必须和本地村落风貌保持一致。五是将村内长期没人打理的闲置、损毁的房屋租用下来，适当地改变房屋内部的结构，结合其周围的环境改造成特色民宿、书吧、文化体验中心等，让来体验乡村生活的游客们感受到朝阳县独特的地域文化，享受宁静、安逸又舒适的乡间田园生活。

#### 9.5.2.4　加强政府的宣传教育工作

政府和普通村民都应该对传统村落有一个清晰而明确的认知：传统村落是我们宝贵的财富，是农耕文化的重要传承基地，保护好传统村落资源并找到适合的发展路线，是可以将其转变成经济价值的；保护传统村落并不是说让村民住在又破又旧还不保暖的土坯房、石头房子里，而是将传统村落独特的风貌、文化、生产生活方式保护下来。

政府管理者正确认知传统村落保护发展观后，要向村民们组织传统村落保护发展观的讲座和现场会等；找村里德高望重的长辈给大家普及村落发展历史、发展文化，让村民对自己生产生活的方式、文化有一个清晰正确的认知，建立村民的文化认同、文化自信；组织本村的手工技艺或者工匠技艺的传承者们给大家培训技艺，并给予传承者资金政策优待、土地补贴或者其他可操作的政策补贴，将具有农耕文化特色的技艺传承下去。

### 参考文献

[1] 何珍，杨芳. 汉江流域传统村落居民文化传承意向与行为研究：以南漳县雷坪村为例 [J]. 农村经济与科技，2018，29（19）：104-105.

[2] 郑鑫. 传统村落保护研究：以江西省胡洲村为例 [D]. 北京：北京建筑大学，2014.

[3] 叶兴庆. 新时代中国乡村振兴战略论纲 [J]. 新三农，2018（1）：34-36.

[4] 范建华. 乡村振兴战略的时代意义 [J]. 行政管理改革，2018（2）：148-150.

[5] 范建华. 乡村振兴战略的理论与实践 [J]. 思想战线，2018，44（3）：149-163.

[6] 李武超. 基于农耕文化视角的朝阳县传统村落的保护与发展 [D]. 沈阳：沈阳建筑大学，2019.

[7] 张凤岐，车才. 朝阳秧歌大观 [M]. 哈尔滨：哈尔滨出版社，2000.

[8] 舒思瑜. 传统村落景观与非物质文化遗产的保护与传承研究 [D]. 西安：西安建筑科技大学，2016.

[9] 王鑫，王力恒，陈关鑫. 集群视角下的村落遗产文化形态特征：以山西临汾云丘山传统村落群为例 [J]. 世界建筑，2019（10）：102-105.

[10] 龙文军，张灿强，张莹，等. 加快建立传统村落保护与开发相协调的体制机制 [J]. 农村工作通讯，2021（23）：17-19.

[11] 丁志勇，唐源泽. 协同视角下传统村落群保护与发展规划策略研究 [J]. 城市建筑，2022，19（1）：17-19.

[12] 周静海，李武超. 乡村振兴战略下的传统村落保护策略：以辽宁省朝阳县三家子村为例 [J]. 沈阳建筑大学学报（社会科学版），2019，21（1）：17-23.

[13] 李久林，储金龙，叶家珏，等. 古徽州传统村落空间烟花特征及驱动机制 [J]. 经济地理，2018，38（12）：153-165.

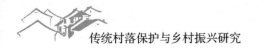

［14］史宇恒，陈硕. 传统村落规划的格局控制和空间保护框架研究［J］. 小城镇建设，2018，36（S1）：11－14.

［15］张松. 作为人居形式的传统村落及其整体性保护［J］. 城市规划学刊，2017（2）：44－49.

［16］张行发，王庆生. 基于遗产活化利用视角下的传统村落文化保护和传承研究［J］. 天津农业科学，2018，24（9）：35－39.

（2022 年优秀报告；作者：辛静；指导：袁佳利；整理：辛静）

# 第 10 章
# 乡村振兴背景下传统村落保护与旅游开发研究

传统村落不同于馆藏文物，不能采用静态的保护方法和保护措施。主宰传统村落沉浮衰荣的不是物，而是人。人创物建村，丰富了文化遗产，同时凭借村的聚落舞台，在渺远悠长的历史时空内，不断丰富着农耕文明，推动着社会的发展和进步。[1] 随着工业化和城镇化进程不断加快，加上各主体保护意识的欠缺，导致拥有历史文化价值的传统村落快速消失，其存续现状令人堪忧。

## 10.1　研究意义

实践表明，以本民族丰富、独特的文化资源为依托，发展民族旅游，是一种相对低投入高产出的文化经济产业。传统村落旅游资源开发得当，不仅可以给当地人带来可观的经济利益，而且还可以推进当地社会文化进步，促进传统村落活化，从而实现乡村振兴。在乡村振兴的视角下，本章根据传统侗寨历史与保护现状的基本情况，对案例村保护现状和旅游开发情况等进行调查，运用 SWOT 模型和 AHP 层次分析法进行分析，结合村落特色与地理环境，了解保护传承与旅游开发面临的问题和存在的瓶颈，探索出针对案例村保护与旅游开发并行的路径，为解决传统村落的保护和旅游业的发展之间的矛盾提供依据，促进传统村落文化的存续与再生。在认识我国传统村落蕴含的文化底蕴的同时，提升自身地理素养、培养大科学思维的一元地理观与多元方法论。

## 10.2　研究内容与方法

为了深入了解案例村实际情况，进行实地调查，访谈当地居民，并通过对与当地居民对话录音的反复分析，转化为大量文本内容，并结合有关调查问卷的文本内容进行综合分析思考。同时，从当地村委会有关人员中获得大量资料补充，取得了较为丰富的成果（表 10.1）。

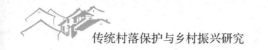

表 10.1　研究方案

| 研究内容 | | 调查方法 |
|---|---|---|
| 资料收集 | 了解案例村的历史背景、发展历程，以及其交通情况、信息通达度、区位布局与产业发展情况，为进行案例村文化遗产传承延续和旅游发展状况的全面分析奠定基础 | 文献和研究报告阅读 |
| 明确目的 | 对案例村保护现状和旅游开发情况等进行调查，对旅游驱动下传统村落活化、保护和传承进行研究 | |
| 实地研究 | 从物质文化遗产、非物质文化遗产、生态环境三方面了解当地的旅游资源及特征 | 文献研究、现场走访、问卷调查、观察法、SWOT 模型分析、AHP 层次分析法、数量统计 |
| | 了解案例村的旅游发展和保护传承情况并进行分析 | |
| | 基于研究情况，将理论与实际相结合，探索出传统村落保护与旅游发展并举的路径，促进传统村落保护传承与发展 | |
| | 绘制案例村区位图 | ArcGIS 绘制 |

## 10.3　研究区域概况

　　本章研究对象为湖南省怀化市通道县坪坦乡的三个侗族村寨——皇都村、横岭村和坪坦村。三村地处黔、桂、湘三省交界之地，均处于坪坦河沿岸，距离县城十余里，为纯侗族聚居的村寨，属于"百里侗文化长廊"的核心地带，民俗文化、民族技艺、传统建筑、民族特色、红色文化合为一体，至今仍保留原真侗族文化风情。据介绍，皇都村、横岭村和坪坦村为侗歌小镇核心区域。其中，皇都侗歌文旅小镇 2019 年入选"湖南省首批十大特色小镇"。在旅游产品分布上，皇都村以侗族歌舞为核心，坪坦村以芦笙音乐为主题，横岭村以侗族体育健身体验为特色。这三个村都是中国传统村落、中国少数民族特色村寨、湖南省最美少数民族特色村寨。近年来，皇都村立足侗民族文化资源，全力发展文化旅游产业，大力推进开发进程，成功创建了国家级旅游景区，吸引了众多游客、学者等，成为著名的侗文化旅游区。怀化市的目标是把皇都侗歌文旅小镇，建成集民宿体验、养生度假、文化创意、户外运动为一体的中国侗族文化深度体验旅游度假目的地，成为通道县文化旅游产业的主要增长极。这对打好打赢脱贫攻坚战、实施乡村振兴战略意义重大。

　　皇都村选址于山脊与山谷交接的过渡地带，四面环山，整体形态与山体紧密依存，依山势形成阶梯形聚落，空间环境变化丰富，景观风貌特色明晰，是典型的山地侗寨选址与建筑布局模式，始建于元末明初，被称为侗文化的活态博物馆、和谐社会的原始版本，被列入第三批中国传统村落名录；横岭村位于山谷的平坝上，依山傍水，三面环山，坪坦河将整个村寨环抱其中，自然环境优美，形成"山—水—田"相间的自然景观格局，明朝天顺年间始建寨，是百里侗文化长廊保存最为完好的原生态景区，被列入第五批中国传统村落名录；坪坦村坐落于青山绿水之间，境内为丘陵山地地貌，布局堪称侗寨经典，坪坦河自南向北穿寨而过，呈现出一派田园风光，始建于宋朝中期，素有"民主制度的活化石之称"，被列入第二批中国传统村落名录。我们认为，在以侗族文化为主要吸引物，民族乡村风光为依托的传统村落旅游受到越来越多游客的喜爱与认同的现状下，应当进一步寻求旅游驱动下对皇都侗歌文旅小镇的保护、活化与传承对策。

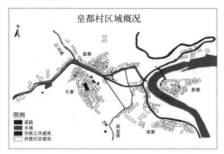

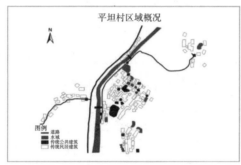

图 10.1　案例村区位

## 10.4　结果分析

### 10.4.1　案例侗寨旅游资源及特征分析

#### 10.4.1.1　旅游资源类型

皇都村作为具有悠久历史的古侗寨群，融自然景色与古朴的民族风情为一体的旅游胜地，拥有种类丰富的旅游资源。通过实地调查统计，该地可初步查明的旅游资源按旅游资源基本类型可划分为 7 个主类、13 个亚类、28 个小类（表 10.2）。

表 10.2　案例村旅游资源基本类型

| 大类 | 主类（7个） | 亚类（13个） | 小类（28个） |
| --- | --- | --- | --- |
| 自然旅游资源 | 地文类 | 自然景观综合体 | 山丘型景观 |
| | 水文类 | 河系 | 游憩河段 |
| | | 地下水 | 泉 |
| | 生物类 | 植被景观 | 林地 |
| | | | 耕地 |
| | | | 草地 |

（续表）

| 大类 | 主类（7 个） | 亚类（13 个） | 小类（28 个） |
|---|---|---|---|
| 人文旅游资源 | 建筑设施 | 人文景观综合体 | 社会与商贸活动场所 |
| | | | 纪念地与纪念活动场所 |
| | | | 特色街区 |
| | | 实用建筑与核心设施 | 独立场所 |
| | | | 桥梁 |
| | | | 码头 |
| | | | 特色商铺 |
| | | 景观与小品建筑 | 形象标志物 |
| | | | 观景点 |
| | | | 亭台楼阁 |
| | | | 观景通道 |
| | | | 体验活动场所 |
| | 历史遗迹 | 物质文化遗产 | 建筑遗迹 |
| | | | 传统服饰装饰 |
| | | 非物质文化遗产 | 传统演艺 |
| | | | 传统技艺 |
| | 旅游购品 | 农业产品 | 种植业及制品 |
| | | 手工工艺品 | 织品染品 |
| | | | 手工制品 |
| | 人文活动 | 人事活动记录 | 地方事件 |
| | | 岁时节令 | 民俗活动 |
| | | | 特色节庆 |

（1）自然旅游资源。自然旅游资源是由地理环境的各要素综合作用而形成的。按照形成某一特色的自然旅游资源的主导地理要素，案例村的自然旅游资源（图 10.2）可划分为地文类、水文类和生物类 3 个主类、4 个亚类、6 个小类。

山丘型景观、游憩河段（坪坦河）　　　　古井　　　　生物类耕地（荷花塘）

**图 10.2　自然旅游资源**

A. 地文类旅游资源，包括山丘型景观一个小类，以案例村周边具有欣赏价值的山坡丘陵为主。

B. 水文类旅游资源，包括游憩河段、泉两个小类。游憩河段有横穿案例村的坪坦河和流经皇都村的高盘溪、后冲溪，泉有皇都村的两口古井、横岭村的长寿泉、坪坦村的龙王古井和状元古井。

C. 生物类旅游资源，包括林地、耕地、草地三个小类。以案例村内及其周边山地具有欣赏价值的林地、草地和荷花塘、稻花田为主。

（2）人文旅游资源。人文旅游资源是人类在长期的生产、生活中所创造的，并随人类社会发展而遗留下来的各种物质和精神财富。案例村拥有悠远长久的历史，侗民族文化在此地孕育延续，形成了丰富多彩的人文旅游资源。按其性质可划分为建筑设施、历史遗迹、旅游购品和人文活动 4 个主类、9 个亚类、22 个小类（图 10.3）。

建筑设施（室内演出场）

历史遗迹（普修桥）

旅游购品（侗锦）

人文活动（合拢宴）

**图 10.3　人文旅游资源**

A. 建筑设施旅游资源，包括社会与商贸活动场所、纪念地与纪念活动场所、特色街区、独立场所、桥梁、码头、特色店铺、形象标志物、观景点、亭台楼阁、观景通道和体验活动场所等 12 个小类。社会与商贸活动场所有商贸街，纪念地与纪念活动场所有戏台，特色街区有侗语学习走廊，独立场所有游客中心、室内演出场，桥梁有皇都村普修桥、横岭村风雨桥、坪坦村普济桥，码头有皇都村游船码头，特色店铺有皇都村月也客栈、泼墨山庄、欧氏土菜馆等，形象标志物有侗族吊脚楼、鼓楼，观景点有山上观景台、河道观景台，亭台楼阁有具有侗族特色的各类建筑物，观景通道有极具韵味的石板路、石板桥、沿河步道，体验活动场所包括民族竞技场、民俗体验园、抢鱼塘、农耕体验园、非遗博物馆、侗银非遗文化研习所等。

B. 历史遗迹旅游资源，包括建筑遗迹、传统服饰装饰、传统演艺和传统技艺四个小类。建筑遗迹案例村都有的是寨门、鼓楼、风雨桥、戏台，皇都村特有的是苏维埃政府旧

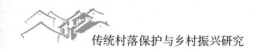
址、欧氏祠堂、重阳楼、萨坛、普修桥，横岭村特有的是两圣宫、石板桥、古驿站、莫太公、南岳圣帝庙、百年侗房、雷祖神庙、尾塘木桥，坪坦村特有的是雷祖庙、吴氏飞山宫、杨氏飞山宫、南岳庙、孔庙、城隍庙、普济桥、普济楼；传统服饰装饰有侗族传统民族服饰；传统演艺有汇聚了侗族文化精华的大戊梁歌会、侗戏《戊梁情》等；传统技艺有侗笛、琵琶歌、侗锦织造、芦笙、侗拳、侗银制作、侗医等。

C. 旅游购品旅游资源，包括种植业及制品、织品染品和手工制品三个小类。种植业及制品有茶叶等，织品染品有侗锦、侗布蓝染，手工制品有侗银。

D. 人文活动旅游资源，包括地方事件、民俗活动和特色节庆三个小类。地方事件有侗族祖先珠郎刘妹的事件，民俗活动有过侗年、祭萨活动、合拢宴，特色节庆有尝新节、关公节、吃冬节、芦笙节。

#### 10.4.1.2 旅游资源特征

（1）侗民族文化特征明显。案例村旅游资源的形成无不体现出当地侗族文化。当地悠久的历史由侗族人民创造编写，留下珠郎刘妹的历史往事，形成侗族丰富独特的文化习俗、舞蹈、手工艺品和特色美食等文化旅游资源。

（2）旅游资源种类繁多。案例村的旅游资源十分丰富、类型多样。其深厚的侗族文化底蕴造就了丰富的文化旅游资源，特殊的地理位置使其曾成为重要的战略军事要地，其所留下的红色文化流传至今，与其自然旅游资源交相辉映，成为自然与人文相互交融的旅游胜地。

（3）旅游资源空间分布密集，功能多样。案例村基本呈现为山地—河流—水田的地理形势。河流将皇都村、横岭村、坪坦村紧密联系起来，河流两侧的陆上特色文化建筑、商用街道、文化遗产等广为分布，沿河可感受"数不清的侗寨，过不完的风雨桥，看不够的鼓楼，听不腻的侗歌，跳不厌的芦笙舞"。当地旅游资源以传统建筑为载体，以民俗活动为表现，加之发展旅游以来新建的农耕体验园、民俗体验园、文化遗产博物馆等活动场所，同时兼顾展览介绍、参与娱乐等功能，形式丰富多彩。

## 10.4.2 基于游客感知的民族文化活化开发分析

### 10.4.2.1 旅游发展现状分析

（1）游客基础特征分析（表10.3）。在本次游客问卷调查中，女性占比高于男性，达到63.46%。游客年龄集中在19～30岁、60岁以上这两个阶段，其比例分别为48.31%、32.46%。这说明年轻人对民族文化、传统建筑等兴趣愈来愈浓厚；老年人则闲暇时间较多，退休收入、家庭较稳定，可通过旅游了解民族风情以及消遣时光。游客的主要职业是学生、其他职业，学生一般由学校组织前往当地进行研究学习，但由于实际调查的限制，学生该项数据可能存在较大误差；体制内工作人员一般是由单位组织相关团建活动进行放松休闲；个体商户一般有着可自由支配的收入和时间，对丰富自身精神文化越来越注重。

表 10.3　案例村游客基本特征统计

| 基本情况 | 类别 | 比例/% |
|---|---|---|
| 性别 | 男 | 36.54 |
| | 女 | 63.46 |

（续表）

| 基本情况 | 类别 | 比例/% |
|---|---|---|
| 年龄 | 18 岁及以下 | 3.85 |
| | 19～30 岁 | 48.31 |
| | 31～60 岁 | 15.38 |
| | 60 岁以上 | 32.46 |
| 职业 | 学生 | 58.7 |
| | 体制内工作人员 | 8.85 |
| | 个体商户 | 8.85 |
| | 其他 | 23.54 |

（2）旅游发展情况。

A. 发展旅游以来，当地游客逐年增多，尤其是通过短视频传播后，游客数量呈现急剧增加。这说明当前旅游需求正处于旅游地生命周期理论中的发展阶段，民族文化旅游前景良好。

B. 发展旅游以来促进了当地基础设施改善。有 66.67% 的村民和 3.85% 的游客对案例村的旅游基础设施非常满意，有 23.33% 的村民和 50% 的游客比较满意，有 3.33% 的村民和 42.31% 的游客满意程度一般，有 6.67% 的村民和 3.85% 的游客比较不满意。这说明大部分村民和游客对旅游基础设施满意度较高。但同时存在如景区指示路牌不明确、卫生间少等问题；在旅游硬件方面，景区建设还需加强。

C. 对于旅游决策、政策制定、旅游职业培训等相关决策的参与，有 13.33% 的村民感到非常满意，10% 的村民比较满意，30% 的村民感到一般，46.67% 的村民感到非常不满意（图 10.4）。这反映出当地村民的旅游业参与率较低，难以激发旅游发展积极性。

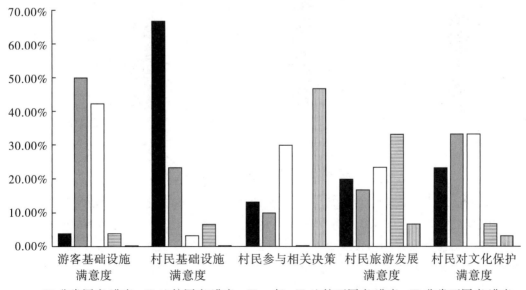

图 10.4　旅游发展情况

D. 与期望的旅游发展相比，有 20% 的村民对当前旅游发展状况感到非常满意，16.67% 的村民感到比较满意，23.33% 的村民感觉一般，33.33% 的村民感到比较不满意，6.67% 的村民感到非常不满意。这说明旅游发展带来的效益没有满足各类型的村民，在民意调查方面还得加强，以了解村民不满意的方面并着手解决。

E. 发展旅游对促进村民认识和了解地方文化遗产有巨大的推动，提高了村民的保护意识。有 23.33% 的村民对当地文化保护非常满意，比较满意和一般的分别有 33.33% 的村民，有 6.67% 的村民比较不满意，有 3.33% 的村民非常不满意。这说明在旅游开发过程中，对文化保护工作做得比较到位。但也有部分村民认为景区更多的是商业开发，缺少对文化本身的保护；同时，有些传统节日与传统技艺面临传承断层问题，保护面较窄，还有待加强。

### 10.4.2.2 活化感知现状分析

（1）游客对民族文化体验反馈较好（图 10.5）。在本次案例村游客问卷调查中，游客对民族文化体验反馈的情况为：对民俗文化体验，非常满意的有 26.93%，比较满意的有 48.1%，一般的有 19.2%，比较不满意的有 5.77%；本次出游对提升自身关于传统村落保护的意识效果非常满意的有 42.31%，比较满意的有 38.46%，一般的有 19.23%，负向效果为零；对侗族文化体验达到预期效果感到非常满意的有 26.92%，比较满意的有 50%，一般的有 19.23%，比较不满意的有 3.85%。

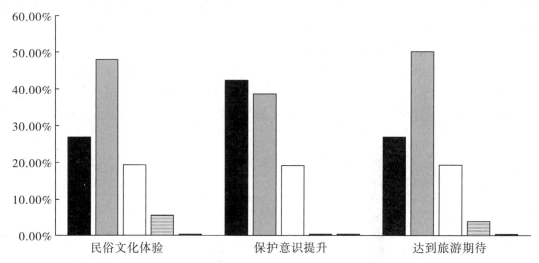

**图 10.5　游客文化体验反馈现状**

（2）游客对文化传承创新感知一般（图 10.6）。游客对文化传承创新感知的情况为：对当地民族文化得以有效保护表示非常满意的有 17.3%，比较满意的有 50.0%，一般的有 32.7%；对侗族文化创新程度表示非常满意的有 19.2%，比较满意的有 44.2%，表示一般的有 30.8%，表示比较不满意的有 5.8%；在本次旅游中对侗族文化传承的了解非常满意的的有 17.3%，比较满意的有 32.7%，一般的有 40.4%，比较不满意的有 9.6%；对侗族文化在日常生活中的体现非常满意的的有 17.3%，比较满意的的有 30.8%，一般的有 44.2%，比较不满意的有 7.7%；对当地居民参与到民族文化的宣传和传承方面表示非常满意的有 17.3%，表示比较满意的有 44.2%，表示一般的有 30.8%，表示比较不满意的有 7.7%。

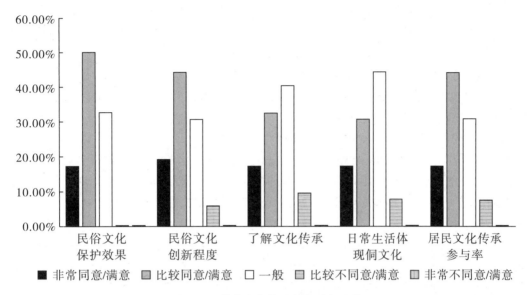

图 10.6　游客文化传承创新感知现状

（3）游客对侗族文化特色了解程度较好。在当地游玩过程中游客对侗族文化特色的了解程度由深到浅依次为民俗文化（84.62%）、自然环境（76.92%）、风味美食（69.23%）、特色建筑（61.51%）、特色歌舞（46.15%）、民族服饰（46.15%）、生活方式（46.15%）、学术研究价值（46.15%）、文创产品（34.62%）。这说明对传统村落来说，吸引游客之处在于自身民族特色，应该予以传承保护和活化利用。

案例村的游客对当地的文化感知大致呈现较好的情况，游客对民族文化、传统建筑等兴趣愈来愈浓厚；但是游客的满意程度还有待加强，这可以从加强案例村的基础设施建设、文化传承与创新等方面入手，避免过于商业化，从而破坏了侗族文化原汁原味的特色。

## 10.5　旅游驱动下传统村落文化活化利用现状分析及对策

### 10.5.1　基于 SWOT 分析的旅游驱动下通道县坪坦乡侗寨文化活化利用

为更具针对性地对坪坦乡侗族文化旅游资源进行整合及分析，本报告采用 SWOT 分析法，总结出案例村旅游发展的优势、劣势、机会和威胁，以期为坪坦乡侗族文化旅游发展的具体方向提出一定的可行策略。

#### 10.5.1.1　内部优势（strengths）分析

（1）旅游资源丰富（S1）。由研究结果可知，坪坦乡侗族村寨传承下来的文化遗产种

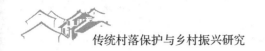

类多，且村寨选址大都依山傍水，自然生态环境极好。优良的自然和人文资源条件是传统村落进行旅游开发的前提。[2]

（2）历史底蕴深厚（S2）。坪坦乡侗族村寨位于湖北、湖南、贵州三省交界处，在历史上一直是军事要地与商贸集聚地[3]，保留着大量红色文化，流传着大量红色故事；依托坪坦河发展的航运商贸活动，促进了侗文化与其他民族文化交融，如坪坦村的孔庙就体现了汉族的耕读文化，形成了独特的民族混合文化景观[4]。

（3）研究价值突出（S3）。坪坦乡侗族村寨的民居建筑受自然环境、社会制度、审美与个性、风俗习惯等因素影响，体现出独特的侗民族特性与湘西地域特色，具有历史、地理、美术、建筑等学科的研究价值。

### 10.5.1.2 内部劣势（weaknesses）分析

（1）传统文化日趋衰落（W1）。案例村侗族传统文化的传承方式以口传心授为主。在现代文化的冲击下，村民出现传统民俗信仰危机、集体意识向逐利观念转变，并表现为传统文化断层、传承人断代的现象。[5]案例村现有非物质文化遗产传承主体的平均年龄基本在65岁以上。

（2）传统村落基础落后（W2）。案例村位于位置偏远的山区，社会知名度较低；政府与民间投资有限，村落存在大量"烂尾"工程；村落年轻劳动力多以外出务工为主，两栖化、空心化、老龄化是目前最突出的问题；旅游服务与管理人才缺乏。

（3）村际壁垒仍然存在（W3）。三个案例村都是相互独立的状态。打造皇都侗族文旅小镇以来，政府不断加大对三个案例村交通网络的投入，对其进行整体规划，以逐渐打破它们之间的壁垒，减少"抢客"现象，加深交流，相辅相成。

### 10.5.1.3 外部机遇（opportunities）分析

（1）国家层面战略机遇（O1）。乡村振兴与精准扶贫战略加速了传统村落旅游产业发展，借此解决传统村寨地区贫困问题。

（2）政府旅游政策机遇（O2）。随着地方政府对旅游业发展扶持力度的加大，传统村落旅游业的发展条件得到优化。[3]

（3）旅游需求市场转型机遇（O3）。随着旅游者越来越追求个性化的旅游体验，侗族传统村落旅游发展迎来了前所未有的机遇。传统村落保留下来的民族文化、原生态的环境正好可以满足旅游者个性化的旅游需求。[3]

### 10.5.1.4 外部威胁（threats）分析

（1）旅游开发与保护的矛盾（T1）。传统村落在旅游开发过程中必然面对村落原有村貌与传统文化保护的挑战。案例村在旅游开发过程中所表演的大戊梁歌会、《戊梁恋歌》等传统歌舞经过现代化改编后失去了原有的部分韵味。

（2）传统村落旅游竞争激烈（T2）。坪坦乡侗族传统村寨整体资源优势比湘北、湘中、湘南显著，但与浙江、安徽等地区传统村落相比较存在旅游开发晚、运营不成熟等问题。[3]

（3）公司运作缺乏前瞻性（T3）。调研过程中发现，旅游资源开发存在许多"表面工程"，为了"凑项目"建了许多旅游项目，但实际上并没有运行起来；对当地的文化挖掘停留在表层，并没有深入挖掘，只是"花架子"。许多人物故事、神话传说、碑刻、寺庙、民俗文化等没有被真正唤醒；侗文化没有被游客真正感知，多是"走马观花"式游览。

## 10.5.2　坪坦乡侗寨旅游发展战略层次分析模型

### 10.5.2.1　建立层次结构模型

根据上述基于 SWOT 分析的旅游驱动下通道县坪坦乡侗寨文化活化利用的分析，参考文献［3］，构建坪坦乡侗寨旅游发展战略层次分析模型（图 10.7）。

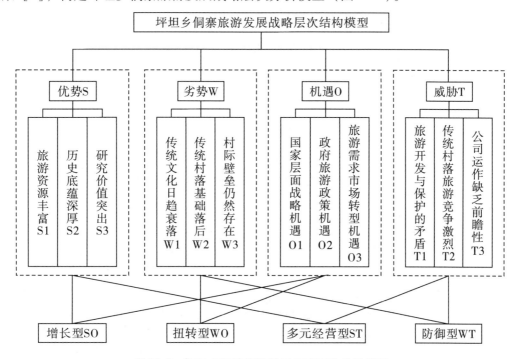

**图 10.7　坪坦乡侗寨旅游发展战略层次分析模型**

### 10.5.2.2　构建判断矩阵及权重分析

运用 YAAHP 软件根据上述 SWOT 分析结果计算得出相应的权重，判断矩阵的一致性比率：$CR = CI/RI < 0.10$，说明此判断矩阵一致性良好，其中 $CR$ 为一致性比率，$CI$ 为一致性指标，$RI$ 为平均随机一致性指标。对优势（S）、劣势（W）、机会（O）、威胁（T）构建重要性判断矩阵。矩阵的 $\lambda_{max} = 4.1176$，$CR = 0.0442 < 0.1$（表 10.4），说明该矩阵具有满意的一致性。其中优势的权重最大，说明自身特色是旅游发展的关键因素；机遇所占权重次之，说明发挥自身优势、降低不利影响需要良好的机遇；劣势和威胁所占权重较小。

**表 10.4　SWOT 组的判断矩阵及一致性检验结果**

| SWOT | S | W | O | T | $W_i$ | $\lambda_{max}$ | $CR$ |
|---|---|---|---|---|---|---|---|
| S | 1 | 2 | 3 | 3 | 0.4646 | | |
| W | 1/2 | 1 | 1/2 | 1 | 0.1573 | | |
| O | 1/3 | 2 | 1 | 2 | 0.2395 | 4.1176 | 0.0442 |
| T | 1/3 | 1 | 1/2 | 1 | 0.1385 | | |

按照相同的计算方法计算出该 SWOT 模型中各个因子的权重值，且四组的结果均符合一致性标准（表 10.5～表 10.8）。

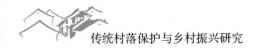

表 10.5　S 组的判断矩阵及一致性检验结果

| S | S1 | S2 | S3 | $W_i$ | $\lambda_{max}$ | $CR$ |
|---|---|---|---|---|---|---|
| S1 | 1 | 2 | 2 | 0.5 | | |
| S2 | 1/2 | 1 | 1 | 0.25 | 3 | 0 |
| S3 | 1/2 | 1 | 1 | 0.25 | | |

表 10.6　W 组的判断矩阵及一致性检验结果

| W | W1 | W2 | W3 | $W_i$ | $\lambda_{max}$ | $CR$ |
|---|---|---|---|---|---|---|
| W1 | 1 | 3 | 2 | 0.5499 | | |
| W2 | 1/3 | 1 | 1 | 0.2098 | 3.0183 | 0.0176 |
| W3 | 1/2 | 1 | 1 | 0.2402 | | |

表 10.7　O 组的判断矩阵及一致性检验结果

| O | O1 | O2 | O3 | $W_i$ | $\lambda_{max}$ | $CR$ |
|---|---|---|---|---|---|---|
| O1 | 1 | 2 | 3 | 0.5499 | | |
| O2 | 1/2 | 1 | 1 | 0.2402 | 3.0183 | 0.0176 |
| O3 | 1/3 | 1 | 1 | 0.2098 | | |

表 10.8　T 组的判断矩阵及一致性检验结果

| T | T1 | T2 | T3 | $W_i$ | $\lambda_{max}$ | $CR$ |
|---|---|---|---|---|---|---|
| T1 | 1 | 3 | 3 | 0.5936 | | |
| T2 | 1/3 | 1 | 1/2 | 0.1571 | 3.0536 | 0.0516 |
| T3 | 1/3 | 2 | 1 | 0.2493 | | |

优势组中，权重最大的为 S1，即旅游资源丰富是其最大的优势。从劣势组来看，权重最大的为传统文化日益衰落，这是制约案例村旅游发展的重要影响因素。此外，由于村际壁垒仍然存在，一定程度上也限制了三个案例村旅游开发的质量。从机遇组来看，国家层面战略机遇是最大的优势。威胁组中，旅游开发与保护的矛盾是案例村未来发展的最大障碍。依次连接 SWOT 组的权重值，得到发展战略四边形（图 10.8），由图可以得出案例村旅游发展战略应着重考虑 SO 战略，同时兼顾 ST 战略。

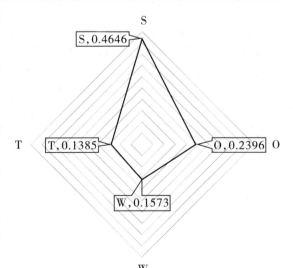

图 10.8　SWOT 战略四边形

122

### 10.5.3　旅游驱动下文化活化、保护和传承的对策

根据以上发展战略四边形得出的 SO、ST 战略，以案例村实际情况为依据，理论结合实际，得出以下优化对策（图 10.9）。

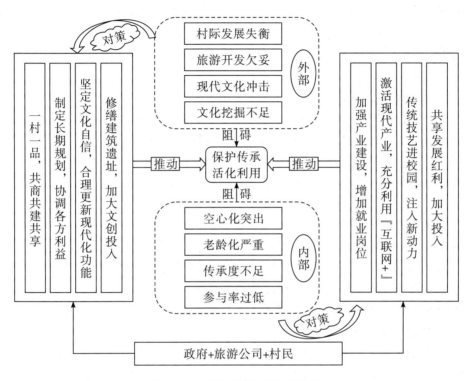

**图 10.9　保护传承活化利用机制**

#### 10.5.3.1　打造一村一品，破除村际壁垒

紧紧抓住政策与市场机遇，充分发挥优势，优化旅游环境。搭乘国家的政策机遇顺风车，消除村际壁垒，扭转传统文化日益衰落的劣势。以打造皇都侗族文旅小镇为契机组合下的三个案例村由一条二级公路连点成线，可以依托现有旅游业基础，由政府进行统一规划，深挖当地资源，发展具有地方特色、专业的、社会化的旅游业，最大程度地利用市场资源。总体来看，案例村都有浓厚的侗文化、保存完好的侗族建筑，而进一步细化就可以打造一村一品，促进深入合作，打破村际壁垒。皇都村在文化艺术团基础上可以发展"旅游 + 民俗歌舞表演"，以大戊梁歌会、《戊梁恋歌》等表演将侗文化呈现出来；横岭村则在其宽阔的场地和特色基础上可以发展"旅游 + 传统体育文化"，以踩高脚马、侗拳等传统体育技艺，让游客亲身参与，增加文化体验感；坪坦村则在其油茶、茶叶等产业基础上发展"旅游 + 观光农业"。打造一村一品不仅可以连片带动村寨发展，而且在一定程度上可以解决村民就业问题，缓解"两栖化"现象，留住"人气"，进而提升村落的整体活力。

#### 10.5.3.2　注入新活力，振兴濒危文化

注重提升旅游质量，优化旅游系统。要展现侗族独特的民族文化与乡土风情，注重活

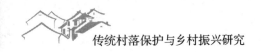

态化传承村落选址、街巷格局、民居建筑、文物古迹等肌理形态与环境，留住村落原真的乡愁情怀。针对当地侗文化传承断层的现象，政府和传统技艺传承人应合力推动建设乡土课程，如坪坦乡小学和初中开设侗族大歌、芦笙等课程，还有怀化市的高校师生着手关于侗寨的芦笙传承方面的研究。但是，传统技艺传承后劲不足的问题始终没有得到解决，年轻一代普遍存在传承意识尚好但不愿意做出行动的现象。这说明传统文化认同感还不够强，更加突出了传统技艺进校园的重要性。让学生在传统文化浓厚的环境里成长，可以坚定文化自信，不仅增强民族文化认同感和兴趣，还加强了传承传统文化的责任感和使命感，有利于扩大传承群体。

### 10.5.3.3　以用促保，推进活化利用

一方面，核心保护区内的建筑在原有的基础上加上现代化功能，如安放远程教育电子设备，以开阔村民视野，使之跟上时代步伐。案例村内的鼓楼、风雨桥、广场、戏台等公共建筑仍是村民活动的中心，如有损坏则靠村民自发组织修缮，资金和技术没有固定的保障。尤其是村内登记在册的国家级保护建筑，出现损坏后并不能第一时间得到修缮，严重影响村民日常生活。据此，政府应该规范、精简文物修缮的审批程序，合理安排专业技术人员下乡检查。在加强建筑风貌格局协调、控制建筑高度面积、恢复建筑功能的基础上进行合理的现代化功能更新。[6]另一方面，借助网络平台，将村落乡风民俗中的先进文化理念要素，结合当今时代发展内涵进行创造性转化、创新性发展，在加大宣传力度的同时带动当地旅游产业升级转型。[7]充分提供以传统文化遗产为主题的就业、创业等机会，吸引年轻一代回流，深化村民的情怀，提高村民的情感意向感知，使传承主体年轻化。[8]

### 10.5.3.4　加强硬件建设，更新发展理念

硬件基础设施是保护民族文化的基础。只有加强对案例村的硬件设施建设，才能更好地保护侗文化，协调旅游发展与文化保护间的关系。同时加强旅游行业的管理，加强讲解人员的能力，促进游客深入了解当地的文化。加强侗文化宣传，在商业营销过程中，既要满足旅游商品的产出，又要避免单一商业化营销导致的游客体验疲劳。[9]注重展示侗族传统的风俗与悠久历史，对相应的文化与风俗进行标注与识别，促进民族文化的延续性发展。[10]

### 参考文献

[1] 胡燕，陈晟，曹玮，等. 传统村落的概念和文化内涵［J］. 城市发展研究，2014，21（1）：10 – 13.

[2] 杨立国，刘小兰，陈伟杨. 传统村落利用度与评价指标体系研究：以湖南省首批中国传统村落为例［J］. 资源开发与市场，2018，34（4）：561 – 567，591.

[3] 史太润. 新时代背景下湘西地区传统村落旅游发展研究［J］. 农村经济与科技，2022，33（1）：95 – 98.

[4] 郑文武，李伯华，刘沛林，等. 湖南省传统村落景观群系基因识别与分区［J］. 经济地理，2021，41（5）：204 – 212.

[5] 何韶瑶，李芳. 湘西古村落资源分布与旅游开发策略探讨［J］. 建筑与文化，2019（4）：234 – 235.

[6] 曾灿，李伯华，龚文静，等. 聚落"双修"视角下传统村落人居环境转型发展研究：以江永县兰溪村为例［J］. 华中师范大学学报（自然科学版），2021，55（2）：278 – 288.

［7］谭红日，李伯华，陈新新，等． "三轮驱动" 视域下传统村落差异化保护与振兴路径研究：以湖南省 4 个典型传统村落为例［J］．湖南师范大学自然科学学报，2022（2）：53－64.

［8］窦银娣，李嘉玲，李伯华．传统村落居民对文化传承的感知意向与影响因素分析：以湖南省皇都侗文化村为例［J］．资源开发与市场，2020，36（11）：1267－1272.

［9］田光辉，田敏．充分挖掘区域特色，促进民族文化旅游产业发展［J］．贵州民族研究，2015，36（12）：153－156.

［10］方昌敢．民族节日旅游中的文化表演及地方建构：以广西侗族多耶节为例［J］．湖北民族学院学报（哲学社会科学版），2018，36（2）：99－105.

（2022 年优秀报告：作者：黄荣颖；指导：刘天曌；整理：阮丽萍）

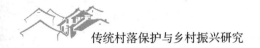

# 第 11 章
# 乡村振兴背景下乡村旅游游客满意度
# 评价及影响因素分析

2022 年"中央一号"文件提出"实施乡村休闲旅游提升计划，持续推进农村一二三产业融合发展"。[1]党的二十大报告明确强调，要全面推进乡村振兴。未来，以乡村旅游重点村镇为代表的优质旅游供给将更加丰富，旅游业综合功能将全面发挥。现阶段，伴随着我国生产力的不断提升、产业经济的升级转型、城镇建设的层层推进，乡村旅游产业作为落实乡村振兴的关键抓手获得了重大的发展战略机遇期。在自然禀赋条件较好的农村地区发展乡村旅游，符合国家发展战略，同时还能带动乡村地区经济增长，通过产业发展制造内生动力，达到持续扶贫、防止返贫和实现乡村振兴的目的。

## 11.1 研究背景

据《中国乡村旅游发展指数报告》（2020 年）预测，2025 年我国乡村旅游将达到 30 亿人次。[2]在市场规模扩大的同时，游客需求也朝多元化、高端化和个性化发展。游客满意度的高低代表了游客对旅游目的地的实际体验感知是否达到了期望值。[3]进一步提升游客对景区软硬件设施的评价值与满意度，会间接性地助推旅游目的地开拓更广阔的客源市场，吸引并刺激更多的游客进行精神享受和物质消费，从而对打造景区文化形象、塑造本土特色知名度产生更高的附加值，促使乡村旅游景区各方面健康、稳定、可持续发展。已有众多学者对乡村旅游游客满意度相关问题进行了研究。黎玲（2021）基于场景理论，构建乡村文旅融合下的旅游满意度模型，验证了乡村旅游期望值、乡村文旅融合质量感知等和游客满意度之间的结构关系。[4]方淑苗等（2022）基于"认知—情感—意向"理论和自我调节态度理论，揭示了游客感知价值对重游意愿的复杂影响机制；以乡村旅游为研究类型，通过实证数据分析得出，游客感知价值通过链式多重中介效应对重游意愿产生显著的正向影响。[5]马慧强等（2021）以平遥古城为案例做实证研究，用 SEM 模型分析得出旅游公共服务体系满意度对游前期望、旅游总体满意度、重游意愿及推荐意愿有显著正向影响。[6]张欢欢（2017）采用因子分析法构建乡村旅游游客感知价值维度，并通过结构方程模型对游客感知价值维度与游客满意度、游后行为意向之间的关系进行探索研究。[7]杨春梅等（2022）以哈尔滨冰雪旅游为研究对象，利用 Python 数据挖掘技术，共抓取携程网、去哪儿网、猫途鹰旅游网、马蜂窝、途牛网 5 个网站 37762 条游客评论，通过文本内容分析方法从高频词特征、语义网络及游客情感三个方面进行分析，确定冰雪旅游游客满意度的影响因素及优化对策。[8]张春晖等（2018）从非对称关系角度出发，应用 Tetra-class 模型，以陕西太白山国家森林公园为研究对象，进行了游客满意度属性要素分类研究。[9]周坤（2020）对 ECSI 模型进行修正并构建历史街区游客满意度模型 HBTSI。[10]本章在总结前人研究成果的基础上，以株洲市响水村为例进行实证分析，通过结构方程模型（SEM）方法，探明不同游客产生满意度的种种因素，为我国乡村旅游地稳固发展、乡村振兴行稳推进提供一定的举措建议。

## 11.2  研究设计

### 11.2.1  研究地概况

响水村位于株洲市天元区三门镇西北部，距株洲市中心城区 25 千米，距三门镇镇区 5 千米。响水村距离长沙市市区、黄花机场"1 小时车程"，距株洲市市区"半小时车程"，是典型的近郊型村落。响水村是石三门现代农业公园的核心发展区域，先后荣获"中国美丽休闲乡村""湖南省美丽乡村示范村"等荣誉称号。响水村目前已建设游客服务中心、精品民宿、房车营地、鸿雁公园、樱花山庄、多肉植物园、百花园、百果园、百草园、百蔬园、农业技术交流平台，打造"一心、二廊、四带、十基地、百庄园"的格局，现已形成规模为 383.48 公顷的田园综合体和特色农庄，充分融合农村一、二、三产业发展与湘东特色文化，以文化旅游带动庄园开发模式，实现农业、旅游、文化三位一体发展。响水村的规划定位：发展以高效有机农业为基础，以健康养生产业和休闲旅游、度假旅游业为龙头的产业结构。响水田园综合体规划延续河流生态廊道，凸显田园水乡肌理，融入三门战略格局，集聚生态功能，强化田园水乡战略定位；集聚旅游功能于基地中部，强化农旅服务中心活力；融入镇域发展格局，带动其他组团发展。响水村吸引了大量本地及外地游客，客源地丰富，乡村旅游发展逐渐成熟，且形成了集运动休闲、度假养生和乡村文化体验为一体的复合型乡村旅游目的地。因此，以株洲市响水村为例进行乡村旅游地游客满意度研究，具有一定的典型性和代表性。

### 11.2.2  研究与研究方法

本章采用问卷调查法和深度访谈开展研究，设计了株洲市响水村游客满意度影响因素的调查问卷。问卷由游客的基本信息、乡村旅游感知及满意度评价三部分构成，研究数据来源于问卷调查和深度访谈。

#### 11.2.2.1  多元线性回归

多元线性回归分析是研究因变量与多个自变量之间数量关系变化的一种分析方法[11]，它主要依托构建因变量 $Y$ 与自变量 $X_n$（$n = 1, 2, 3, \cdots$）之间的回归模型，来衡量 $X_n$ 对于 $Y$ 的影响程度的大小，进而提出针对性的路径和治理范式。多元线性回归模型的一般形式为：

$$Y = \beta_0 + \beta_1 X_1 + \beta_2 X_2 + \cdots + \beta_n X_n + \varepsilon。$$

式中：$Y$ 为因变量；$\beta_0$ 为常数项；$\beta_n$（$n = 1, 2, 3, \cdots$）为回归系数；$X_n$（$n = 1, 2, 3, \cdots$）为因变量；$\varepsilon$ 是随机误差项。

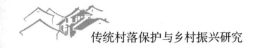
#### 11.2.2.1　因子分析方法

因子分析方法是由英国心理学家斯皮尔曼（Charles Spearman）在 1904 年提出的，它是将具有错综复杂关系的变量综合为几个数量较少的因子，从而发现因子和原始变量之间的关系，根据变量之间的关系可以将其分类。它的基本原则就是根据变量之间的相关性大小来进行分类，使得相关性较高的变量分为同一组，相关性较低的变量不在同一组，可以将每组变量命名为一个公共因子。[12]

### 11.2.3　研究过程与样本概况

#### 11.2.3.1　研究过程与样本概况

我们于 2023 年 7 月 29 日至 8 月 1 日前往株洲市三门镇响水村进行调查。发放 400 份调查问卷，收回 375 份，其中有效问卷 368 份。本次调查问卷根据乡村旅游地游客满意度概念模型中的 26 个观测变量进行研究问题的设计，采用李克特 5 级量表法，即将被调查者的问卷回答设置为 5 个等级，分别对应分值 5（非常满意）、4（满意）、3（一般）、2（不满意）、1（非常不满意）。为补充样本量、体现样本的代表性以及对乡村旅游地满意度机制的深入分析，考虑游客的性别、年龄、职业，随机选择 6 个游客，采用一对一的方式进行深度访谈。样本数量虽不多，但受访者类型多样、覆盖面广，具有一定的代表性。

表 11.1　测量指标体系

| 结构变量（潜变量） | 观测变量 | 均值 |
|---|---|---|
| 消费价格 | 住宿价格、商品价格、餐饮价格、交通价格、娱乐设施收费 | 3.87 |
| 资源禀赋 | 休闲度假、观光旅游、品尝特色美食、康体健身旅游产品种类 | 3.94 |
| 安全保障 | 无障碍及应急救护设施、专职安全保护和医护人员、公共休息区域是否充足、道路和停车条件 | 3.88 |
| 文化氛围 | 咨询服务人员态度、工作效率、商贩经营是否诚信、乡村气息是否浓郁、乡风民情、居民素质 | 3.86 |
| 景区环境 | 环境是否干净整洁、空气质量、自然景观 | 3.70 |
| 感知质量 | 智慧营销、导游导览、网络预订 | 3.67 |
| 游客满意度 | 整体印象 | 3.75 |

#### 11.2.3.2　样本概况

调查样本基本特征如表 11.2 所示。从性别构成来看，女性占比较多，男性占比较少，分别为 60% 和 40%，说明响水村可能对女性游客更具吸引力。从年龄构成来看，31～60 岁的占比比较多，分别为 37.5% 和 33.5%，说明响水村游客主要以中青年为主。从受教育程度来看，72.5% 的游客具有高中及以上学历，其中大专及以上学历占 57.9%，可见响水村对受教育程度较高的游客还是比较有吸引力。从个人收入来看，月收入为 3001～

5000 元的游客较多，占 43.2%，而 7001～10000 元占比为 14.4%，10000 元以上仅占 9.5%，可见被调查游客以中等收入为主，高收入群体较少。从职业构成来看，企事业单位员工最多，占比 37%，大多为公司组织的团体游，其次是农民，占比 23.6%，来自附近村镇。抽样调查样本的信息比较符合游客的基本特征。此外，由于响水村的房车营地比较有特色，有 25% 的游客愿意在此逗留，游玩时长在一天以上，可见响水村的旅游发展潜力很大，突破了以往的乡村旅游一日游的瓶颈，显示出响水村乡村旅游地的活力。

**表 11.2　调查样本基本特征（$N = 368$）**

| 项目 | 类别 | 个案数 | 比例/% |
|---|---|---|---|
| 性别 | 男 | 147 | 40.0 |
| | 女 | 221 | 60.0 |
| 年龄 | 18 岁以下 | 17 | 4.6 |
| | 19～30 岁 | 62 | 16.8 |
| | 31～45 岁 | 138 | 37.5 |
| | 46～60 岁 | 123 | 33.5 |
| | 60 岁以上 | 28 | 7.6 |
| 学历 | 初中及以下 | 101 | 27.5 |
| | 高中或中专 | 54 | 14.6 |
| | 大专 | 138 | 37.5 |
| | 本科 | 50 | 13.6 |
| | 研究生或以上 | 25 | 6.8 |
| 月收入 | 3000 元以下 | 46 | 12.5 |
| | 3001～5000 元 | 159 | 43.2 |
| | 5001～7000 元 | 75 | 20.4 |
| | 7001～10000 元 | 53 | 14.4 |
| | 10000 元以上 | 35 | 9.5 |
| 职业 | 公务员 | 21 | 5.7 |
| | 企事业单位 | 136 | 37.0 |
| | 个体经营 | 47 | 12.8 |
| | 学生 | 22 | 6.0 |
| | 农民/工人 | 87 | 23.6 |
| | 退休人员 | 35 | 9.5 |
| | 其他 | 20 | 5.4 |

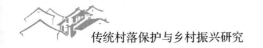
## 11.3 研究结果与分析

### 11.3.1 信度分析

在进行问卷数据分析之前，首先检验问卷的可靠性和一致性，即对样本进行信效度评定。采用 SPSS 26，将数据进行录入和处理后，采用可靠性结构模块里的 $Cronbach's\ \alpha$ 系数值进行量表分析。一般情况下 $Cronbach's\ \alpha$ 系数取值范围在 $0 \sim 1$ 之间，在 0.6 以上被视为可信性较高。在本次研究中，信度分析的结果显示，总量表以及消费价格、资源禀赋、安全保障等 6 个一级维度分量表 $Cronbach's\ \alpha$ 系数均介于 $0.699 \sim 0.908$ 之间，说明本次研究所使用的量表都具有很好的内部一致性。效度检验采用降维模块中的因子分析，对其进行 KMO 和 Bartlett's 球形检验，得出各分量表系数介于 $0.716 \sim 0.908$，且总量表的 KMO 测度值为 0.820，Bartlett's 球形检验近似卡方值为 5175.396，均在 0.000 水平下显著相关，可见样本具有较好的效度（表 11.3）。

表 11.3　信效度分析一览

| 基本维度 | $Cronbach's\ \alpha$ | KMO 值 | Bartlett's 球形检验 | | |
| --- | --- | --- | --- | --- | --- |
| | | | 卡方检验 | 自由度 | 显著性水平 |
| 总量表 | 0.699 | 0.820 | 5175.396 | 325 | 0.000 |
| 消费价格 | 0.844 | 0.847 | 725.330 | 10 | 0.000 |
| 资源禀赋 | 0.908 | 0.898 | 1123.773 | 10 | 0.000 |
| 安全保障 | 0.837 | 0.807 | 586.978 | 6 | 0.000 |
| 文化氛围 | 0.899 | 0.908 | 1267.997 | 15 | 0.000 |
| 景区环境 | 0.887 | 0.716 | 655.513 | 3 | 0.000 |
| 感知质量 | 0.896 | 0.747 | 662.036 | 3 | 0.000 |

### 11.3.2 探索性因子分析

利用 SPSS 26 统计软件将调查数据录入和处理后，首先对响水村游客满意度数据进行探索性因子分析，采用最大方差法对数据进行旋转，旋转在 6 次迭代后收敛，提取其中特征值大于 1 的公因子，最终提取出 6 个核心因子，累计方差解释率为 71.371%，解释水平可以接受。根据探索性因子分析结果（如表 11.4 所示）将各因子依次命名为文化氛围、资源禀赋、消费价格、安全保障、感知质量和景区环境。此外，从旋转后的成分矩阵也可以看出，各个潜变量之间具有良好的区分效度，说明变量的计量具有一定的有效性。

表 11.4　游客满意度问卷旋转成分矩阵

| 题　　项 | 成分 | | | | | |
|---|---|---|---|---|---|---|
| | 1 | 2 | 3 | 4 | 5 | 6 |
| Q27：乡村旅游地乡风俗民情 | 0.901 | | | | | |
| Q26：乡村旅游地乡村气息浓厚，具有明显的乡村性 | 0.852 | | | | | |
| Q24：乡村旅游地咨询服务人员工作效率高 | 0.850 | | | | | |
| Q23：乡村旅游地咨询服务人员态度良好、服务热情 | 0.777 | | | | | |
| Q28：乡村旅游地居民素质 | 0.763 | | | | | |
| Q25：乡村旅游地商贩经营诚信良好 | 0.745 | | | | | |
| Q16：乡村旅游地品尝特色美食 | | 0.872 | | | | |
| Q18：乡村旅游地旅游产品种类繁多、富有特色 | | 0.863 | | | | |
| Q17：乡村旅游地康体健身 | | 0.854 | | | | |
| Q15：乡村旅游地观光游览 | | 0.842 | | | | |
| Q14：乡村旅游地休闲度假 | | 0.825 | | | | |
| Q9：乡村旅游地住宿价格 | | | 0.862 | | | |
| Q10：乡村旅游地商品价格 | | | 0.814 | | | |
| Q13：乡村旅游地餐饮价格 | | | 0.772 | | | |
| Q12：乡村旅游地娱乐设施收费 | | | 0.748 | | | |
| Q11：乡村旅游地交通价格 | | | 0.737 | | | |
| Q20：专职安全保护、医护人员充足 | | | | 0.859 | | |
| Q21：乡村旅游地公共休息区域充足、布局合理 | | | | 0.854 | | |
| Q19：无障及应急救护设施完备 | | | | 0.828 | | |
| Q22：乡村旅游地道路和停车条件 | | | | 0.744 | | |
| Q33：乡村旅游地导游导览 | | | | | 0.921 | |
| Q34：乡村旅游地网络预订 | | | | | 0.906 | |
| Q32：乡村旅游地智慧营销 | | | | | 0.901 | |
| Q30：乡村旅游地气候条件很舒适 | | | | | | 0.934 |
| Q29：乡村旅游地环境干净整洁 | | | | | | 0.901 |
| Q31：乡村旅游地自然景观 | | | | | | 0.870 |
| 累积方差解释率/% | 15.554 | 29.644 | 41.656 | 52.254 | 61.864 | 71.371 |

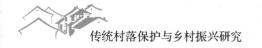

### 11.3.3 多元线性回归分析

#### 11.3.3.1 具体变量回归分析

本研究采用多元线性回归的方式验证变量间的因果关系，逐步对乡村游客满意度影响因素与游客整体评价展开分析，如表 11.5 至表 11.7 所示。为探究各因子变量对乡村游客满意度的影响程度，研究以 4 个各题项因子为自变量，以每个游客的总体满意度为因变量（问卷获得），进行多元线性回归分析。通过具体变量回归分析知，调整 $R^2$ 系数为 0.616，数据拟合度较好，应急救护设备、安全保护、公共休息区域、停车条件的显著性值分别为 0.038、0.989、0.044、0.676。其中，应急救护设备、公共休息区域的显著性值低于 0.05，能够表明救护设备、公共休息区域能够影响游客的满意度评价，与因变量存在着正相关，对回归方程有显著影响；反之，安全保护、停车条件的显著性值大于 0.05，表明二者与因变量无因果关系。且两个自变量之间不存在多重共线性，$VIF < 5$，意味着本次的运算结果准确可靠。基于以上分析，安全保障与游客满意度建立的线性模型方程为：

$$Y = 3.680 + 0.24\,X_4 - 0.252X_1 + \mu。$$

式中：$Y$ 为总体满意度，$X_1$ 是应急救护技能因子，$X_4$ 是停车条件因子，$\mu$ 为随机误差。即总体满意度增加 1 个单位，应急救护技能因子的满意度增加 0.24 个单位，停车条件因子的满意度减少 0.252 个单位。通过标准化系数可见，停车条件因子对游客的总体满意度影响最大，其次是救护技能因子。

表 11.5　安全保障回归样本数值

| $R$ | $R^2$ | 调整 $R^2$ | 标准估计 > 误差 |
| --- | --- | --- | --- |
| 0.858[a] | 0.676 | 0.644 | 0.796 |

a. 表示经自由度调整的 $R$。

表 11.6 安全保障因素回归模型 Anova 数值

| 统计方法 | 平方和 | $DF$ | 均方 | $F$ | 显著性 |
| --- | --- | --- | --- | --- | --- |
| 回归 | 7.207 | 4 | 1.802 | 1.795 | 0.012[b] |
| 残差 | 364.290 | 363 | 1.004 | | |
| 总计 | 371.497 | 367 | | | |

b. 表示预测变量：（常量）。

表 11.7　安全保障回归因素相关数值模型汇总数值

| 模型 | 未标准化系数 | | 标准化系数 | 共线性统计 | | | |
|---|---|---|---|---|---|---|---|
| | $B$ | 标准错误 | $Beta$ | $t$ | 显著性 | 容差 | $VIF$ |
| 常　量 | 3.680 | 0.296 | | 12.446 | 0.000 | | |
| 应急救护设备（$X_1$） | −0.252 | 0.121 | −0.149 | −2.084 | 0.038 | 0.528 | 1.895 |
| 安全保护（$X_2$） | −0.002 | 0.133 | −0.001 | −0.014 | 0.989 | 0.453 | 2.210 |
| 公共休息区域（$X_3$） | 0.240 | 0.119 | −0.152 | 2.017 | 0.044 | 0.476 | 2.099 |
| 停车条件（$X_4$） | 0.041 | 0.097 | 0.027 | 0.419 | 0.676 | 0.667 | 1.500 |

本研究中，潜在变量、整体变量 Cronbach's $\alpha$ 系数值均 > 0.6；由 KMO 和 Bartlett's 球形检验，得出各分量表系数介于 0.716 ～ 0.908，且总量表的 KMO 测度值为 0.820，信度效度值全部 > 0.6，表明本研究使用的数据样本具有非常优异的稳定性和准确性。在这些一级指标内，安全保障的调整 $R^2$ 系数是 0.676，说明影响较为明显；除此之外，消费价格、资源禀赋、文化氛围、景区环境、感知质量的拟合优度都超过 0.3 以上，表明假设变量是有效的。

在二级指标内，显著性值低于 0.05 的指标存在 8 种，与游客满意度存在相关性，而 18 项指标的显著性值在 0.05 以上，与游客满意度不存在相关性。在众多二级指标中，回归系数 $B$ 值最高者是 0.337，对游客评价满意度的影响最显著。其他有效的二级指标影响游客评价满意度的程度由大到小排序为救护设备、公共休息区域、特色美食、乡民风情、观光游览、居民素质、自然景观。在一级维度指标中，消费价格 $R^2$ 为 0.545、资源禀赋 $R^2$ 为 0.428、文化氛围 $R^2$ 为 0.316、景区环境 $R^2$ 为 0.525、感知质量 $R^2$ 为 0.604。因此，需要从以上六个方面出发，对提高乡村游客评价满意度进行对策分析。

## 11.4　对策与建议

习近平总书记在《把乡村振兴战略作为新时代"三农"工作总抓手》（2018 年 9 月 21 日）中提出："在我们这样一个拥有近 14 亿人口的大国，实现乡村振兴是前无古人、后无来者的伟大创举，没有现成的、可照抄照搬的经验。我国乡村振兴道路怎么走，只能靠我们自己去探索。"乡村旅游是乡村振兴的重要动力。发展乡村旅游，有利于实现产业兴旺，有利于打造生态宜居空间，有助于实现乡村的乡风文明，有助于形成治理有效格局，有利于实现村民生活富裕。乡村旅游对于乡村振兴能够发挥自己的独特优势，做出应有而特殊的贡献。根据上文分析结果，可以看出游客对株洲市响水村乡村旅游满意度较高，但是一些具体项目仍有待改进。我们特提出以下对策和建议。

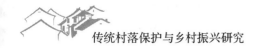

### 11.4.1 高起点谋划重点区域

依托稻田、花海、茶园、养殖池塘、湖泊水库等大水面，发展景观农业、农事体验、观光采摘、特色动植物观赏、休闲垂钓等业态，重点建设乡村休闲旅游景点，开发"后备箱""伴手礼"等旅游产品。徒步道和自行车道作为响水村的漫游规划系统，为游客提供休闲及健身步道，将响水村内各旅游景点串联成线，带动旅游发展。

### 11.4.2 高品质建设基础设施

加强乡村休闲旅游点水、电、路、讯、网等基础设施建设，完善餐饮、住宿、休闲、体验、购物、停车、厕所等设施条件。开展垃圾污水等废弃物综合治理，实现资源节约、环境友好。开通更多公交线路，覆盖响水村整个区域，加强城区与各乡镇、乡镇与乡镇的交通联系，加速生活、生产要素在区域内的流通。持续提升道路客运发展质量、服务效能和综合治理能力，努力打造道路客运升级版。农村水务在 5 年内逐步实现村村通管网，满足农村供水安全的需求，推进美丽乡村建设。

### 11.4.3 高标准提升服务水平

促进乡村休闲旅游高质量发展，要规范化管理、标准化服务，让游客玩得开心、吃得放心、买得舒心。引导和支持乡村休闲旅游经营主体加强从业人员培训，提高综合素质，规范服务流程，为游客提供热情周到、贴心细致的服务。目前，响水村旅游的开发和研究仍处于发展初期，乡村旅游从业人员缺乏系统有效的培训，许多景区由村干部或当地农民管理，而景区的旅游服务是影响游客满意度的重要因素。因此应加强乡村旅游管理人员和农民旅游意识，提高服务人员职业素养，从服务态度、服务范围以及专业性等多个角度提高服务质量，为游客营造良好的旅游氛围。

### 11.4.4 高效益探索发展模式

一是突出特色化。开发特色资源，发掘农业多种功能和乡村多重价值，发展特色突出、主题鲜明的乡村休闲旅游项目。按照生态平衡的模式，大力发展名优果蔬产业，重点打造松柏杨梅，月形西瓜，株木黄桃，南江猕猴桃等，形成一村一品效应。二是突出差异化。瞄准市场差异，依据各类游客的不同需求，重点挖掘农耕文化，发展研学教育、田园养生、亲子体验、拓展训练等乡村休闲旅游项目；顺应老龄化社会的到来，发展民宿康养、游憩康养等乡村休闲旅游项目。三是突出多样化。乡村休闲旅游要保持持久生命力，要走多轮驱动、多轨运行的发展之路，引导各类农业综合体把旅游元素融入农业产业发展，突出"文创 + 旅游 + 康养 + 生态建筑"的深度融合，使旅游成为农业综合体高质量发展的重要动能。

### 11.4.5 高质量打造产业链条

城镇居民对乡村旅游的需求，不仅包括乡村生态、休闲观光、文化体验、特色美食，还包括农副土特产品、农村手工艺品等。要积极顺应游客消费需求，大力发展乡村旅游商品，鼓励打造一批农特产品品牌，支持乡村在旅游集聚地、主要交通干道、游客集散点等设立乡村特色商品销售展台。就株洲市响水村而言，在进行乡村旅游宣传时，应强调乡村旅游地的自然风光、乡风民情以及基础设施三个高游客满意度属性，将游客期望集中在这三方面。

## 参考文献

［1］吴儒练. 中国旅游效率与乡村振兴耦合协调测度及时空演化［J］. 地理与地理信息科学，2023（1）：111 – 119.

［2］吴江，李秋贝，胡忠义，等. 基于 IPA 模型的乡村旅游景区游客满意度分析［J］. 数据分析与知识发现，2023（7）：89 – 99.

［3］李瑶光. 基于游客满意度的河南省轿顶山景区乡村旅游发展策略研究［D］. 新乡：河南师范大学，2019.

［4］黎玲. 乡村文旅融合对游客满意度的影响研究：基于场景理论的实证分析［J］. 技术经济与管理研究，2021（4）：100 – 104.

［5］方淑苗，方帆. 乡村旅游感知价值对重游意愿的影响研究：地方依恋和游客满意度的链式多重中介作用［J］. 四川旅游学院学报，2022（1）：79 – 85.

［6］马慧强，刘玉鑫，燕明琪，等. 基于 SEM 与 IPA 模型的旅游公共服务游客满意度研究［J］. 干旱区资源与环境，2021，35（6）：192 – 199.

［7］张欢欢. 河南省乡村旅游游客满意度及其与游后行为意向关系研究［J］. 信阳师范学院学报（自然科学版），2017，30（3）：402 – 406.

［8］杨春梅，赵原，徐西帅，等. 基于网络文本数据分析的冰雪旅游游客满意度研究：以哈尔滨为例［J］. 企业经济，2022，41（3）：133 – 140.

［9］张春晖，白凯. 基于 Tetra – class 模型的游客目的地满意度属性要素分类研究：以陕西太白山国家森林公园为例［J］. 经济管理，2018，40（5）：123 – 140.

［10］周坤. 基于 ECSI 修正模型的历史街区游客满意度研究［J］. 重庆工商大学学报（社会科学版），2020，37（5）：67 – 74.

［11］傅斐尔. "互联网＋"背景下博物馆文创产品的销量影响因素分析［J］. 产业创新研究，2022（8）：25 – 28.

［12］邵佳，栾敬东. 安徽省农业产业化发展现状评价：基于因子分析方法［J］. 黑龙江八一农垦大学学报，2018，30（2）：109 – 114.

（2022 年优秀报告；作者：黄婷；指导：罗凯；整理：阮丽萍）

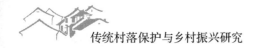

# 第 12 章
# 传统村落文化遗产保护与旅游发展策略分析

随着城市生活压力的增大，加之城市景观"千城一面"，人们开始向往淳朴的田园风光、古朴的建筑风貌和浓郁的传统乡土文化。乡村是一个多元文化综合体，文化是其"根"和"魂"。[1]保护传统村落，挖掘村落的传统文化资源，推动具有旅游功能的村落的经济价值，正在逐步得到国家和地方政府的重视。我国对传统村落的保护工作起步于20世纪80年代，但将传统村落作为专门的对象保护，则始于2003年中国历史文化名村的评选工作[2]。自2003年以来，国家已经先后公布了7批487个中国历史文化名村，5批6799个中国传统村落，覆盖全国31个省、自治区、直辖市。近年来，颁布了一系列传统村落保护与发展的相关政策（表12.1），制定和出台国家级或地方性法规，初步形成了政府主导、社会各界积极参与的传统村落保护发展模式。

随着我国城镇化进程的迅速发展，农村人口持续向城镇迁移，不少传统村落呈现"空心化"发展趋向，传统村落数量锐减，大量的历史文化和文脉传承遭受破坏；由于地方对新农村建设的曲解，错误的观念引导新农村建设工作中进行改旧换新、拆旧建新，导致传统村落日渐式微。此外，从旅游开发的角度而言，由于传统村落的开发和利用价值很大，当地政府盲目规划开发，出现"千村一面"的形象，缺乏地方特色。目前，我国传统村落分布不均，地域差异特色分明。从整体上看，南多北少、东多西少，它集中分布于西南和华东地区，贵州和云南两省的分布数量最多。由于传统村落的分布具有民族性和地域性的特点，在保护与开发过程中往往忽视这一特性，导致传统村落缺乏鲜明的特色。

表 12.1　2012—2021 年国家颁布的保护传统村落的相关政策一览

| 年份 | 出处 | 政策名称 | 政策要点 |
|---|---|---|---|
| 2012 | 住建部、文化部、财政部 | 关于加强传统村落保护发展工作的指导意见 | 加强对传统村落的保护、传承和利用[3]；公布首批"中国传统村落名录" |
| 2013 | 住建部、国家文物局 | 历史文化名城名镇保护规划编制要求 | 为编制历史文化名镇名村保护规划提出具体要求 |
| 2013 | 住房和城乡建设部 | 传统村落保护发展规划编制要求 | 要求尽快调查传统村落资源，建立传统村落档案 |

（续表）

| 年份 | 出处 | 政策名称 | 政策要点 |
|---|---|---|---|
| 2014 | 住房和城乡建设部、文化部、国家文物局、财政部 | 关于切实加强中国传统村落保护的指导意见 | 意见要求对中国传统村落名录中的村落文化遗产得到基本保护，建立具备基本的保护管理机制 |
| 2016 | 国务院 | "十三五"旅游业发展规划 | 规划提到开展乡村旅游，对传统村落进行旅游环境治理，发展古村落旅游目的地 |
| 2017 | 中共中央办公厅、国务院办公厅 | 关于实施中华优秀传统文化承发展工程的意见 | 意见指出保护传承文化遗产是重点任务之一，实施中国传统村落保护工程[4] |
| 2017 | 中共中央办公厅、国务院办公厅 | 国家"十三五"时期文化发展改革规划纲要 | 规划要求加强历史文化名城名镇名村和非物质文化遗产等珍贵遗产资源保护，推动遗产资源的合理利用，传承振兴民族民间文化，建设美丽乡村 |
| 2018 | 国务院 | 关于实施乡村振兴战略的意见 | 意见要求传承发展提升农村优秀传统文化；规定乡村建设的历史文化保护线，保护好传统村落等遗产 |
| 2018 | 国务院办公厅 | 关于促进全域旅游发展的指导意见 | 意见提出在文化方面，要科学利用传统村落等文化场所开展文化、文物旅游，开展文化体验旅游[5] |
| 2021 | 住房和城乡建设部 | 农村人居环境整治提升五年行动方案（2021—2025 年） | 方案指出将继续开展中国传统村落的调查认定，指导各地完善省级传统村落名录，将有重要保护价值的村落纳入名录进行管理。统筹保护利用传统村落和自然山水、历史文化、田园风光等资源，发展乡村旅游、文化创意等产业，让传统村落焕发出新的活力 |

## 12.1 案例地概况

德夯村坐落在湖南省吉首市矮寨镇西北部，地处湘鄂渝黔四省市边区、武陵山区中心腹地。村名"德夯"是由苗语的汉字记音"歹夯"演变而来，"歹夯"是"小山冲（沟）"之意。地如其名，德夯村依多面陡山山脚下的谷地而建，有玉朵溪、九龙溪和分族溪等小河流经。村域自然风光秀丽，溪沟交错，四季似春，气候宜人。村寨周围山势跌宕，绝壁高耸，峰林重叠，形成断崖、石壁、瀑布、翠峰、原始森林等独具特色的山水风光。村境有丰富的动植物资源，植被覆盖率在92%以上。

德夯村地理位置优越，交通便利，距矮寨镇政府驻地4.5千米，连接319国道（含

209 国道一段）；距吉首市城区 23 千米，距杭瑞高速公路矮寨互通 10 千米。境内自然与人文旅游资源极其丰富，有玉钻峰、天门画壁、相依岩、驷马峰（图 12.1）、画屏峰、接龙桥、盘古峰原始次生林、腊梅林、云雾峰、椎牛花柱、玉泉门、玉带瀑布、椎牛界、船头山、孔雀展屏、九龙溪、梭子岩、银链瀑布、海螺峰、九龙门、流沙瀑布（图 12.2）、九龙潭、夯峡溪、雷公洞、骆驼峰、燕子峡、瀑布群等自然奇观，特色苗寨和流沙瀑布远近闻名，与村东边的矮寨公路、矮寨特大悬索桥相呼应。

图 12.1　驷马峰　　　　　　　　　　　图 12.2　流沙瀑布

　　德夯村苗寨传统建筑保护完好，青瓦盖顶的木屋鳞次栉比，错落有致，依山傍水，造型奇特，格调鲜明。一条条青石板路连着村内百余户人家。德夯村文化底蕴深厚，居民原以石、梁两姓为主，多以家族聚居。他们以歌会友，以舞为媒，拥有苗鼓、苗歌、苗狮、苗拳等民族特色文化遗产，开展春节百狮会、四月八节、赶秋节、苗鼓节等各种大型苗族文化传统活动。村内苗族妇女喜戴银饰，每逢喜庆节日，穿上民族盛装，着满襟式衣服，外束滚花围腰，着长裤时裤脚缀上滚花栏干，并佩戴银披肩、银牌、项圈、手镯、戒指等，十分亮丽。20 世纪 80 年代旅游业兴起后，德夯村着力挖掘、整理苗鼓文化资源，传承弘扬苗鼓文化艺术，举办多种主题活动，形成独特的苗鼓赛事与节庆文化活动，成为盛名远播的鼓乡。

## 12.2　研究方法

### 12.2.1　实地调研法

　　对德夯村进行实地调研，通过访谈、拍照等方法收集资料信息；利用访谈法深入实地调查，获得第一手资料。访谈对象主要分为三类：第一类针对原住居民，了解德夯村原住居民对传统村落文化景观资源的了解情况，以及建筑遗产的保护情况；第二类是从德夯村委会收集信息，了解德夯村文化景观保护与开发现状、旅游开发中出现的问题以及未来的规划；第三类是对景区内游人和经营者的访谈。

### 12.2.2　问卷调查法

　　通过对村内游客发放问卷，了解游客对于德夯村传统村落文化景观的感知、意见和建议，对德夯村不足之处以及发展方向进行总结分析。

## 12.3 德夯村文化景观保护与开发现状

### 12.3.1 物质文化景观

#### 12.3.1.1 苗寨房舍

（1）青瓦房（图12.3）。德夯村有青瓦房450多间，顶上盖着密密的小青瓦，一行一行，整齐雅致，结构一般以五柱六挂、五柱八挂、五柱九挂为主。房屋常见2～4间，一般1～2层，高度一般不超过8米。房屋结构有一字形、烟斗形、同字形等形式。偏厢吊脚楼高度比主层略低。瓦屋的屋脊中间通常堆有品字形的瓦垛，也有眼眼钱、逆光型的瓦垛等，两端搭盖成"孔雀伸头""天鹅望天"等式样的翘檐。正面瓦檐上嵌有白色瓦头，飞檐翘角栩栩如生，四壁用木板装成板壁。正面以三间瓦

图 12.3　青瓦房

房为例，左右两间开窗2～3扇不等，中间留出大门。窗叶镶有"龙凤呈祥""出水芙蓉""仙女绣花""八仙过海"、万字格、四方格等花窗，刷桐油。

（2）土墙房。德夯村有土墙房两幢，分别为两间和三间的平房，墙用泥土筑成，围住房屋三面或四面（除大门），其屋架结构与其他木板房一样。修筑土墙房时选上好土质，先把土捣碎，再把细土倒进墙框，用力夯紧，然后拆下墙框即成墙体。从下到上，一层一层加高，一般高到翘首为止，多数只筑左、右、后三面，也有筑四面的（需留大门），大门大多为木质。土墙的优点在于取材方便，技术含量不高，经济实惠，时间长久，挡风、防火能力强；缺点是不雅观，墙体重，一旦出现变形，很难修复。

（3）土砖房。1972年德夯村发生大火灾前有两幢土砖房，房子四壁用土砖砌成。土砖是指不经砖窑烧制的土坯砖，阴干后直接用来砌墙。土砖还有另一种形式，就是在秋收之后，视田块的泥层厚度，选择泥土黏性好的田块，拔净禾莞，挖出坯场（即用于练泥的场地），灌足水，然后练泥。充分糊化后，将泥巴往砖框里压，压紧后取出阴干，这种砖叫"水砖"。土砖建房具有简单、便捷、易于施工、省时、费用低的特点。土砖房墙体有时砌至翘首，有的将翘首框在里面，三面是墙，只留正面（大门）；有的砌筑四面墙，只留出大门位置。

（4）竹编房（图12.4）。德夯村有300多亩竹林。历史上，村民建房，除柱头、枋片、檩子、椽角等选用木料外，板壁均用竹材编制，故称竹编房。内部架构与青瓦房一样，有两间、三间、四间等，也有在两侧建偏厢、厢房的。竹编房常见的形制有两种，一种是经竹当纬竹用，从左到右编织或从右向左编织（俗称竖排）成壁，竹条向上；另一种是

图 12.4　竹编房

横编织成壁，竹条向左右横排。其优点是可就地取材、经济方便，人人可编、重量轻、体积小。不足之处是易受虫蛀、易腐蚀、不耐用、易燃，需七八年更换一次。为弥补这一缺陷，可在竹壁上糊上一层泥。1972年7月19日中午，德夯村失火，烧毁房屋74栋，其中69栋为竹编房。后恢复重建，仅有1户仍为竹编房。

（5）石板房（图12.5）。房子内部架构与木板房一样，即四壁采用石头砌成。它的造价不亚于砖砌房，要在石场选择上好的青石板，取石、运输等费用不菲。砌石板墙技术要求高，运到场的石块要再做处理，有的边砌边处理，还要用水泥砂浆勾缝，砌筑时间长。石板房有的省掉后侧檐柱，石板砌过翘首，即把翘首包在石墙里。有的只砌齐翘首，多数超过穿梁；有的只留大门，其余部分全砌石板。阶沿全用青石板铺设，平整光洁。石板房墙基特别坚固，因为墙体太重，必须垂直成墙。其优点是经

图12.5　石板房

久耐用，防火性能比木房好，又能起到固定屋架的作用；不足之处是墙体太重，一旦发生倾斜则较难修复。2019年，村内保存有一栋传统形制石板房。

（6）茅草房。1949年，德夯村50多户人家中有3户蜗居在矮小潮湿的茅草房里。1972年火灾后，因重建时间较长，有73户人家在茅草房生活5年之久。茅草房内架构大多数呈人字形。大多数为两间（三排两间）。除了内构的人字架，顶上、四壁全被茅草"包"起来。大门是竹门，有的是竹篱茅舍。茅草房除人字形木构架，全是竹框格打底，上盖茅草。盖茅草房时，将野外山坡的茅草割下晒干，再用小山竹编成一扇一扇的排扇，先盖屋顶，后盖四壁。从下到上，从屋檐开始向上盖，盖一扇，再压盖一扇，直到在屋脊收尾呈"人"字形，分盖两侧，然后用木条压紧、捆牢。四壁也是将茅草一扇一扇从下向上捆紧。大门是编织好木框，用细竹编紧而成。茅草房优点是造价低，取材方便；缺点是易燃。如今生活水平提高，德夯村仅存的一两间茅草房已不再住人，只作圈养牲口、存放杂物之用。

（7）吊脚楼。1972年7月19日，德夯村发生重大火灾，全村被烧毁的74栋房屋中有47栋是吊脚楼。2019年，有6户人家建有砖木混合结构的吊脚楼。在德夯村东侧景区新寨（姊妹峰下）还建有木质吊脚楼（图12.6），楼檐高翘，风格鲜明。吊脚楼的修建受地基所限，结构宜选择五柱六挂或五柱八挂（三四间最佳）。两层一层是青瓦木房，内间可作卧室；下层可作杂物间。修建吊脚楼必配一间或两间厢房，采取"下收上伸"的方式，"下收"指给下方留足空间做走廊，"上伸"翘首，吊脚楼通常向外延伸。

图12.6　新寨吊脚楼

#### 12.3.1.2 道路

（1）青石板路（图 12.7）。青石板路是德夯村景区的一大亮点，全长 20 多千米。通向夯峡峡谷的青石板路长 3.5 千米，宽 1.2 米。玉泉溪千级石板道全用青石板铺成，盘山而上，直到天问台，连接德夯旅游中心接待处，中途有一小平台可供行人小憩，道路宽 1～2 米，逐级叠加，台阶平整。

图 12.7　青石板路

（2）石板街。1986 年，德夯村开始开发旅游业，"一步三响"（巷道石板破损，人踩在石板上发出声响）的巷道被改造翻新，窄加宽，弯改直，低填高。巷道延展成石板街，在村前向东延伸，过都乐桥直至村口，全长约 1000 米，宽约 6 米。20 世纪 90 年代中期，石板路再次进行全面翻新改造，为清一色的石板铺设，整个路段不得行走机动车，成为名副其实的步行街，连接各家各户，总长 2000 米。

#### 12.3.1.3 桥梁

（1）接龙桥（图 12.8）。接龙桥位于盘古峰下，横跨九龙溪上，1933 年修建，全部由当地暗红色条石筑成。该桥为九龙溪上第一座石拱桥，高 12 米，宽 4.5 米，跨径 8 米。村民逢新居落成或过年过节，都要举行接龙仪式，请一位苗法师带领，寨主或新居的主人拿着一个碗和一把青布伞，后面跟着父老乡亲，吹吹打打地到水井边，从井里取一碗水安放在堂屋中间作龙宝，象征把龙接回家中。该桥连接河两岸，象征龙脉贯通，故被称为接龙桥。

图 12.8　接龙桥

图 12.9　风雨桥

（2）风雨桥（图 12.9）。风雨桥位于德夯村西侧，横跨九龙溪之上。该桥全长 15 米，净跨 12 米，高 4 米，宽 35 米，为钢筋混凝土平板桥。桥面铺筑青石板，桥廊有 4 间，以小青瓦盖面。1999 年修建，造价 7 万元。此桥的建成填补了村内风雨桥的空白，古色古香。人们可在桥廊内避风躲雨、乘凉休闲。

（3）凉亭桥（图 12.10）。2001 年修建，横跨夯峡溪，位于德夯桥上游，与之相距 16 米，钢筋水泥结构。桥长 8.5 米，高 6 米，宽 2.5 米。桥面两侧共立 8 根钢筋水泥仿木圆柱，支撑起飞檐翘角、青瓦长亭。亭下两侧设有长条靠椅座位。圆柱、靠椅、檐边被涂成深红色，与周围石条护堤、青面房屋和绿竹相谐映。

图 12.10　凉亭桥

图 12.11　都乐桥

（4）都乐桥（图 12.11）。苗语称"独拢桥"，汉语取其谐音为"都乐桥"，意为此桥直通跳歌场。该桥横跨夯峡溪之上，高 12 米，宽 5 米，跨径 8 米。2002 年修建，造价 15 万元。桥东端连接通村公路，过桥前行 20 米即到跳歌场入口。都乐桥竣工碑刻："'都乐'者，湘西苗乡趣俗也。每逢椎牛祭祖前，苗族男女汇聚于庭，打闹嬉戏。女子择意中者揸锅底灰涂其脸，或抛抢糯米粑。狂欢达旦，不分老幼，无谓男女。今修德夯民俗风情园，筑石桥于姊妹峰下，思天下皆乐之愿，取名都乐桥也。"

（5）德夯桥。德夯桥位于德夯村内夯峡溪与玉泉、九龙二溪交汇处下游，由吉首德夯旅游实业有限公司投资修建，2007 年 4 月竣工。该桥主拱为当地硬石料与水泥黏合结构，一挑路过夯峡溪连接两岸。桥长 12 米，宽 6 米，桥面两侧护栏为抛光青石，护栏两端雕刻成双龙戏珠造型，护栏石上刻有苗族女英雄像和民间传说故事"螺丝媳妇""姜央兄妹成亲"等图案。

（6）铁索桥（图 12.12）。铁索桥位于德夯溪上，南北两端分别连接农耕文化园和德夯苗族民俗风情园，2019 年 11 月竣工，由吉首秀兰大德夯旅游发展有限公司投资 17 万元修建。该桥长 21 米，宽 2 米，两端以 4 根直径 60 厘米、高 4 米的水泥柱为支撑，U 形铁索分别悬挂于 4 根水泥柱上方。桥面由木条铺成。水泥立柱被粉刷装饰成木质外观，与周边环境相协调。

图 12.12　铁索桥

图 12.13　农耕园出入桥

（7）农耕园出入桥（图 12.13）。农耕园出入桥位于德夯溪上，距德夯村口 150 米。桥的一端通向苗族农耕文化园，一端连接进村道路。由吉首秀兰大德夯旅游发展有限公司修建，2019 年底竣工。桥长 12.4 米，宽 2.5 米，总高 3.7 米，为水泥混合钢筋仿木结构，

3 个椭圆形桥墩上方为仿木交叉支架，上为桥面，护栏为仿木条造型。

#### 12.3.1.4 苗家银饰

（1）银项圈。银项圈有轮圈、扁圈、盘圈 3 种。有单独戴轮圈的，也有 3 种一起戴的。轮圈是项圈中的主饰品。圈制小的，需银 500 克；圈制大的，需银 1000 克以上。先制成一条中间是四方形、两端是圆形或扁状的毛坯，加热绞成弯弯扭扭的圆圈。两端做套钩，戴时相互钩住。钩柄上用圈银丝缠绞一二十道银瓣作为点缀。扁圈呈扁形，共 5 匝，是项圈中的中层饰品。圈心制成一根筋脉状，花草铸于其间，需银 500 余克。两端做套钩。扁圈扣戴于胸前，两头大、中间小。盘圈有打 5 匝一盘的，有打 7 匝一盘的，是项圈中的第三层饰品。轻者用银数两，重者用银 500 余克。中间打一银花板横压使之成一盘，又用银丝紧紧绞着以免松散。因形如罗盘，故称盘圈。套钩安在后面，佩戴时扣住。

（2）银头饰。银头饰为妇女头上所戴，系用银打制的圆形装饰品。装饰形状有蝴蝶、花草、桃李杏等。银头饰的耳坠有双链和单链，还有各种鼓形花絮，如"花开富贵""富贵双全""福禄寿喜"等。妇女经常将银头饰戴在头巾外面。

（3）银手镯。银手镯又称"臂环"，有菱形、两端方形的；有圆的，有方的；有实心的，也有空心的；还有扭丝的、扭解花的等 10 余种。佩戴时，少则一只手戴一只，多则一只手戴几只，两手所戴数量相同。有的用 3 根银丝（其中两根圆的、中间一根绞成菱形）穿绞而成，苗语称"三根丝"；有的用一根银丝（圆形）箍成一圈，苗语称"宝勾"。

（4）银挂器。银挂器用细细的银饰串以各种细件制成，有喇叭花挂件、眼眼钱挂件，挂件下端坠有瓜、果形装饰。挂件有双链、单链、龙凤呈祥等多种款式。

（5）银帽。银帽又称"接龙帽"，苗语叫"本信"，全套需银 1.5～2.5 千克。制造方法较复杂：先用有花纹的木槽浇铸 9 块银薄片，然后用银链连接成梯形箭状，再用银制的鱼、虾、鸟、兽、牡丹、菊、桂等形状的装饰吊系于银片下端，连缀成朵朵银花，满置于帽上；银皮上镀金着彩，美观悦目；帽顶上有伞状银花束，帽檐有"二龙抢宝"等花纹。银帽前边吊以"飞蝶花苞"装饰，用银泡子联结成宽约 13 厘米的网状吊至齐眉额，后面亦有鱼、虾、鸟、兽、花、藤等形状的装饰，层层连缀，长约 70 厘米，吊至与衣边齐平。苗家举行接龙盛会时，引龙主妇须戴银帽。

（6）银耳环。银耳环是苗族妇女佩戴于两耳下端的银质装饰物，与银头饰、银项圈等搭配。有鱼、虾、花卉纹样，有单丝环、龙头环、桃环、花环等多种式样。

#### 12.3.1.5 苗族服饰

（1）妇女服饰。德夯村苗族妇女多穿满襟式衣服，有便装和盛装之分。便装的上衣为藏青色，盛装上衣是花衣。德夯村妇女心灵手巧，做针线活得心应手，缝制的女式服饰精美。款式方面，素装（夏装）用白棉布缝制，没衣领，大摆边，胸前以浅蓝小布块饰以单调的青线兰花图案。中年女性、年轻女性上衣复杂得多，没衣领，大开胸，从脖颈沿右胸，斜绕至右腋窝下，到大摆边。右前胸处钉一对（两粒）布扣，右腋窝下钉一对（两粒）布扣，大开叉上方钉一对（两粒）布扣。大摆边，宽绞边。大摆边呈弧形，胸面装饰内容丰富多彩。用歹滚、能滚、滚带①装饰，分别在歹滚、能滚上绣花卉、八仙过海、

---

① 指服饰领口、袖口等位置上的布带，与衣服主体相区分，可在上面绣图案作为装饰。

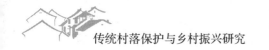

仙女散花、鸟兽虫鱼等图案。大袖管，衣袖上也有歹滚、能滚，并在上面绣花草、鸟兽等吉祥物。妇女服饰布料与男子服饰相同，多用花布制作，有家织条纹花布、蓝底印花花布、自织蚕丝布，还有大蓝布、靛蓝自贡尼等，少用黑布（青布）。妇女一般脚穿船底蓝色或白色的边钩袜子，套绣花布鞋。20世纪80年代以后，村中除老年人外，多数苗族女子平时衣着几乎与汉族人一样。

（2）男子服饰。德夯村男子服饰较传统，款式不多。壮年男子多穿对襟短装。衣领宽1寸（3.3厘米），对开胸，钉纽扣。衣领一般钉一粒纽扣，老式长衫也有钉两粒纽扣的。胸衣钉5～7粒纽扣。大多数为7粒布扣，极少数用胶扣。左右下摆开3寸左右（约0.1米）的叉。衣服上略宽下略窄，衣袖紧而长。男子喜欢穿短大宽松的裤子，均用苗绣青花带。小孩的花带一律打死结，以防脱落。裤子大开裆、大裤脚，稍过小腿，大裆上接一块裤头（苗语称"吉吉"）。裤管宽20～27厘米，易穿易脱，方便起、坐（蹲）和劳作。用料都是家织的棉布。制衣常用黑（青）布、白布、蓝布、条纹花布和芝麻花布等，缝制出黑布衣、蓝布衣和花布衣。青年男子多穿绣花衣服，少年男子穿狗爪花布衣服。男子16岁后，除夏天外，春秋冬三季一概戴头帕，脚裹青布，穿布鞋或麻板鞋。20世纪80年代以后，村中除老年人外，多数男子平时衣着几乎与汉族人一样。

（3）儿童服饰。男童服饰大多以红布、蓝布、条纹布等为主要用料，内衣则以白布制作，高领，钉5粒布扣，边摆开叉。女童服饰布料与男童一样，大开胸，在右上钉一粒布扣，在右腋窝下钉一粒布扣，边摆开叉；胸面上绣吉祥图案，如出水芙蓉、仙女改花、丹凤朝阳、桃李芬芳等；前面左右边角绣三角形花卉图案，有的在胸面上绣"赛贵"等字样。富裕人家也有用绸缎等制作童装的。常见的有猫儿帽、兔儿帽、撮瓢帽、小碗帽。猫儿帽形如猫头，上绣有猫耳、猫爪、猫尾等图案；兔儿帽模仿兔头，绣上兔耳和红眼睛，搭配白绒毛，活灵活现；撮瓢帽，形如农家用来撮粮食的常用工具撮瓢；小碗帽较为简单，有的无顶，有的有顶，布料或红或白，选料要求不严。

（4）老人服饰。德夯村老人服饰很传统、少变化。老年男性服饰与中青年男性服饰大体相同，但比较宽松。老年男子穿长袖满襟衣，外套长过膝盖，到小腿中部，有大开胸、对开胸之分，布料均为蓝、黑色。大户人家用绫罗绸缎，并在前胸后背精绣龙纹，面下摆左右也绣龙纹，彰显富贵，称"龙袍"。老年妇女服饰与年轻妇女服饰大同小异，但尺寸略大，歹滚、能滚等衣面没有图案，为原布色，衣袖也没有花饰、图案。

## 12.3.2 非物质文化景观

### 12.3.2.1 民俗节庆

（1）二月二。德夯苗族将农历二月初二视为土地公婆的生日，要举行庆祝活动，一般一年一次，相隔时间最长不得超过两年。活动由头人倡议组织。二月二前两三天，家家出钱出米，全村基本一家一个男人参加，没有男人或男人外出的人家，女人也可参加。活动当天，大家分工合作准备酒席，有的杀猪、杀羊、搞采购、打糍粑等；有的修桥铺路，把通往土地堂的路桥修整好；有的为土地公婆整修房子，添砖加瓦，打扫环境等。在筹钱粮时，每个人要交一块自己穿过衣裤的布或一根丝线，才能说明自己正式参加活动。酒席设在土地堂前，酒席开始前，由苗老司为每家每一个人祷告。有的大户人家还要起道场做四

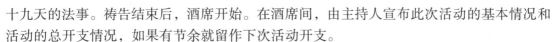

十九天的法事。祷告结束后，酒席开始。在酒席间，由主持人宣布此次活动的基本情况和活动的总开支情况，如果有节余就留作下次活动开支。

（2）四月八。德夯村过"四月八"节起源于一个苗族爱情故事。故事发源地在距离德夯村 5 千米的家庭村，之后也在德夯村流传。相传 200 年前，芷耳寨有个男青年名叫秧巴补，他与邻村一个女青年自由恋爱，被双方父母强烈反对。两人于农历四月初八跑到现在叫家庭村的坡上居住，当时坡上四面悬崖，周围是方圆 5000 余亩的深山老林。几十年后，他俩生儿育女，到年老时已发展到十几户人。于是，他们告知后代子孙，说明他们的来历，并要他们的子孙前去双方的父母舅爷家去告诉父母舅爷们的后代，告诉他们当时住处和生活基本情况。此后，父母舅爷的后代们就在每年农历四月初八这天，不管是晴天还是雨天，都会主动地到家庭村欢度"四月八"，主人们用酒肉热情接待。时间一长，当地苗族人民就将"四月八"定为节日。在德夯村，每逢农历四月初八，村中男女披戴银饰，穿戴新衣，聚集在节日活动场地，举行德戏、上刀梯、下火海、舞狮子、赛歌、吹唢呐、吹木叶、打秋千、武术等优秀的民族民间文艺表演。

（3）吃新节。德夯村人非常看重吃新节。人们常说："小孩喜欢过年，老人喜欢吃新。"吃新意为人们辛勤了半年，收获在望，人们期盼美好的生活，人人心情怡然。吃新节一般定在农历六月，老人们下田扯来几根打苞的稻芯和菜一起煮，再炒几个好菜，以此庆贺可期望的下半年的丰收。

（4）赶秋节。又称秋社节、交秋节，是德夯村苗族传统节日之一。立秋时，村民基本停止干农活，穿上盛装，结伴成群，在公共活动场坪上欢聚，进行打秋千（图 12.14）、吹笙、歌舞、武术、舞狮子、耍龙灯、上刀梯等娱乐活动。活动完毕，由众人选出有声望的人装扮成"秋老人"，向大家预祝丰收和幸福。村中青年则大多利用参加赶秋节活动的机会物色对象、谈情说爱。

图 12.14 八人秋

### 12.3.2.2 生活习俗

（1）婚嫁习俗。

A. 赶边边场。边边场的场面大，形式有公开和半公开的。每逢场天，德夯村 80% 的村民基本要去赶边边场，但各自目的不同。中老年人以物资交流为主，而年轻姑娘、小伙子主要是借此机会结交朋友、谈情说爱。

B. 媒约配婚。德夯人家有儿女要成亲的要请媒人代订婚。媒人身份以儿孙满堂者为好。男方家必备酒肉款待媒人。媒人吃完后，始往女方家讨其口风，从旁私问，并不直言受男方之请而来。苗语称"及沙类"，即试亲。倘若察言观色，女方家似有松口的意思，媒人吃了女方家的酒饭后，才返回男方家将情况相告。待休息数日，媒人又去女方家求亲，才称正式媒人。往返多次，婚事始有头绪。此后，男方得请一位同族长辈做"合媒"，苗家称"及保勾受"。此长辈既是媒人，又是男方代表者。两位媒人一同说亲，女方才正式应允。苗族人讲究亲要多求为贵。有"婆家吃了一笼鸡，娘家不知在哪里""田地在私，儿女在众"的俗语。要将女儿许人，须经家族的同意才算有效，得到同意后定期"放

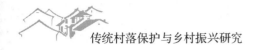

口"应许。到时，男方须备酒肉几十斤、鞭炮两封，送到女方家，集其亲族欢庆宴饮，俗称"放口酒"。经媒人及女方家亲族等应许，双方订婚，并放鞭炮，邻里尽知。

C. 女方陪嫁。在德夯苗家，女儿出嫁一般都要陪送家庭所用的主要器具作为嫁妆，如衣柜、米桶、餐具等，还有五谷杂粮；有的还陪送田地、牛羊、家禽等。现在嫁妆基本上是家电家具，如电脑、电视、冰箱、洗衣机等。亲朋好友都要给新娘送被子、衣物等，代表应有尽有。

（2）宴席习俗。

A. 宴席让座。德夯苗寨宴席就座非常讲究，要按辈分大小就座，在客人到齐后，主客同样按辈分大小对坐。在屋里，主人方位必是主家神位方向。辈分小的见辈分大的到来首先要让座。客人进屋，不论辈分大小，主人全家都起身迎接客人到席。客人进屋后，主人先让座，然后全家人与客人一同就座。

B. 敬酒夹菜。德夯苗寨人热情好客，主人对客人的招待必须全心全意、真心实意。宴席间，主人必须多次主动向客人敬酒，为客人夹菜。

C. 席间摸脸。在德夯苗寨，席间摸脸一般发生在男方去女方家送礼送酒的时候，在就餐、拦门酒、拦门歌等场合，女方以此方式考验男方的聪明才智跟反应能力。在男方喝酒或对歌、就餐时，女方用手沾上锅底灰，趁男方不注意，迅速地把手上的锅底灰抹在男方的脸上。摸脸的不只是新娘一人，女方的姐妹们都会趁男方不注意时摸脸。男方有一两次被抹上锅底灰，女方会理解；如果男方在三天三夜的活动中多次被抹上锅底灰，女方就会觉得他不灵活，会觉得很没有面子，严重的甚至会退婚。如果男方多次没有被摸到脸，新娘就会极为高兴。

（3）烹饪习俗。擂钵是德夯农家常用的厨房用具，有木质、石质、人工合成石质等。其形状为外形四方、六方，底部是圆形，上大下小。擂钵主要用来捶打辣椒、胡椒、竹笋、芝麻盐等，使之变成细粉状。

### 12.3.2.3 民间艺术

（1）苗族鼓舞。又称跳鼓舞，苗语叫"独拢"。德夯村苗家人喜爱鼓舞，凡是传统节日如三月三、四月八、赶秋节、百狮会等，都少不了鼓舞。苗族鼓舞一般二人一鼓，必须一人敲边（通常为男性），一人闻声起舞（通常为女性）。也可由一人、两人或多人同时表演，还可成大型团体鼓舞，成百上千人表演。作为鼓舞的主角，女性舞者脚跳手击，旋体踢腿，疾徐应节，时快时慢，时跃时蹲，若断若续。

图 12.15　苗族鼓舞

击鼓表演有单打、双打、混合打和团体打等形式。鼓的位置可以根据打鼓人的要求变换，鼓点分为单点、双点、三点、五点、九点、行步鼓点、转身鼓点等。其步伐有走三步、跳三步、绕三步，走三步、踩二角，绕九步、座点步、索滑步，翻步转身等。苗族鼓舞表演的取材广泛，涉及生产、生活、政治、经济、军事、文化等领域。德夯苗族鼓舞主要有四季鼓舞、调年鼓舞、丰收鼓舞、团圆鼓舞、迎宾鼓舞、花鼓舞、猴儿鼓舞等。

（2）苗歌。德夯村民唱的苗歌，内容包括生活主题、爱情主题、劳动主题、山野情趣等，形式和腔调不同。在德夯苗寨，唱得最好的歌郎、歌娘有石六凤、石得魅、石勾妹、石贵元等，他们根据不同的环境、不同的场合唱不同的歌。苗歌中保存着苗族的历史文化、传说故事、风俗习惯及生活情调。例如《椎牛歌》中反映苗族狩猎、农耕和民族大迁徙的情况；情歌表达苗族人炽烈的情感；童谣天真、烂漫、轻快，富于想象、朗朗上口，兼具知识性和趣味性。德夯苗族人在峡谷中建寨，在坡上坡下耕作，性格豪爽，热情奔放，其"坡头腔"苗歌则声音宽宏，应山应河。苗歌还有反映封建买办婚姻与婆媳关系的，有再现古老历史习俗的，有铺陈劳动家庭生活情趣的，有教授知识的，等等。

（3）苗族舞蹈。

A. 接龙舞。接龙舞是德夯苗寨的一大民俗传统特色舞蹈，苗语叫"然戎"，一般有家庭接龙舞和整村接龙舞。龙被苗族人视为吉祥物。以前谁家近年各事都不如人意，就举行接龙仪式。主家准备好所需物品（猪、粑粑、酒肉、香纸等），恭请主事的苗老司和客人按时到家中做客。接龙当天，主人组织男女数十人分别扮作龙公、龙母，龙公、龙母要身穿龙袍，各人拿一把伞。主客都要身穿民族节日盛装。在苗老司的安排下，接龙队跟着乐队，抬着香米粑粑等去河里或水井请龙、接龙。苗老司要把东南西北中五方五位的龙都请来接回家中。五条龙分别为黄龙、红龙、黑龙、白龙、青龙，但苗族人忌红、黄二龙，认为红龙会给人带来火灾、黄龙会带来大水，请来红龙、黄龙后要把它们关住不用。把"龙"接回家后，由苗老司指定主人在堂屋中间挖个深约一米的洞，苗老司将一坛酒水、朱砂等物放进洞内，最后在洞口放一坨大圆石。意思是"堂屋一坨岩，财喜不接自己来"。仪式结束后，主人大摆酒席，让大家吃个尽兴。

B. 先锋舞。为去世的苗老司所做的法事叫先锋舞。在世苗老司在先锋舞中充当将帅的角色，背上插着小旗，手里不停地打手势、舞动绉巾、吹响牛角、拍打马鞭等，都是在表现指挥兵马与邪神鬼怪搏斗。还有几人在先锋舞中扮演开路兵马别官和小鬼，他们手里拿着斧头、镰刀、铜锤和刀枪等。先锋舞表现的是给去世的苗老司开路，驱赶各路妖魔，保卫其灵魂平安升天的场景。先锋舞在德夯村一直流传至今。

（4）织绣工艺。

A. 苗家织布。苗语叫"出投"，主要材料是用蚕丝、苎麻、木棉等纺成的纱线。把染好色、上好蜡的纱线排放在织布机上，将纱轮安在织布机尾部，纱头安在织布机头部，人就可坐在织布机座位上织布（图12.16）。纱线为上下两层，左右手轮持梭子来回穿梭，双脚控制踩板与梭子紧密配合。织出的布样有格子布、条纹布等。旧时，德夯人织布主要是自产自用，少量销售。现在，纺纱、织布、成衣等技艺主要用于展示，也可供游客体验。

图12.16 织布

德夯苗家织做成的布衣，不仅在国内销售，甚至远销到美国、日本、马来西亚等国家和地区。2019年，德夯村有明传娘、和生娘、石四满等人经常织布，织得快的一天能织4

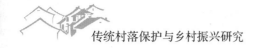

米左右，质量均为上乘。

B. 苗家织锦。也叫挑纱。苗家织锦与织布大同小异，其作品相对较小。织锦的图案花纹构图新颖，线条清晰，造型独特，色彩艳丽。苗家织锦的纹样多为菱形结构，题材丰富，有的反映苗家人上山狩猎，有的反映农业生产劳动，有展示苗族祖先英勇传说的"苗女织花带"，有期盼家庭幸福的"花开富贵"，有传递男女爱情的"木叶对歌"，有歌颂新生活走进新时代的图案等。苗家妇女善织锦、裙、被，或经纬皆丝，或丝经棉纬，挑制花纹。从前，苗家人男婚女嫁必备苗家织锦。苗家山寨几乎多半有织女，在德夯苗寨，只有石四满、石五凤、石银凤等几位老人会织锦。苗家织锦制品后来发展到壁挂、画屏、背带、口袋、手提袋、床垫、床单等几十种，销往国内外。

C. 苗家机纱。在德夯苗寨，女人都会纺纱织布。先把弹好的棉花用一根长约一尺（约 33 厘米）的小木棍缠好，再将棉花纺织成大拇指粗、长七寸左右（约 23 厘米）的棉花棍，然后将棉花棍固定在纺车上，再用一根两头尖的铁丝夹进纺车下部，将纺车两根线带上三道长的细铁丝，再套上一根小竹管。纺纱者坐在纺车旁，右脚踩纺车下部的木板，左手握纺车中摇把旋转，右手同时拖纱，每扯出约两尺长（约 0.6 米）纱则倒旋转一次，纱段满一个小竹管算一个，善纺

图 12.17　织花带

者日出细纱 500 克左右。2019 年，德夯村还有明达娘、和生娘、时珍结等人长年纺机纱。

D. 苗族刺绣。20 世纪 80 年代以前，主要为手绣。手绣与模架密不可分，模架又分长方形模架和托盘式模架两种。

## 12.4　数据分析

此次问卷的发放采用线下的方式。共发放问卷调查 150 份，收回 137 份，有效问卷 137 份。通过问卷，了解旅客对德夯村的游玩体验，包括他们感知到的该村落文化景观、旅游环境及其产品情况。基于问卷，了解该村保护传统村落文化景观及旅游开发在哪些方面做得比较好，哪些方面存在问题需要改进。问卷的分析结果可作为此后开发该村旅游资源的参考。

### 12.4.1　人口学变量分析

根据调查问卷可知，在性别方面，整体上男女各占 50% 左右，差异不大。在年龄方面，游客普遍的年龄大于 18 岁，对其进行细分，可知 18－28 岁年龄段的游客占比是最高的，占比为 37% 左右。在学历水平方面，游客普遍具备大专及以上的学历水平，说明在传统村落旅游方面明显是高学历人群更有兴趣。这也说明前来观光的游客普遍层次比较高，会更加关注旅游的品质。在职业方面，游客从事的职业最多的是学生以及企业管理人员或职员，占比分别是 32% 和 28%，二者相加达到了 60%。在游客的收入方面，由于学生居

多，占比最高的是 2000 元以下（占 25%）；除去学生的特殊性之外，月收入超过 8000 元的人数居多，占比 22%。

表 12.2 人口学变量频率分析

| 变量 | 选项 | 频率 | 百分比 | 平均值 | 标准差 |
| --- | --- | --- | --- | --- | --- |
| 性别 | 男 | 74 | 54% | 1.46 | 0.50 |
| | 女 | 63 | 46% | | |
| 年龄 | 18 岁以下 | 10 | 7% | 2.83 | 1.03 |
| | 18～28 岁 | 51 | 37% | | |
| | 29～40 岁 | 32 | 23% | | |
| | 41～60 岁 | 40 | 29% | | |
| | 60 岁以上 | 4 | 3% | | |
| 学历 | 初中及以下 | 9 | 7% | 3.35 | 1.14 |
| | 高中 | 28 | 20% | | |
| | 专科 | 24 | 18% | | |
| | 本科 | 58 | 42% | | |
| | 研究生及以上 | 18 | 13% | | |
| 职业 | 学生 | 44 | 32% | 2.87 | 2.13 |
| | 公务员或事业单位人员 | 28 | 20% | | |
| | 企业管理人员或职员 | 38 | 28% | | |
| | 农民 | 5 | 4% | | |
| | 工人 | 1 | 1% | | |
| | 退休职员 | 4 | 3% | | |
| | 个体经营户 | 6 | 4% | | |
| | 其他 | 11 | 8% | | |
| 月收入 | 2000 元以下 | 36 | 25% | 2.94 | 1.50 |
| | 2001～4000 元 | 20 | 15% | | |
| | 4001～6000 元 | 27 | 20% | | |
| | 6001～8000 元 | 24 | 18% | | |
| | 8000 元以上 | 30 | 22% | | |

## 12.4.2 多重响应分析

调查问卷中关于文化景观保护问题，以多选题形式给出。因此，本报告采用多重响应分析进行分析。

### 12.4.2.1 德夯村旅游吸引因素分析

在 137 名被调查游客的 281 个回答中，61% 的游客选择文化景观作为德夯村吸引自身的因素，39% 的游客选择其他类型的吸引因素。德夯村是中国首批传统村落、中国少数民族特色村寨，村内较完整保留了苗族服饰、语言和民风民俗，民族文化底蕴深厚，但仍有较多游客未选择以文化为基础的吸引因素，在一定程度上反映了德夯村目前旅游发展所存在的在一些问题，如"受外来文化冲击大，开发异化"，"特色文化传承不够，载体消失"。并且，由于村内民俗文化体验活动较少，旅游路线安排以自然景观为主，导致许多游客对于自然景观的感知较为深刻。调查结果显示，在各种吸引因素中，公共空间与景观占比 1.4%，生活生产场景占 0.4%，印证了民俗文化体验缺位、非物质文化遗产挖掘深度不足。

表 12.3 德夯村旅游吸引因素的频率分析

| 吸引因素 | 响应数 | 响应百分比/% | 个案百分比/% |
| --- | --- | --- | --- |
| 自然景观 | 86 | 30.6 | 63.7 |
| 民族民俗文化 | 78 | 27.8 | 57.8 |
| 历史文化 | 18 | 6.4 | 13.3 |
| 特色民居或建筑 | 39 | 13.9 | 28.9 |
| 村落风貌格局 | 39 | 13.9 | 28.9 |
| 公共空间与景观 | 4 | 1.4 | 3.0 |
| 生活生产场景 | 1 | 0.4 | 0.7 |
| 特色美食 | 14 | 5.0 | 10.4 |
| 其他 | 2 | 0.7 | 1.5 |
| 总计 | 281 | 100.0 | 208.1 |

### 12.4.2.2 德夯村保护面临的主要问题分析

如表 12.4 所示，将传统村落普遍面临的问题一一列出，游客根据自己切实感受选择德夯村保护所面临的主要问题。调查发现，20.1% 的游客认为德夯村的"宣传力度不够"，使得德夯村游客较为稀少，旅游业发展缓慢。认为"内容同质，地域特色不鲜明"的游客占比接近，达到 19%。这在一定程度上说明苗族村落各自拥有的非物质文化相似程度高，同质化现象严重，差异化发展困难。例如，在苗族村寨墨戎村、德夯村、十八洞村，进村感受到的苗族特色文化都是拦门酒、苗族鼓舞、苗歌等。选择"特色文化传承不够，载体消失"的人数排名第三，占比 17.6%。这说明在长期的旅游服务中，德夯苗寨的传统文化也发生了显著变化，出现了部分传统文化消亡、失真、扭曲等现象。15.4% 的游客选择"过度开发，商业氛围太浓"为德夯村面临的主要问题，说明该村为了追求优质生活，迎合旅游市场开发，较多村民选择开商铺、建客栈的行为与传统村落原真性保护之间存在矛盾。10.3% 的游客选择"村落格局、原生环境遭破坏"，说明村内现有的格局中，新建的建筑与原有建筑并非完全协调。"特色景观资源被拆除、改造或废弃""受外来文化冲击大，开发异化""保护规划不合理"被游客选择的频率较低，占比分别为 5.5%、5.5%、

3.7%，说明在文化景观保护开发方面，德夯村仍有许多需要改进的地方。

表 12.4　德夯村保护面临的主要问题的频率分析

| 主要问题 | 响应数 | 响应百分比/% | 个案百分比 |
| --- | --- | --- | --- |
| 过度开发，商业氛围太浓 | 42 | 15.4 | 30.7 |
| 内容同质，地域特色不鲜明 | 52 | 19.0 | 38.0 |
| 村落格局、原生环境遭破坏 | 28 | 10.3 | 20.4 |
| 特色景观资源被拆除、改造或废弃 | 15 | 5.5 | 10.9 |
| 受外来文化冲击大，开发异化 | 15 | 5.5 | 10.9 |
| 特色文化传承不够，载体消失 | 48 | 17.6 | 35.0 |
| 保护规划不合理 | 10 | 3.7 | 7.3 |
| 宣传力度不够 | 55 | 20.1 | 40.1 |
| 其他 | 8 | 2.9 | 5.8 |
| 总计 | 273 | 100.0 | 199.3 |

### 12.4.2.3　德夯村文化景观保护需加强因素分析

根据调查的文化景观保护需要加强的因素看，18.6%的游客认为需要加强的因素主要在于"保护和修复村落原始风貌、特色景观"，而特色文化传承不够、载体消失使得17.0%的游客选择"加强非物质文化遗产的挖掘、开发和利用"，14.4%的游客认为可以加强"建设特色文化空间，完善村落空间功能"，13.1%的游客认为应"加大宣传力度，提高游客及居民保护意识"，10.8%的游客认为在"发展旅游相关产业，推进保护与开发的协调"方面仍需加强。此外，在"对周边环境进行整顿，推动村落与周边环境的协调""完善传统村落文化景观保护的法律法规"方面游客反映平平，占比分别为7.2%、6.7%；"加大资金投入力度""分层分类保护，根据重要程度分层次、分类型进行保护"选择的人数较少，占比均为5.9%（表12.5）。

可见，"保护和修复村落原始风貌、特色景观""加强非物质文化遗产的挖掘、开发和利用""建设特色文化空间，完善村落空间功能"是目前最需要加强的因素。如何保留传统村落风貌，统筹好村内各类资源，使得村落空间发挥最大作用，推动村落长远发展应是政府重点思考的问题。另外"加大宣传力度，提高游客及居民保护意识""发展旅游相关产业，推进保护与开发的协调"等也需要政府的大力推动。

表 12.5　德夯村文化景观保护可加强因素的频率分析

| 可加强因素 | 响应数 | 响应百分比/% | 个案百分比/% |
| --- | --- | --- | --- |
| 加大资金投入力度 | 23 | 5.9 | 16.8 |
| 发展旅游相关产业，推进保护与开发的协调 | 42 | 10.8 | 30.7 |
| 建设特色文化空间，完善村落空间功能 | 56 | 14.4 | 40.9 |

（续表）

| 可加强因素 | 响应数 | 响应百分比/% | 个案百分比/% |
|---|---|---|---|
| 保护和修复村落原始风貌、特色景观 | 72 | 18.6 | 52.6 |
| 完善传统村落文化景观保护的法律法规 | 26 | 6.7 | 19.0 |
| 加强非物质文化遗产的挖掘、开发和利用 | 66 | 17.0 | 48.2 |
| 加大宣传力度，提高游客及居民保护意识 | 51 | 13.1 | 37.2 |
| 对周边环境进行整顿，推动村落与周边环境的协调 | 28 | 7.2 | 20.4 |
| 分层分类保护，根据重要程度分层次、分类型进行保护 | 23 | 5.9 | 16.8 |
| 其他 | 1 | 0.3 | 0.7 |
| 总计 | 388 | 100.0 | 283.2 |

#### 12.4.2.4 德夯村文化景观合理开发方式分析

由表 12.6 可知，在对游客展开的文化景观合理开发方式调查中，占比最高的是"修复特色自然及文化景观"，其次是"开发特色民俗节庆活动"，分别 24.0%、23.1%。这说明德夯村存在村落原始风貌改变、传统文化传承不够、载体消失等问题。"发展文化旅游、特色民宿""打造特色景观景点"占比分别为 18.9%、18.3%，在一定程度上印证了德夯村的旅游发展存在内容同质化、地域特色不鲜明的问题。至于"建博物馆、纪念馆等""发展特色商铺"等占比较小。总之，德夯村在文化景观开发过程中，较为薄弱的方面在于景观的修复，其原因主要是村落景观修复与基础建设更新升级之间的矛盾。

表 12.6　德夯村文化景观合理开发方式的频率分析

| 开发方式 | 响应数 | 响应百分比% | 个案百分比% |
|---|---|---|---|
| 发展文化旅游、特色民宿 | 63 | 18.9 | 46.0 |
| 发展特色商铺 | 22 | 6.0 | 16.1 |
| 打造特色景观景点 | 61 | 18.3 | 44.5 |
| 修复特色自然及文化景观 | 80 | 24.0 | 58.4 |
| 建博物馆、纪念馆等 | 29 | 8.7 | 21.20 |
| 开发特色民俗节庆活动 | 77 | 23.1 | 56.2 |
| 其他 | 2 | 0.6 | 1.5 |
| 总计 | 334 | 100.0 | 243.8 |

## 12.5　结论及建议

### 12.5.1　结论

本报告利用问卷调查数据，采用多重响应分析，分析了德夯村旅游的吸引因素、保护面临的主要问题、文化景观保护需要加强的因素及文化景观合理开发方式，旨在为改善德夯村旅游发展与开发困境，推动德夯村传统村落保护提供借鉴。研究结果显示：

（1）大多数游客在德夯村被吸引的因素主要是"自然景观"和"民族民俗文化""特色民居或建筑""村落风貌格局"等文化景观，而且更多的游客倾向于自然景观。

（2）在德夯村保护面临的主要问题方面，主要包括"宣传力度不够""内容同质，地域特色不鲜明""特色文化传承不够，载体消失"，重点集中于传统文化保护与开发方面。

（3）在德夯村文化景观保护需要加强的因素看，"保护和修复村落原始风貌、特色景观""加强非物质文化遗产的挖掘、开发和利用""建设特色文化空间，完善村落空间功能"是目前最需要加强的因素。如何保留传统村落风貌，统筹好村内各类资源，使得村落空间发挥最大作用，推动村落长远发展是政府应重点思考的问题。

（4）在德夯村文化景观合理开发方式中，选择"修复特色自然及文化景观""开发特色民俗节庆活动"的游客占多数，这也反映了德夯村存在原始风貌改变和民俗文化缺失等问题。

### 12.5.2　建议

传统村落发展乡村旅游对农村经济的贡献不仅仅表现在给当地增加了财政收入，还表现在给当地创造了就业机会，乡村旅游对农村的经济发展有积极的推动作用。随着旅游者迅速增加，乡村旅游已成为发展农村经济的有效手段。基于以上研究结论，本章提出以下政策建议。

#### 12.5.2.1　激发村民的保护意识

保护传统村落不仅需要激发村民的文化意识和保护意识，更需要村民自发形成一种保护精神。德夯村村委会应通过文化宣传教育活动让居住在德夯村的村民充分认识到村落的每一间房屋、每一条道路、每一片砖瓦都承载着特殊的意义，不能随意改造和破坏；要建立可持续发展的环境观，不仅要关注当下村落的发展，也要考虑村落的永续发展。[6] 对于确实影响村民日常生活的建筑或设施，可在有关部门的指导和帮助下，在不影响传统村落原始风貌的基础上进行修缮。德夯村的保护和发展，除了积极调动村民保护村落的自觉性和积极性外，还要靠政府、社会团体、村民等各方面的合力。

#### 12.5.2.2　加强非遗传承人才的培养与保护

许多非物质文化遗产的传承出现了断层的尴尬局面，没有合适的继承人是保护过程中存在的较为突出的现实紧迫问题。[7] 为了更好地发展非物质文化遗产，所选择、培养的传承人必须是同时具备理论知识与实践操作能力，并且热爱中国传统文化的复合型人才。首先，组织传承人定期参加培训，并完善培训机制，逐步将非遗传承人的培养向专业化发

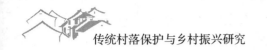

展。其次，组建非遗"专家小组"，对非遗项目进行有针对性地传承与发展。最后，不断加大非遗传承保护宣传力度，增强非遗传承人保护意识，培养传承人文化自信。目前，许多人对"非物质文化遗产"这一概念仍比较模糊，更不要提非遗文化的保护意识。可由政府、文旅局、宣传部等部门通过制作非遗宣传画报、出版非遗宣传书籍等形式，或者组织开展"非遗文化项目"类型文化节日，借助网络、微信平台，开展"非遗进校园""非遗进乡村"等系列宣传活动，扩大非遗宣传范围和非遗宣传人群，让非遗保护意识根植在每一个人的心中。[8]

### 12.5.2.3  强化政策利用与落实

政府应该负责制定传统村落保护和活化利用规划和方案，统一监管，在推进传统村落活化保护发展中起到主导作用。[9]政府部门对旅游业具有引导和调控能力，在实践过程中要不断强化提高科学性、规范性管理措施。当地政府、德夯村村委会应该根据国家相关政策，结合本地实际，统筹协调德夯村各项旅游资源，加强完善乡村旅游基础设施建设。

首先，利用法律、经济等手段规范旅游秩序，打造出一个文明有序、和谐的经营环境。政府部门除了强化自身管理手段，还需建立旅游质量监督部门，助推德夯村的管理和保护工作，村内陈设有序，净化旅游空间环境。同时，提升德夯村旅游目的地形象。增强农民的环保意识，加强宣传保护生态的意义。只有这样，才能与自然和谐相处，创造优美的乡村旅游环境。其次，政府部门在进行德夯村旅游规划的过程中，必须将整体规划和区域旅游规划、乡村周边发展规划协调起来。在对景观建筑和旅游设施的建设方面，应该注意其与周边环境的协调性，力争实现自然环境与人工环境之间的完美统一。最后，在旅游开发中，尤其要结合德夯村自身的自然、文化景观资源，保护好既有的原生态自然风光和环境，尤其是要注重苗族特有文化的保护工作，对错落有致的吊脚楼、古桥、石板路等要予以完全保护，并以之为中心打造出和谐的、特色的苗寨景观。

### 12.5.2.4  开发多元化旅游产品

德夯村拥有丰富的自然、文化景观资源，可建立湘西苗寨风情特色展馆、民俗博物馆、非物质文化遗产博物馆等文化展厅，开发具有德夯村文化特色的旅游产品，如设计、生产一些易懂、有实用性、有地域特色的手工艺品，以满足不同游客的需求。

德夯村手工技艺多样化。村民在制作手工艺时可利用当地的空间资源，构建手工技艺体验旅游区，使游客体验到丰富的手工艺制作，提高游客对苗族手工艺的认识，提升游客的旅游参与感和体验感。开发游客参与性较强的旅游项目，让游客尝试、品味、体验当地人的生活。

在开发旅游资源过程中，需要注重当地自然资源和旅游资源相互结合，需要充分考虑到以旅游业带动农村经济发展，促进旅游业和环境协同发展，使旅游业实现可持续性发展。

### 12.5.2.5  树立品牌意识，加强品牌建设

乡村旅游品牌的构建，最重要的就是属于自己的独特性。因此一定要挖掘当地的文化内涵和旅游资源，就算借鉴外来文化，也应尽量寻求与原有产品的不同，形成自己独一无二的风格，在游客心中打造持续的文化价值输出和富有生命力的品牌印象。

打造品牌的同时要增强宣传力度，改变宣传方式，设计出能够体现德夯村旅游特色的

宣传模式，从而使德夯村的竞争力不断提高。需要对市场做充分的调研考察，参考不同年龄段人们的价值观，分析消费者在旅游过程中的各种不同需求，然后再进行宣传设计，这样能够使宣传的效果更好。在设计时注重德夯村的特色资源以及历史文化价值宣传，才能够充分吸引消费者眼球，逐步塑造德夯村的旅游品牌；需要不断进行创新设计，有效地体现该村落的特别之处，使得其品牌价值得到进一步提升，以此助推其旅游产业竞争力进一步提升。

在宣传的方式选择中需要呈现出多样化发展，对传统的口碑宣传、朋友口头宣传等进行全面改进。传统村落在宣传过程中需要充分利用当地的电视、广播、报纸等传统媒体，充分向该市区人们进行宣传，还需要在人流量密集的区域（如火车站、公交车站、汽车站、小区、市中心等）进行宣传推广，促使品牌知名度在当地迅速增加；还可以和当地中小学展开全面合作，向学生普及历史文化、民俗文化，吸引学生前来旅游，带动旅游业的进一步发展。除此之外，还可以通过拍摄宣传视频、出版书籍刊物、举办主题培训等多种途径，宣传、普及遗产知识，提高遗产知名度和美誉度。[10]传统村落还需要利用新媒体资源，比如微信公众号、抖音 APP、今日头条等社交媒体，进一步扩大其宣传影响力，促使其品牌影响力进一步提升。

## 参考文献

[1] 朱媛媛，罗源，王优聪，等. 城乡要素交互作用下乡村公共文化空间的演变及机制研究：以河南舞阳县柴庄村为例 [J]. 地理科学，2023，43（5）：847 – 859.

[2] 宋俊锋. 传统村落研究进展与展望 [J]. 绿色科技，2019（21）：39 – 40.

[3] 朱祥贵，张雯杏. 民族地区传统村落保护与发展地方立法的新路径 [J]. 湖北民族大学学报（哲学社会科学版），2023，41（4）：110 – 120.

[4] 张兵华，赵亚琛，李建军. 基于"公共性"视角的闽中防御性乡土建筑空间特征解析 [J]. 西部人居环境学刊，2022，37（6）：144 – 150.

[5] 朱红，张晓沁. 上海图书馆文创开发与营销方式探究 [J]. 文化创新比较研究，2022，6（32）：121 – 124.

[6] 杨红芬，陈正怡然. 钱塘江流域传统村落现状问题与对策研究 [J]. 建筑与文化，2019（8）：186 – 187.

[7] 韦宝畏，刘馨阳. 阜新地区蒙古族传统村落的文化价值及保护对策 [J]. 中华文化论坛，2018（6）：131 – 137.

[8] 李霞. 非遗传承视域下特殊教育插画设计课程实践研究：以通草画为例 [J]. 绿色包装，2023（5）：76 – 79.

[9] 杨群. 文化遗产保护视角下深圳传统村落的保护与活化 [J]. 特区实践与理论，2021，（1）：117 – 122.

[10] 顾兴国，闵庆文，王英，等. 浙江省农业文化遗产保护进展、问题与对策 [J]. 浙江农业学报，2022，34（2）：397 – 408.

（2022 年优秀报告；作者：周慧灵；指导：刘天塑；整理：黄楚敏）

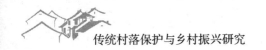

# 第 13 章
# 不同类型传统村落旅游地民居文化补偿模式
# 及其保护效果评价

传统村落（又称古村落），指形成时间较早，文化与自然资源、历史信息和文化景观丰富，具有一定历史文化、科学艺术、经济社会保护价值的村落，是我国文明的宝贵遗产。[1] 由于快速发展的城镇化、工业化、现代化，传统村落文化景观呈现破坏程度不断加剧的态势。[2] 传统村落旅游业的可持续发展等均面临严峻挑战，迫切需要构建民族文化补偿机制。[3] 文化补偿是地方文化遗产保护和传承的重要突破口。[4] "文化景观保护性补偿"是文化景观保护的创新视角，不仅考虑保护本地文化景观的目标，更考虑全局性、长远性保护措施、补偿方式的设计和可持续发展目标的实现，还要兼顾不同地区文化景观的地域特色及差异。[5-7] 以往的传统文化景观保护研究，或以文化学为主、或以资源学为主，或以宏观的国家大尺度研究为主、或以个别村镇的地方尺度为主，将文化景观与保护性补偿相结合的综合研究成果不多见。[8] 近年来，我国传统村落的保护受到了国家及社会的充分重视。为调查传统村落民居的保护情况，本章以文化补偿模式为切入点，采用访谈法、观察法、对比分析法、文献查阅法等方法，掌握不同类型传统村落旅游地民居的文化补偿模式，对比分析各村落文化补偿模式的异同点，并对其保护效果进行评价。

## 13.1 研究对象

本次研究主要选取了湖南省龙溪村、中田村、大湾村三个中国传统村落，三个村落均为外延村，村民大多在村落外建立新居。根据刘沛林以村落成因划分的五种基本类型，龙溪村属于原始定居型，大湾村属于民族迁徙型，中田村属于历史嵌入型。三种村落类型不同，采取的文化补偿模式均不相同，涵盖了现今常见的几种情况。

### 13.1.1 龙溪村

位于永州市祁阳市潘市镇，始建于明代，距今已有 600 余年。村落因北面蜿蜒绵长形似卧龙的溪流而得名。李姓宗族历代聚居于此，其中龙溪李家大院现保存完好的有房屋 36 栋、游亭 18 座、大厅 36 间、3 栋粮仓、1 栋花厅，总面积 11098 平方米。龙溪村 2012 年获评首批中国传统村落，它还是国家级历史文化名村、国家重点文物保护单位、中国最美古村落。

## 13.1.2　中田村

中田村位于衡阳市常宁市庙前镇，始建于永乐二年（1404），迄今 600 余年，其古民居群是衡阳市乃至湖南省保存完好、规模最大的明清古建筑群。虽经历数百年的风雨剥蚀，仍保留旧宅 100 多幢、天井 200 多个、巷道 108 条，建筑面积达 14000 平方米。现有挂牌民居（中田村古建筑群）40 余处。[9]其民居既有江南民居的建筑特色，又有独特的艺术风格。中田村是第一批中国传统村落、第八批全国重点文物保护单位、湖南省重点文物保护单位、湖南省历史文化名村，也是湖南省现存最大的军事村堡。

## 13.1.3　大湾村

大湾村位于郴州市桂阳县莲塘镇境内，至今 650 多年。整个村落占地面积 5 万多平方米，现存明清古民居 100 余栋。村内房屋坐北朝南，呈"一"字形排列，青石板街横贯东西。村内房屋大多为四合院式布局，砖木结构，中间置有天井，马头墙，飞檐翘角，既有客家文化痕迹，又有湘南古民居风格。大湾村是 2011 年新农村建设示范点、第三批中国传统村落。

# 13.2　研究方法与过程

## 13.2.1　研究方法

（1）文献查阅法。通过检索 CNKI、专著和统计资料等，对国内传统村落旅游民居文化补偿模式的相关文献进行梳理，了解国内研究现状。同时查阅政府相关网站，对文化补偿的相关政策进行整理。

（2）访谈法。通过对 3 个村落的村民进行深度访谈，了解民居的保护情况，总结各村落的文化补偿模式。

（3）观察法。观察 3 个村落的民居保护情况，了解各村落采取的文化补偿模式。

（4）比较分析法。对各传统村落民居文化补偿模式进行比较分析。观察传统村落的保护情况，访谈多位村民及村委会干部，结合文献资料对 3 个传统村落进行比较分析。

# 13.3　结果分析

## 13.3.1　传统村落的相关政策及保护措施

传统村落的相关政策及保护措施如表 13.1 所示。

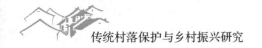

表 13.1　传统村落的相关政策及保护措施

| 村落 | 市级政府 | 县级政府 | 村委 | 村民 |
|---|---|---|---|---|
| 龙溪村 | 2016 年，永州市住建部调研祁阳传统村落保护项目；2021 年，永州市委办、市政府办、市政协办《永州市政协 2021 年调研协商与监督工作计划》（永办发电〔2021〕11 号），市政协成立了课题调研组，对"永州市传统村落保护与发展"开展调研 | 2019 年祁阳县人民政府办公室关于印发《祁阳县"古院落拯救行动"实施方案》的通知，由祁阳市住房和城乡规划建设局委托湖南省城市学院规划设计研究院制定《祁阳市潘市镇龙溪村产业发展规划（2018—2035）》 | 制定了《李家大院保护维修规划》，在市文物处的领导下，确定了维修重点，如基础加固、梁架归安，构件修补、少量更换，以保护现状为主。请县规划、文化、文物等部门的专家和学者对李家大院古民居进行了认真的调查与规划，对其蕴藏的历史文化底蕴进行了深入挖掘、研究 | 村民自行组织修缮了宗祠及对自家房屋的维修 |
| 中田村 | 2016 年，衡阳市文物专家调研传统古村；2020 年，衡阳市政协组织部分政协委员开展古村落保护与开发视察活动 | 对民居进行挂牌保护常宁市对全市范围内具有保护价值的古村落进行了摸底调查，对部分保存完好的传统村落进行了抢救性保护。由中田村、财神洞、印山联合组成的印山文化旅游区成功申报 4A 级旅游景区 | 专人负责村落的保护工作，聘请专人负责传统村落的卫生 | 村民自行参与到古村落的规划中，为古村落的保护献言献策 |
| 大湾村 | 2017 年市政协调研古村落保护利用情况；2018 年郴州市政府颁布《郴州市古民居保护办法》 | 桂阳县出台了《桂阳县传统村落保护实施方案》（桂办字〔2015〕30 号），2016 年桂阳大队开展古村落联合消防检查 | 多人负责村落的保护工作 | 村民自行对夏氏宗祠及戏台进行多次修缮 |

　　总结：地方政府对传统村落的重视程度越来越高，随着相关政策的逐渐落实，传统村落的保护与修缮工作做得越来越好。政府对于传统村落的修缮主要采取招标的形式聘请专业人士对古村落进行修缮。就政策发布的情况看，郴州市、桂阳县政府对传统村落的保护工作做得较好，发布的相关政策较多，重视程度较高；就传统村落保护的具体实施看，龙溪村的相关规划保护工作做得较多、比较到位，相应的民居保护也较完整。

## 13.3.2　文化补偿分析

　　传统村落的文化补偿模式如表 13.2 所示。

**表 13.2　文化补偿模式**

| 传统村落 | 补偿模式 | 补偿方式 | 补偿对象 |
|---|---|---|---|
| 龙溪村 | 整体性保护补偿型 | 传统建筑保护补偿、公共设施建设补偿、就业倾斜补偿 | 传统村落建筑 |
| 中田村 | 文化旅游开发补偿型 | 传统建筑保护补偿、公共设施建设补偿、就业培训补偿、经济补偿 | 传统村落建筑及支付居民租金 |
| 大湾村 | 搬迁保护补偿型 | 传统建筑保护补偿、公共设施建设补偿、就业培训补偿 | 传统村落建筑 |

相同点：以政府主导型补偿为主，政府通过招标的方式对传统村落进行专业修缮及公共设施建设。3 个村均为外延村，旧民居内鲜有居民居住，大部分居民已迁到传统村落外自行建房。

不同点：在中田村的文化旅游开发模式中，开发商会对居民进行少量补偿，政府也对居民的房屋支付租金，只有该村有租金的相应补贴。对于就业补偿来说，龙溪村比较特别，是倾斜补偿，对于龙溪民宿与龙溪白茶 140 亩基地，村民享有承租优先权，同时在本村落设有专门负责环境卫生、公共厕所卫生等的岗位，为居民提供就业机会。其他两个村落为就业培训补偿，中田村进行厨师培训，大湾村进行中草药及玉竹的种植培训，为居民的就业打下良好的基础。

## 13.3.3　民居保护效果评价

根据对相关传统村落保护的评价体系的整理与参考，我们制定了评定指标（表13.3）。主要由调查者通过观察法及对居民、村委的访谈综合进行评定。相关结果如表13.4～表 13.7 所示。

**表 13.3　传统村落保护实施效果评估指标体系**

| 二层 | 三层 | 四层 | 指标释义 |
|---|---|---|---|
| 保存效应 | 实体存留 | 街巷格局保护情况（10分） | 以主要、次要巷道的破坏与修缮情况为评估标准，巷道都修缮过为最好，主要街巷破坏为最差 |
| | | 历史建筑存留数量（10分） | 历史建筑存留数量与保护前或评估上一阶段相比 |
| | | 历史建筑修复数量（10分） | 评价历史建筑修复状况 |
| | 修复水平 | 建筑修复材料和技艺（10分） | 评价建筑修复后与原状的相符程度 |
| | 村落功能 | 建筑功能改变（10分） | 原有功能维持不变的历史建筑数量占总数的比例 |

（续表）

| 二层 | 三层 | 四层 | 指标释义 |
|------|------|------|----------|
| 经济效应 | 旅游发展 | 旅游服务配套设施情况（10分） | 与旅游相关的酒店、餐厅、停车场、游客中心、购物等设施的发展状况 |
| | | 旅游管理部门开发效益（10分） | 旅游管理部门开发效益的变化状况，开发效益增长越大越好 |
| 环境效应 | 村落设施改善 | 道路系统改善（10分） | 以道路系统改善情况为评估标准。以道路硬底化率、停车场的设置、路灯亮化率为参考数值 |
| | | 公共服务设施改善（10分） | 村民对生活方便的满意度调查 |
| | 村落容貌改善 | 环境卫生（10分） | 村民对环境卫生条件改善的满意度调查，包括垃圾收集处理、垃圾桶设置，村内河流、池塘、湖泊、沟渠等水体卫生 |

表 13.4  保存效应比较

| 分项 | | 龙溪村 | 中田村 | 大湾村 |
|------|------|--------|--------|--------|
| 实体存留 | 街巷格局保护情况（10分） | 8 | 7 | 5 |
| | 历史建筑存留数量（10分） | 8 | 6 | 5 |
| | 历史建筑修复数量（10分） | 8 | 6 | 4 |
| 修复水平 | 建筑修复材料和技艺（10分） | 9 | 6 | 5 |
| 村落功能 | 建筑功能改变（10分） | 8 | 5 | 6 |

表 13.5  经济效应

| 分项 | | 龙溪村 | 中田村 | 大湾村 |
|------|------|--------|--------|--------|
| 村落设施改善 | 道路系统改善（10分） | 6 | 8 | 5 |
| | 公共服务设施改善（10分） | 7 | 8 | 5 |
| 村落容貌改善 | 环境卫生（10分） | 7 | 9 | 4 |

表 13.6  环境效应比较

| 分项 | | 龙溪村 | 中田村 | 大湾村 |
|------|------|--------|--------|--------|
| 旅游发展 | 旅游服务配套设施情况（10分） | 6 | 8 | 5 |
| | 旅游管理部门开发效益（10分） | 5 | 6 | 3 |

表13.7　评价总分

| 分　　项 | 龙溪村 | 中田村 | 大湾村 |
|---|---|---|---|
| 保存效应 | 41 | 30 | 25 |
| 经济效应 | 11 | 14 | 8 |
| 环境效应 | 20 | 25 | 14 |
| 总分 | 72 | 69 | 52 |

根据评分表可知，民居保护效果最好的是龙溪村，社区居民或集体承担着民族文化的保护与传承重任。[10]其居民很早就有保护意识，自行维修古建筑，自觉保护古建筑；村内也覆盖了消防设施，包括消防栓、烟雾报警系统等。其村民的自建房与传统村落的古民居的协调性最好。村落的公共基础设施如公路、公共厕所、路灯、游客中心、消防系统、停车场等建设良好，但旅游发展效益不佳，收益较少，无法支撑居民生活，居民收入主要依靠外出打工。龙溪村受祁阳县文化局、当地政府、县住建局三方管制，限制性较多，一定程度上阻碍了龙溪村的发展。

其次为中田村，其旅游开发程度较好，交通便利，旅游的可进入性强，公路、停车场、垃圾桶、公共厕所等公共设施建设良好。2021年2月，由中田村、中国印山、财神洞组成的常宁印山文化旅游区被评为4A级景区，开创了全域旅游新格局。在3个村落中，只有它有做完整的挂牌工作，这样方便了游客感知古民居。其国家级传统建筑外墙的修缮与保护工作完成较好，省级及以下传统建筑几乎无修缮；大部分民居外部修缮得较好，但内部破损较为严重。其周围村民自建的房屋与古民居的协调性一般。古民居对面的徽派建筑却显得格格不入。那里原本是村民的农田，被政府回收后卖给开发商建筑房屋，建筑的房屋是徽派风格，与中田村古民居不协调，失去了中田村传统村落自身的韵味。村民反映这些徽派建筑看起来完全不属于中田村，显得格外突兀。这是我们旅游开发时需要注意的，新建的建筑不应该"赶时尚潮流"，适合自己的才是最好的，体现自己韵味的才是最棒的。

大湾村的民居保护效果较其他两个村落来说较差，较多的房屋倒塌，破损也较严重。在还原榜眼第时，政府要求住在此地的居民搬出，以便于修缮。之后为了更好的保护，居民不再入住。其村民的自建房与传统村落的协调性一般；最新建的房屋与古民居的协调性差，但数量不多。大部分的自建房与民居的差异不大。进村的路口为柏油马路，传统村落里的石板路为2015年新修的。村内设有停车场、路灯、公共厕所等基础设施；有少量大型垃圾桶，民居附近配有小型垃圾桶。旅游开发尚处于起步阶段，游客较少。

## 参考文献

[1] 闵庆文，孙业红. 农业文化遗产的概念、特点与保护要求 [J]. 资源科学，2009，31（6）：914-918.

[2] 刘沛林. 新型城镇化建设中"留住乡愁"的理论与实践探索 [J]. 地理研究，2015，34（7）：1205-1212.

[3] 杨军辉，李同昇，徐冬平. 民族旅游村寨居民文化补偿认知的空间分异及机理：以贵州西江千户苗

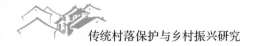
寨为例 [J]. 地理科学进展, 2015, 34 (9): 1167 – 1178.

[4] 王兆峰, 向秋霜. 景观感知和地方依恋对居民文化补偿认知的影响与分异 [J]. 经济地理, 2020, 40 (5): 220 – 229.

[5] 邓辉. 卡尔·苏尔的文化生态学理论与实践 [J]. 地理研究, 2003 (5): 625 – 634.

[6] 李倩菁, 蔡晓梅. 新文化地理学视角下景观研究综述与展望 [J]. 人文地理, 2017, 32 (1): 23 – 28, 98.

[7] 佟玉权, 韩福文, 邓光玉. 景观: 文化遗产整体性保护的新视角 [J]. 经济地理, 2010, 30 (11): 1932 – 1936.

[8] 刘春腊, 徐美, 刘沛林, 等. 传统村落文化景观保护性补偿模型及湘西实证 [J]. 地理学报, 2020, 75 (2): 382 – 397.

[9] 舒惠勤, 郑文武, 汤雪莉. 传统聚落民居原真性评价: 以湖南省常宁市中田村为例 [J]. 衡阳师范学院学报, 2017, 38 (3): 18 – 21.

[10] 杨军辉, 李同昇. 民族旅游地游客民族文化补偿认知与支付意愿: 以贵州西江千户苗寨为例 [J]. 干旱区资源与环境, 2016, 30 (5): 203 – 208.

(2021 年优秀报告; 作者: 李玟; 指导: 彭惠军; 整理: 黄楚敏)

# 第 14 章
## 不同模式下传统村落旅游地居民的
## 文化补偿效果感知研究

传统村落（又称古村落），指形成时间较早，文化与自然资源、历史信息和文化景观丰富，具有一定历史文化、科学艺术、经济社会保护价值的村落，是农耕文明的宝贵遗产。[1]文化景观是地球表面文化现象的复合体，是历史时期形成的构成某一地域特征的自然与人文因素的综合体，代表了地理区域特色及其文化特征。[2]文化景观保护性补偿是文化景观保护的创新视角，不仅考虑保护本地文化景观的目标，更考虑全局性、长远性保护措施、补偿方式的设计和可持续发展目标的实现，还要兼顾不同地区文化景观的地域特色及差异。[3-5]开展传统村落文化景观保护性补偿研究，将深化文化景观保护性补偿的理论，为传统文化保护实践工作提供科学依据，同时对于响应国家乡土文化保护战略也具有重要意义。[6]当今处于百年未有之大变局，政治上面临西方发达国家的打压，文化上受西方"奶头乐"策略的影响，国人的文化自信有待增强；同时，我国经济已进入高质量发展时期。旅游地民居作为传统村落主体——村民的居住场所，有丰富的文化底蕴，旅游开发可以促进传统村落旅游地民居可持续性发展；政府通过政策引导当地旅游合理发展，并给出相应的文化补偿，从而促进传统村落活化发展和保持原真性。本章在此背景下去研究村民对文化补偿效果的感知。

## 14.1 研究目的

文化补偿来源于生态学中生态补偿这一概念。文化补偿是传统村落景观保护的重要途径，有利于协调利益相关者的利益冲突，更有利于促进传统村落可持续发展。此次调研通过调查文化补偿的效果，反思文化补偿在实施过程中存在哪些问题，有利于找到更好的调整方案。同时通过调研，可以提升对传统村落保护的实践调查能力，对传统村落的保护和发展有更深刻的认识，更有利于传统村落民居的活态保护，保持传统村落民居本身的特色和生机。

## 14.2 研究方法

（1）文献查阅法。首先是通过文献查阅文化补偿的定义、文化补偿的模式、文化补偿的模型，以及如何衡量文化补偿的效果及相关资料；其次是通过文献查询调研村落的基本情况。

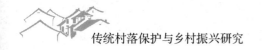

（2）观察法。主要是观察传统村落民居的现状情况，包括景观完整程度（完整、较完整、破坏严重）、景观典型性、生态协调性、当地的旅游资源丰富程度与质量等内容。

### 14.2.3 访问调查法

访问调查对象主要是传统村落当地村民、村干部、旅游服务人员等。需要关注访问对象的年龄、职业、文化程度、收入，判断居住区域，从而确定访问对象。

## 14.3　研究地区资料

### 14.3.1　龙溪村基本情况

龙溪村（表 14.1）建于元末明初，距今 600 余年。村内有座山呈龙形，小溪从山脚流出，故名龙溪。村落居民以李姓为主，李氏宗族世代聚居于此，村中的李家大院是国家重点文物保护单位。龙溪村 2012 年被列入首批中国传统村落名录，是国家级历史文化名村、中国最美古村落之一。

**表 14.1　龙溪村基本情况**

| 项　目 | 内　容 |
| --- | --- |
| 地理位置 | 湖南省永州市祁阳县潘市镇 |
| 传统村落名录批次 | 首批中国传统村落名录 |
| 建设年代 | 元末明初 |
| 形成原因 | 李姓宗族历代聚居 |
| 户籍人口 | 1831 人 |
| 村落面积 | 3.55 平方千米 |
| 主要姓氏构成情况 | 李姓为主 |
| 主要民族构成情况 | 汉族为主 |
| 地质地貌情况 | 背山面水，平原丘陵为主 |
| 水文情况 | 东侧龙溪流经，中部、南部有水塘 |
| 产业类型 | 以种植业为主，旅游业得到初步发展 |
| 传统村落民居完整性 | 保存完整 |
| 民居生态协调性 | 不太协调，与周围现代建筑形成鲜明对比 |
| 旅游开发程度 | 开发程度较高，有游客管理中心 |
| 传统村落民居利用状况 | 发展旅游业 |
| 基础设施情况 | 通水、通电、通路、通网（质量一般） |

## 14.3.2　陈朝村基本情况

陈朝村（图 14.1、表 14.2），第四批国家级传统村落，位于湖南省永州市祁阳县，以始祖陈朝名为村名。村委会驻瓦桥，辖肖家冲、陈朝冲、张家院、瓦桥、罗家、永福井、何家、王家、碧子塘、大竹山等 10 个村民组。

图 14.1　陈朝村航拍图

表 14.2　陈朝村基本情况

| 项　　目 | 内　　容 |
| --- | --- |
| 地理位置 | 湖南省永州市祁阳县进宝塘镇 |
| 传统村落名录批次 | 第四批中国传统村落名录 |
| 形成原因 | 以始祖陈朝名为村名 |
| 户籍人口 | 750 人 |
| 村落面积 | 1.6 平方千米 |
| 主要姓氏构成情况 | 刘姓为主 |
| 主要民族构成情况 | 汉族为主 |
| 产业类型 | 农业为主（过去从事木材买卖） |
| 传统村落民居完整性 | 保存程度一般，内部穿插现代建筑 |
| 民居生态协调性 | 不太协调，与周围现代建筑形成鲜明对比 |
| 旅游开发程度 | 基本上未开发 |
| 传统村落民居利用状况 | 照常居住 |
| 基础设施情况 | 通水、通电、通路 |

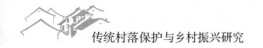
### 14.3.3 中田村基本情况

中田村（图14.2、表14.3）建于永乐二年（1404），清代中期形成规模，由砖木构成，坐南朝北，依山傍水。整个建筑群气势恢弘，规划整齐，具有完整的排水设施。户户相通，有天井200多个，巷道108条，具有极高的历史价值、建筑艺术价值，是湖南省重点文物保护单位、湖南省历史文化名村、第一批中国传统村落、中国景观村落、第八批全国重点文物保护单位。

图14.2　中田村航拍图

表14.3　中田村基本情况

| 项　　目 | 内　　容 |
|---|---|
| 地理位置 | 衡阳市常宁市庙前镇 |
| 传统村落名录批次 | 首批中国传统村落名录 |
| 建设年代 | 明末清初 |
| 形成原因 | 军事防御 |
| 户籍人口 | 1456人 |
| 村落面积 | 14.636平方千米 |
| 主要姓氏构成情况 | 李姓为主 |
| 主要民族构成情况 | 汉族为主 |
| 产业类型 | 农业为主 |
| 传统村落民居完整性 | 外部完整，内部损坏较严重 |
| 民居生态协调性 | 不太协调，与周围现代建筑形成鲜明对比 |
| 旅游开发程度 | 与印山景区进行全域旅游开发，印山开发情况明显优于中田村的传统村落 |
| 传统村落民居利用状况 | 发展旅游业 |
| 基础设施情况 | 通水、通电、通路 |

### 14.3.4　大湾村基本情况

大湾村（图 14.3、表 14.4）位于桂阳县莲塘镇境内，北倚白阜岭，南傍潭流水，东对大字岭，西靠鸢山，自古以来，就有白阜开云、镜潭印月、鸢山暮雨等"八景"之说。据《桂阳大湾夏氏谱序》记载："夏氏自明代初叶来居桂郡北乡大字山下（即大湾村）"。大湾古村始建于元朝，距今已有 600 多年历史，是清光绪二十四年（1898）榜眼夏寿田的故乡。夏氏家族曾经祖孙三代登科、兄弟登科（夏寿田父辈），远近闻名。

**图 14.3　大湾村航拍图**

**表 14.4　大湾村基本情况**

| 项　　目 | 内　　容 |
| --- | --- |
| 地理位置 | 湖南省郴州市桂阳县莲塘镇 |
| 传统村落名录批次 | 第四批中国传统村落名录 |
| 建设年代 | 清代 |
| 形成原因 | 夏氏迁居于此地 |
| 户籍人口 | 1972 人 |
| 村落面积 | 4.6 平方千米 |
| 主要姓氏构成情况 | 夏姓为主 |
| 主要民族构成情况 | 汉族为主 |
| 产业类型 | 农业为主（经济作物为药材） |
| 传统村落民居完整性 | 内外都不太完整，只有几栋房子还可住人 |
| 民居生态协调性 | 极度不协调，传统村落内部和外围有大量现代建筑 |
| 旅游开发程度 | 未开发 |
| 传统村落民居利用状况 | 少数居住，大部分破败了 |
| 基础设施情况 | 通水、通电、通路 |

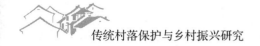
## 14.4 文化补偿相关理论

### 14.4.1 文化补偿的概念

文化补偿是以政府为主导，市场为补偿，以政策倾斜、资金补偿、智慧补偿、就业培训等方式对传统村落的居民进行民居保护的补偿，目的是促进传统村落的活化利用和可持续发展。

### 14.4.2 文化补偿的模式

由于各地传统村落在形成原因、自然条件、社会经济条件等方面存在差异，各村落在文化补偿主体、文化补偿客体、文化补偿方式等方面也存在着差异。一般而言，文化补偿的模式可分为政府主导型补偿模式和市场主导型补偿模式两大类。目前已有一些传统村落探索出一些新的文化补偿模式。

#### 14.4.2.1 整体性文化补偿模式

整体性文化补偿模式（图 14.4）是综合采取物质性补偿、非物质性补偿、传统村落民居补偿、就业培训、智慧补偿等方式，对一个地区进行补偿的模式。该模式强调政府和传统村落居民的重要地位以及市场的积极参与，依托财政资金补贴、当地政府特色改造、当地居民积极参与和主动维护当地传统村落。此模式适用于政府和当地传统村落居民文化补偿意识极强和补偿资金雄厚的地区，一般适用于历史文化价值极高的国家重点文物保护村落。一方面，整体性保护是一项系统性极强的工作，需要政府牵头，做好整体部署，以及当地政府和村委会的有机配合，以雄厚的财政资金做物质保障。另一方面，当地村民是传统文化的主要继承者和见证人，只有当地居民对当地传统村落保持敬畏感和热爱感，并且身体力行去促进传统村落活态保护，才能促进传统村落的可持续发展。

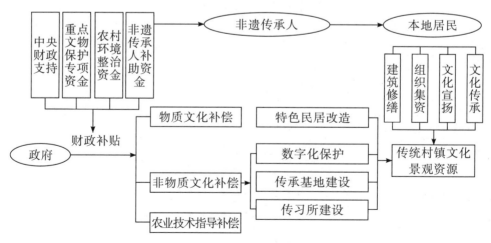

图 14.4 整体性保护补偿模式基本框架

### 14.4.2.2　文化旅游开发保护补偿模式

文化旅游开发保护补偿模式（图 14.5）是依托传统村落丰富而独特的旅游资源，上级政府、当地政府、当地村民、旅游开发商等多个主体形成合力，大力挖掘当地旅游资源，着力于保护当地物质文化遗产和非物质性文化遗产，有序推动当地旅游合理规划和开发，积极探索传统村落旅游开发和保护共举的发展道路。其补偿包括传统建筑保护补偿、非物质性文化补偿、旅游基础设建设补偿、社会保障补偿。该模式适用于传统村落旅游开发潜力和开发价值大，旅游吸引力强，交通便利，旅游客源地相对丰富的传统村落，以政府为主体，旅游开发性保护为动力，让当地村民参与其中。

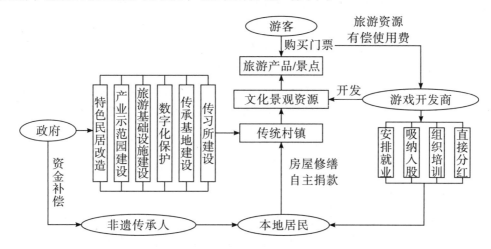

**图 14.5　文化旅游开发保护补偿模式基本框架**

### 14.4.2.3　搬迁保护模式

搬迁保护模式（图 14.6）是以居民住房安全保障和传统村落保护为目的，由政府主导，统一规划，新建新村，将传统村落居民迁到新区，再对旧区进行修复和保护。此模式适用于民居损坏严重，存在居住安全隐患，同时有一定保护价值的传统村落。

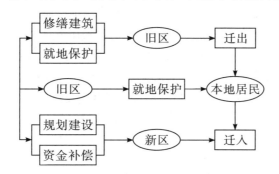

**图 14.6　搬迁保护模式基本框架**

### 14.4.2.4　不同村落的文化补偿模式对比

通过实地观察和询问龙溪村、陈朝村、中田村、大湾村的村民和村干部，可以发现四个村的文化补偿模式如表 14.5 所示。

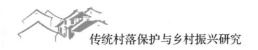
表 14.5　不同村落的文化补偿模式对比

| 文化补偿模式 | 龙溪村 | 陈朝村 | 中田村 | 大湾村 |
|---|---|---|---|---|
| 整体性文化补偿模式 |  |  |  |  |
| 文化旅游开发保护补偿模式 | √ |  | √ |  |
| 搬迁保护模式 |  | √ |  | √ |

　　四个村的文化补偿模式各有特点。龙溪村总体上属于文化旅游开发保护补偿模式，但是旅游资源比较单一，而且目前也没有售卖门票，尽管设有游客服务中心，但是目前旅游业发展前景比较暗淡；同时，村干部反映，白茶等产业也已经荒废，村里的主要产业还是农业。陈朝村传统建筑外部经过修复，但是大部分存在安全问题，无法居住，大部分居民自发性在传统村落周围建了新的住房。中田村与印山风景区一起进行全域旅游开发，但是游客主要是为了研学，旅游业基本上未得到发展。大湾村有现代建筑违建在传统村落中，据当地村干部反映，后期会对违规建筑进行拆除；而且传统建筑安全问题明显，大部分传统村落居民迁出，在传统村落外围建了新的住房。

## 14.4.3　文化补偿认知

### 14.4.3.1　旅游发展认知

　　旅游发展认知即居民通过对旅游发展前后的变化进行感知，得出的一个评价，可以表明传统村落旅游发展中当地居民的态度。旅游发展认知包括旅游吸引物认知、旅游发展现状认知、旅游影响认知。

　　通过对龙溪村、陈朝村、中田村、大湾村的传统村落居民进行访问，得到表 14.6。龙溪村的村干部和居住在传统村落的居民表示，认识到当地传统建筑的特殊性，认为旅游发展给当地带来了发展的机遇，肯定旅游业发展的积极作用。陈朝村未发展旅游业，所以暂不讨论旅游发展认知。中田村主要是联合印山旅游风景区进行全域旅游开发，访问到当地已经迁出的商铺老板和普通居民，表示旅游业发展给当地经济和居民生活带来了便利和发展机会；但同时，也有村民和当地村医表示旅游业发展在带动经济发展的同时，开发性建设破坏了传统村落的协调性，周边的商业化建筑与当地传统村落建筑风格存在明显的违和感，村医还表示对这种开发性建设表示惋惜，对当地传统村落的继承和保护有心无力。

表 14.6　调研村落的旅游发展认知对比

| 旅游发展认知 | 龙溪村 | 陈朝村 | 中田村 | 大湾村 |
|---|---|---|---|---|
| 旅游吸引物认知 | 认识深刻 | 无认知 | 认识深刻 | 认知一般 |
| 旅游发展现状认知 | 认识深刻 | 未发展旅游业 | 认识深刻 | 未发展旅游业 |
| 旅游影响认知 | 认识深刻 | 认识深刻 | 认识深刻 | 认识深刻 |

### 14.4.3.2　居民文化补偿认知

　　居民文化补偿认知包括传统村落居民的文化价值认知、文化补偿方式认知、文化补偿态度认知、文化补偿主体认知。调研村落的居民文化补偿认知情况如表 14.7 所示。

表 14.7　调研村落的居民文化补偿认知对比

| 居民文化补偿认知 | 龙溪村 | 陈朝村 | 中田村 | 大湾村 |
| --- | --- | --- | --- | --- |
| 文化价值认知 | 认知深刻 | 无认知 | 认知深刻 | 乡贤认知深刻 |
| 文化补偿方式认知 | 认知深刻 | 无认知 | 认知深刻 | 无认知 |
| 文化补偿态度认知 | 有一定意见 | 无认知 | 有一定意见 | 无认知 |
| 文化补偿主体认知 | 村干部略有了解 | 无认知 | 有一定认知 | 村干部略有了解 |

在文化价值认知方面，龙溪村的村干部和当地居民能清楚认知到传统村落的价值；陈朝村内部空心化严重，只有极小部分年纪大的居民仍然居住在传统村落民居中，不能完全认识到传统村落的价值；中田村的普通居民和村干都认识到传统村落保护的重要性，并且有对家乡文化的强烈认同感；大湾村核心区的传统建筑较少，在传统村落中间和外围夹杂着现代建筑，访问到村干和当地有名的乡贤能够认识到传统村落的价值，其他搬出传统村落的居民没有意识到传统村落的价值。

在文化补偿方式认知方面，总体而言文化补偿的资金很难下发到居民个人手中，停在县级政府层面。通过访问龙溪村村干部和在村委会查询资料，可知在资金补偿、政策倾斜、就业培训、参与入股等方面，村委会和居民均没有相应的文化补偿资金，只是在旅游开发和扶贫的背景下，改善了当地的基础设施。陈朝村当地村民也表示没有相关的文化补偿资金。从中田村的村医处得知，政府提供了两年半的民居物质补偿，目前没有继续提供相关的资金补偿；且之前有提供为旅游服务的相关餐饮职业的就业培训，以及为保护传统村落民居的公共事业管理补偿。大湾村的村干部表示没有相关传统村落民居的文化补偿。

在文化补偿态度认知方面，管理层面的村干部表示资金补偿未具体落实到村民手中，甚至没有落实到村里，对资金补偿未落实存在一定的意见；普通村民对文化补偿没有深刻的认知，不知道有这样的政策，只是对因传统村落保护带来的当地基础设施改善表示很满意。需要注意的是，虽然中田村有资金补偿和就业培训，村民还是不太满意保护和开发的方式，认为破坏了传统村落的协调性。

在文化补偿主体认知方面，四个村落的村干部对文化补偿都略有了解，知道是有政府补贴的；中田村村民对文化补偿有所了解，其他村的村民不知道文化补偿，更不知道文化补偿的主体。

## 14.5　研究结论

在全面推进乡村振兴和文旅深度融合背景下，开展传统村落文化补偿价值核算机制研究[7]，可为构建更加合理的文化补偿机制提供参考，还可为同类型乡村的文化生态保护和旅游高质量发展提供理论借鉴，并指导传统村落的旅游规划、建设和管理。[8-9]总体上而言，传统村落民居的文化补偿效果不明显。本章从居民对文化补偿感知的角度去分析文化补偿的效果，通过比较分析，发现四个村的文化补偿落实情况不是很好，在不同模式下的

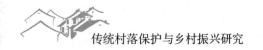

村民对文化补偿的感知有明显区别。具体而言：龙溪村和中田村都是文化旅游开发保护补偿模式。在此模式下，旅游业促进当地传统村落民居的保护与继承，当地村民对文化补偿的感知程度也会比较深。这两个村的居民能够看到旅游业带来的积极带动作用，同时也对旅游开发的不合理开发有一定了解。尤其是中田村的居民对当地民居情感深厚，一些中年人能够辩证看待旅游业发展的影响。相比之下，旅游业未得到发展的陈朝村和大湾村属于搬迁保护模式，建筑整体上有部分建筑存在安全隐患，即使有的建筑外立面看起来完整，但是内部也不够安全或者居住不方便。在政策和个人意愿的推动下，当地村民决定搬出传统村落民居。

文化旅游开发保护补偿模式下，村民的文化价值认知、文化补偿方式认知、文化补偿态度认知、文化补偿主体认知等方面相对于搬迁保护模式下的居民会更加深刻，而且会有深入性的辩证思考。

所以，文化补偿模式对传统村落民居的文化补偿效果有明显的影响。在此次调研中主要是旅游业作为主要因素引起明显的对比和变化。旅游发展较好的地区，居民对旅游发展的认知和文化补偿的认知会更加深入。

## 14.6 思考与讨论

文化补偿政策不能同步对所有传统村落施行。[10] 在调研过程中，旅游开发下的传统村落保护与开发问题、文化补偿的利益相关者问题、文化补偿方式的落实问题以及传统村落的核心——居民的角色问题引发了我的思考。

（1）旅游开发下的传统村落保护与开发。旅游开发一方面有利于传统村落保护与开发，一方面资本介入有利于当地基础设施改善，有利于当地居民生活的延续，但是另一方面，政府征地给当地村民一些补贴，然后把地挂牌让开发商招标，开发商又将地转卖给当地居民，这个过程中，资本介入极大地损害了当地居民的权利，这不是个案，也存在与其他的领域，值得我们去关注和思考。

（2）文化补偿本身还是为了保障传统错落村民的利益，同时也为了保护传统村落的原真性和可持续发展。但是在很多地区，当地村民认识不深，或者即使有认识，具体的文化补偿方式停留在政策方面，没有很好的落实。一个传统村落可能涉及国家文物局，省政府，当地政府等机构管理，但是多机构未能做好很好的沟通协作，交叉的职能最后让传统村落的一些保护措施未能很好落实。如何协调国家相关机构、当地政府，以及传统村落居民的利益，这是未来需要着力解决的问题。

（3）文化补偿方式的落实。文化补偿的方式有多种，包括资金补偿、就业培训补偿、智慧补偿、入股补偿、产业扶持、技术交流、公共事业补偿等方式，虽然不同传统村落有各自的文化补偿模式，但是在不同模式下需要系统性的方案促进文化补偿方式的落地。

（4）传统村落村民的角色。村民是传统村落的核心，是传统村落文化得以继承和保护的实践者和见证人。他们祖祖辈辈居住在此，这是他们的家乡和根之所在，相比旅游开发人员和专业规划人员有特殊的情感，当地传统村落的文化也会有更深入的本土认识。在传统村落保护和开发的过程中，需要深入了解当地文化，多和当地居民取经，这样才能更好地还原传统村落，促进传统村落的活态保护和保持原真性。这样的传统村落才独具特色，而不是千篇一律，不是简单的复制粘贴。

## 参考文献

［1］闵庆文，孙业红. 农业文化遗产的概念、特点与保护要求［J］. 资源科学，2009，31（6）：914－918.

［2］刘春腊，徐美，刘沛林，等. 传统村落文化景观保护性补偿模型及湘西实证［J］. 地理学报，2020，75（2）：382－397.

［3］邓辉. 卡尔·苏尔的文化生态学理论与实践［J］. 地理研究，2003（5）：625－634.

［4］李倩菁，蔡晓梅. 新文化地理学视角下景观研究综述与展望［J］. 人文地理，2017，32（1）：23－28，98.

［5］佟玉权，韩福文，邓光玉. 景观：文化遗产整体性保护的新视角［J］. 经济地理，2010，30（11）：1932－1936.

［6］刘沛林. 新型城镇化建设中"留住乡愁"的理论与实践探索［J］. 地理研究，2015，34（7）：1205－1212.

［7］李伯华，谭红日，刘沛林，等. 少数民族传统村落文化补偿价值评价：以怀化市皇都村为例［J］. 陕西理工大学学报（自然科学版），2022，38（3）：84－92.

［8］刘春腊，龚娟，徐美，等. 文化生态补偿的理论内涵及框架探究［J］. 经济地理，2019，39（9）：12－16.

［9］吴开松，郭倩. 文化生态视域下传统村落活态保护研究［J］. 湖北民族大学学报（哲学社会科学版），2022，40（3）：114－124.

［10］谭红日. 基于文化补偿视角的传统村落保护研究［D］. 大连：辽宁师范大学，2021.

（2021 年优秀报告；作者：肖爱华；指导：彭惠军；整理：龙婷）

# 第三部分

## 传统村落高质量发展

# 第 15 章
# 赣州特色村落高质量发展模式与路径研究

党的二十大报告中明确指出："全面建设现代化国际，最艰巨最繁重的任务仍在乡村"。"坚持农业农村优先发展"，这是党中央提出乡村振兴战略的总方针。[1] 其关键是因地制宜发展、建设农村，产业振兴是乡村振兴的核心内容。实施乡村振兴战略，是党和国家的重大决策部署，是解决我国当前和未来一段时间内"三农"问题的重要抓手。江西是典型的农业大省，农村地域辽阔，农民占全省人口构成的绝大多数，"三农"问题十分突出，欠发达的赣南地区则更是如此。这种背景下，调查发掘江西赣南地区的文旅资源，最大限度发展乡村特色产业，并将其转化为产业红利，对加快建设农业强省是具有较大现实意义和理论价值的。

## 15.1　研究区概况

潭头村是江西省赣州市于都县梓山镇下辖村，位于于都县城东面，北临贡水。全村辖18 个村小组，698 户，2852 人。该村自明初建村至今已有 700 多年。2015 年，海峡西岸经济区土地质量地球化学调查项目组在潭头村打造了"地质＋"扶贫样板工程，建立了本村万亩富硒蔬菜园，并由此带动本村在 2017 年提前三年实现全部整体脱贫。[2] 依托蔬菜基地，潭头村大棚蔬菜、葡萄、优质稻等农业产业快速发展，并组建起蔬菜专业合作社，通过"龙头企业＋合作社＋农户（贫困户）"模式，2019 年 9 月 24 日，潭头村（蔬菜）入选第九批全国"一村一品"示范村镇；2021 年 8 月 25 日，入选第三批全国乡村旅游重点名单；2021 年 11 月 10 日，被农村农业部推介为 2021 年全国乡村特色产业亿元村。2019 年潭头村成立旅游开发有限公司。潭头村是典型的依托自身资源优化促进经济发展的成功案例，同时也是具有代表性的精准脱贫示范村，蔬菜、旅游产业成为当地增收致富的"新引擎"。但是，具有较强内生发展动力的潭头村仍存在进一步提升空间，急需具有助推作用的引擎力量介入。[3] 因此，探索潭头村高质量发展路径具有较强的示范意义，能够为其下一阶段实现共同富裕目标提供指导和支撑，同时也能够为中国其他同类型村落提供经验借鉴。

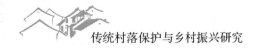
## 15.2　研究方法及数据来源

本章以江西省赣州市于都县潭头村为案例地，采用文本分析法、观察法和深度访谈法等定性研究方法获取观察资料和陈述资料[4]。实地调研时间为 2023 年 8 月 3—5 日，共计3 天，调研期间获取部分访谈对象的联系方式，以便在出现材料不足或缺漏时可以补充调查。在实地调研前，采用文本分析法，整合与潭头村有关的文章、视频、报道等资料（如新闻报道、宣传材料、官方网站公示材料等），初步了解潭头村区位、形态、建筑和生态等基本情况；收集并整理了村委会等部门获取的政策文件（包括村规民约）和地方资料等相关信息，明确村落的产业、旅游和文化基本情况。调研期间采用观察法和深度访谈法。前期通过观察法深入了解村落地形、选址、空间布局、整体风貌和生产生活等基本情况；后期对村支书、村干部、村民、经营者、旅游公司管理人员等进行半结构化的深度访谈，访谈人数共 8 人，其中男性 5 人，女性 3 人，访谈围绕潭头村基本概况、村落旅游发展历程及现状、村落保护发展规划和管理现状、村落生态环境保护历程及现状、村落蔬菜产业发展历程及现状等内容展开（表 15.1），均有录音记录以及结合现场笔录和录音转译整理的文本资料。通过梳理访谈内容，整理关键信息，使调研资料与文本资料进行相互印证、补充，确保数据的完整性和准确性。

表 15.1　受访者信息

| 编号 | 性别 | 受访者 | 受访职业 | 受访重点 |
|---|---|---|---|---|
| R1 | 男 | 潭头村村民 | 普通村民 | 村落的变迁、村容、村貌变化 |
| R2 | 男 | 潭头村村民 | 外出务工村民 | 回村原因、村落变化 |
| R3 | 女 | 潭头村村民 | 餐馆老板 | 餐馆经营状况、对村落旅游发展的态度 |
| R4 | 女 | 潭头村村民 | 民宿老板 | 民宿经营状况、对村落旅游发展的看法 |
| S1 | 男 | 旅游公司职员 | 旅游公司经理 | 村落旅游发展历程及现状 |
| S2 | 女 | 蔬菜基地职员 | 蔬菜基地工作人员 | 村落蔬菜产业发展、村落变化 |
| G1 | 男 | 政府部门 | 现任村书记 | 对旅游和蔬菜产业发展的看法 |
| G2 | 男 | 政府部门 | 村干部 | 环境建设、文化保护、村落规划 |

注：编号 R 为村民（residents），S 为公司工作人员（staff），G 为政府部门（governments）。

## 15.3　赣州特色村落现状调查

### 15.3.1　赣州特色村落分布规律与特点

江西省拥有悠久的历史文化和众多传统村落。自 2012 年以来，住房城乡建设部、文化部、国家文物局和财政部共同组织评选、公布了 6 批共 8171 个中国传统村落[5]。江西省有 413 个传统村落入选，其中赣州市有 56 个（表 15.2），占比 13.5%。

表 15.2　赣州市传统村落分布区域及数量　　　　　　单位：个

| 分布区域与分布数量 | 第一批 | 第二批 | 第三批 | 第四批 | 第五批 | 第六批 | 合计 | 占比 |
|---|---|---|---|---|---|---|---|---|
| 于都县 | | 2 | 3 | 2 | 1 | 1 | 9 | 16% |
| 宁都县 | | 1 | | 1 | 1 | 2 | 5 | 8.9% |
| 兴国县 | | 2 | | 1 | 2 | | 5 | 8.9% |
| 上犹县 | | | | | 2 | | 2 | 3.6% |
| 石城县 | | | | 2 | 1 | | 3 | 5.4% |
| 大余县 | | | 1 | | 1 | | 2 | 3.6% |
| 定南县 | | | | | 1 | | 1 | 1.8% |
| 全南县 | | | | 1 | | | 1 | 1.8% |
| 龙南市 | 2 | | 1 | 1 | 3 | | 7 | 12.5% |
| 寻乌县 | | | | | 2 | | 2 | 3.6% |
| 信丰县 | | | | | 1 | | 1 | 1.8% |
| 安远县 | 1 | | | | 1 | | 2 | 3.6% |
| 瑞金市 | | 1 | 1 | | 4 | 1 | 7 | 12.5% |
| 会昌市 | | | 1 | | | | 1 | 1.8% |
| 崇义县 | | | | 1 | | | 1 | 1.8% |
| 赣县区 | 1 | 1 | 1 | | 2 | | 5 | 8.9% |
| 南康区 | | | | | 2 | | 2 | 3.6% |

当前"一村一品"已成为壮大县域经济、促进乡村产业振兴的重要抓手。2006 年"一村一品"首次被写入中央一号文件，此后多个中央一号文件也明确提出要大力推进"一村一品"发展。在国家政策的指引下，蔬菜"一村一品"在各省区得到快速发展。[6] 2011 年，农业部正式启动全国"一村一品"示范村镇认定工作。截至 2022 年底，已公布十二批全国"一村一品"示范村镇名单，江西"一村一品"示范村镇认定数量达 136 个，其中赣州共有 19 个（表 15.3）。

表 15.3　赣州市"一村一品"示范村镇分布区域及数量　　　单位：个

| 分布区域 | 名称 | 数量 |
|---|---|---|
| 于都县 | 潭头村（蔬菜）<br>长龙村（龙珠绿茶） | 2 |
| 宁都县 | 白沙村（席草）<br>会同镇（脐橙） | 2 |
| 上犹县 | 园村村（绿月茶） | 1 |
| 大余县 | 旱田村（花卉） | 1 |
| 全南县 | 雅溪村（休闲旅游） | 1 |

（续表）

| 分布区域 | 名称 | 数量 |
|---|---|---|
| 信丰县 | 安西镇（脐橙）<br>长安村（脐橙）<br>长岗村（脐橙） | 3 |
| 安远县 | 鹤子镇（脐橙） | 1 |
| 瑞金市 | 田坞村（辣椒） | 1 |
| 崇义县 | 水南村（水稻）<br>龙沟乡（脐橙）<br>两杰村（刺葡萄） | 3 |
| 赣县区 | 五云镇（蔬菜） | 1 |
| 南康区 | 江口村（甜柚） | 1 |
| 章贡区 | 沙石镇（食用菌）<br>火燃村（食用菌） | 2 |

2021 年，赣州市于都县梓山镇潭头村入选第十一批全国乡村特色产值超亿村；2022 年，赣州市于都县梓山镇潭头村（蔬菜）、赣州市瑞金市叶坪乡田坞村（辣椒）入选第十二批全国乡村特色产值超亿村。

从赣州市六批 56 个传统村落分布情况来看，于都、龙南、瑞金较多，定南、全南、崇义、信丰和会昌较少（章贡区没有）。赣南地区为丘陵地形，由 ARcGIS 中得到赣州市地貌高程图，而地形是影响传统村落的选址非常重要的因素。总体来看，赣州市传统村落数量随着海拔的升高而降低。传统村落大部分分布在平原地带或者缓坡处，地势低洼，土壤肥沃，给农业生产提供助力，有利于人们的生产生活和村落的稳定发展；区域环境相对闭塞，与外界的联系和与外来文化交流的机会较少，有利于保持传统村落的原真性，使之形成具有特色的传统村落。

随着城镇化扩张和城乡二元化，不可避免地会对村落的保护和传承工作产生冲突。通过对比城市 GDP、人均可配收入发现，区域经济的发展与传统村落保护的矛盾很难调和。

从赣州市"一村一品"示范村镇分布区域及数量情况来看，崇义县和信丰区较多，兴国、石城、定南、龙南、寻乌和会昌没有的现象。并且当地二、三产业发展薄弱，产业以农业为主，农业又以脐橙、蔬菜、茶叶产业为主，太过于单一，受气候和市场影响较大，抗风险能力弱。

## 15.3.2 赣州特色村落发展现状分析

### 15.3.2.1 赣州特色村落环境保护现状

赣南的物质文化遗产众多，主要有古遗址、古墓群、古建筑。古民居建筑包括官宅、商宅和民房，是村落的主体建筑，保存完好不一。有些村落的建筑保存较好，如赣县白鹭古村、全南县雅溪村，于都县潭头村（图 15.1）等都是具有特色和代表意义的村落。正是这些物质文化遗产，造就了赣南浓郁的文化气息和独具魅力的人文景观。

**图 15.1　潭头村风貌**

（资料来源：http://fpb.jiangxi.gov.cn/art/2020/10/9/art_ 30230_ 2857914.html.）

历史建筑的保存现状总体良好。其中赣县白鹭古村是江南保存最完好集中的客家古村落之一，保存明清古建筑 238 栋，具有一定规模的堂屋、祠宇 69 栋。宁都东龙村古建筑保护完整，有 500 多年历史的古塔，大小宗祠 48 座，寨堡 4 座，石桥 4 座，石亭 5 座。可以说，除了少数，已被列入相关保护名录的赣南村域历史建筑遗存，在总体风貌上是保存较为完整的。

当地政府对古村落和古建筑遗存价值的认识明显提高，保护意愿增强。在调查过程当中，随着近年来国家对村域文化遗产保护的重视，特别将传统村落保护列入国家文化保护战略之后，人们对传统家园的保护意识越来越强。赣州市也出台了一系类政策法规，如《赣南围屋保护条例》《赣南乡村建筑风貌指引》等，为传统村落保护、传统建筑修缮等工作提供了指导依据。

### 15.3.2.2　赣州特色村落产业发展现状

大力培育特色产业，助力乡村振兴。赣州市先后出台《赣州市提升农业产业化发展水平三年行动方案（2023—2025 年）》《赣州市富硒农业产业发展规划（2020—2030 年）》等，引导发展乡村特色产业，促进乡村振兴。各地持续做大做强脐橙、蔬菜、油茶等三大农业产业，并依托资源优势和产业基础推动生猪、家禽、茶叶、白莲等特色产业集群化发展，形成"百花齐放"的发展局面。2022 年，全市农林牧渔业总产值突破 700 亿元；全市油茶林面积突破 310 万亩，油茶产业综合产值达 120 亿元；建成蔬菜大棚 29 万多亩；富硒产业综合产值突破 300 亿元。

政策引导不充分。为推进特色农产品优势区建设，增强农产品市场影响力，多地出台了一系列政策文件，但缺乏具体产业发展配套支持措施和规划方案，一定程度上导致"一村一品一店"相关工作推进进程较缓慢。"一村一品"规划发展作为乡村振兴战略中的一项重要抓手，部分地区受到经济发展制约、基础设施不完善的限制，在政策的执行上难以真正深入落实各项举措，而陷入"心有余而力不足"的困境。[7] 在实际工作中，具体规划文件难以实现县域全面覆盖，这也导致县域产业规划布局难以实现标准化、专业化、规模

化发展，经济发展后劲严重不足。政策引导不充分，没有让各地区充分认识和利用区域发展得天独厚的优势资源，往往会造成一味照搬示范村发展模式而忽视了符合自身地情的发展之路，从而导致出现产业结构趋同、发展速度缓慢、农产品滞销等一系列问题。

品牌效应不明显。各地致力于树立特色农产品品牌，带动县域经济发展，但是整体规模相对较小，优势特色农产品相对较少。虽然政府重视品牌效应的扩大，多途径推广和传播示范村的优秀经验和做法，但品牌效应不显著，品牌的市场竞争力仍然不够。其中，脐橙品牌严格规定最早采摘时间，举办一年一度的脐橙博览会，但只依靠单一品牌的建设，效果不明显。品牌效应的凸显，不是仅靠一个区域、一个企业就能实现的，还需要多方形成合力，共同取得突破。多数地区除脐橙产业具有一定竞争力外，大部分农产品品牌建设工作还需进一步提升辨识度和影响力，要树立好"金字招牌"还任重而道远。

## 15.4　于都县潭头村发展现状分析

### 15.4.1　于都县潭头村特点分析

#### 15.4.1.1　自然环境与历史文化

潭头村位于县城东面、梓山镇西部，北临贡水河畔，323 国道穿村而过。境内贡水河从花桥村的澄江大桥自东向西流经山峰坝大桥，在贡江镇白口村与岭背镇梅江汇合，流入于都贡江。全村总面积 2.35 平方千米，村民以刘、孙、李、张等姓为主。村委会驻梅仔岭，距镇政府 5.2 千米、县城 10 千米、于都东高速出口 2 千米。东与下潭村毗邻，南与岗脑村接壤，西邻安和村。潭头村物产丰富，据同治《雩都县志》载，荸荠："《本草》名凫茨。种浅水肥田中，实落泥底，冬月掘取，皮紫肉白，极醒酒、消积食、化铜钱。出固院者佳。"潭头人文发达，经济繁荣，交通便利，素有"六分半山半分田，村庄道路一分余"之称。境内水泥公路通组通户。

潭头村四周群山环绕，群峰竞秀，山际轮廓线十分丰富，村落建筑红砖青瓦，错落有致，犹如一个巨大的天然盆景。潭头村的建筑文化极富地域特色，其村落选址体现出客家的传统人文精神。潭头村以"天人合一"思想为营造理念，以崇尚自然、合理利用自然的态度进行村落选址与营建，在科学的基础上注重物质和精神上的双重满足。村落依山就势，傍水而居，布局灵活多样，与周边的地形、山貌、河流等自然环境融为一体，极具地域特色。

潭头村内有于都城隍庙，建于南朝陈永定二年（558），供奉的是城隍爷灌婴。灌婴是西汉初年开辟江西、赣南的有功之臣，官至太尉、丞相，封颍阴侯。每年农历八月十三为城隍爷生日，要举行盛大的城隍庙会，人头攒动、鼓乐声声、热闹非凡。此外，每年正月初三城隍爷"出巡"，正月十六"回宫"，巡游队伍浩浩荡荡，百姓沿途叩首礼拜，祈求风调雨顺、国泰民安。龙溪书院位于固院村龙口庵，明正德年间诏毁天下寺观，本县人、广东按察司金事袁庆祥曾就读于此庵，陈请郡守邢珣题匾为"龙溪书院"，遂得全。书院有良田百亩，田租百余担，山纵横二三里，俱系院僧所管。现旧址仍存。村内两座祠堂历史悠久，文化源远流长。其中，孙刘两姓共用的祠堂为明朝中期所建，距今约 550 年；另一刘姓宗祠为清康熙年间所建，距今约 300 年。

#### 15.4.1.2　产业资源基础

2015 年，海峡西岸经济区土地质量地球化学调查项目组在潭头村打造"地质＋"扶贫样板工程，建立了万亩富硒蔬菜园，并由此带动本村在 2017 年提前三年实现全部整体脱贫。依托蔬菜基地，潭头村大棚蔬菜、葡萄、优质稻等农业产业快速发展，并组建起蔬菜专业合作社，通过"龙头企业＋合作社＋农户（贫困户）"模式，2019 年 9 月 24 日，潭头村（蔬菜）入选第九批全国"一村一品"示范村镇；2021 年 8 月 25 日，潭头村入选第三批全国乡村旅游重点名单；2021 年 11 月 10 日，潭头村被农村农业部推介为 2021 年全国乡村特色产业亿元村。

2019 年 9 月，潭头村成立了旅游开发有限公司，负责经营村里农家乐和土特产销售业务，打造了集餐饮、民宿、特色农产品、红色研学、休闲采摘、农事体验于一体的乡村特色旅游示范点，全村有 6 个村民小组、162 户村民加入，每户出股金 2000 元，不到半年游客量就突破 20 万人次，实现经济附加值 300 余万元。

### 15.4.2　于都县潭头村发展现状分析

潭头村现有发展模式的形成是长期发展累积和探索的结果，并非一蹴而就的。2015 年，潭头村打造了"地质＋"扶贫样板工程，建立了万亩富硒蔬菜园，发展特色产业，走上了特色产业＋旅游助力乡村振兴路线。

#### 15.4.2.1　现有模式

第一，打造一村一品格局。大力发展特色产业，着力发展特色产业，打造一村一品格局。农业产业是农村扶贫工作中最重要的项目之一。潭头村位于国道两边，交通便利，土地广阔，在发展产业过程中结合自身资源优势及产业发展实际，充分利用丰富的土地资源和平坦的地理优势，通过加快土地流转，抓好农产品的种植，采取"企业、公司、合作社＋贫困户"模式（G1）树立良好的品牌。品牌形象是市场消费者对农产品最直观的感受，是品牌差异化的区分标志，由产品、地域、消费者、产销链等多方面综合体现，蕴含在品牌的点滴之中。

第二，旅游产业升级。美化村落样貌环境，发展特色旅游产业。潭头村是省级生态村，近些年来，在发展过程中有效地将生态环境优势和当地文化底蕴相结合，积极发展特色旅游产业。500 年前所建、沿用至今的孙刘两姓祠堂，展现了敬祖睦邻重孝道的客家文化。潭头村绿化率高，环境优美，以中心社区和宗祠为旅游主景区，周边配以水果采摘基地和蔬菜采摘为辅助，以特有的红色故事和文化底蕴吸引大批游客，带动该村的餐饮业和民宿业的发展。"2019 年那段时间，我这里房间基本上都是满的，好多人都住我这里，现在开得多了，就不行了。"（R4）。

第三，农旅融合发展。潭头村紧抓当地富硒土地这一优势，开发于都县梓山富硒蔬菜产业园。依托富硒蔬菜产业，全力助推农旅融合发展。狠抓产品包装和宣传，推出"330 丝瓜"、潭头富硒大米、富硒马蹄、富硒葡萄等优质富硒产品。如今，一排排现代化标准蔬菜大棚鳞次栉比，大棚内绿意盎然。大棚根据季节种植着草莓、香瓜、羊角蜜等作物，深受游客欢迎，很多游客前来观光、采摘体验。富硒蔬菜也会搬上餐桌，成为当地特色的富硒蔬菜餐饮，十分受游客青睐。特色富硒果蔬产业与旅游相结合，拉动村民的收入提

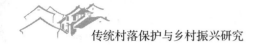

高，同时促进了居民的就业。

#### 15.4.2.2 现状不足

第一，村落原真性保护面临挑战。伴随着旅游和产业开发，潭头村文化越来越被世人所熟知，当地居民的文化自信愈发强烈，在很大程度上带动了潭头村文化的传承、发展与繁荣。诚然，旅游和富硒产业的开发对于当地文化的发展具有积极意义。然而，随着发展持续推进和深入，也给当地民族文化的传承带来了一些负面影响，其中最关键、最突出的是文化的原真性发生了程度不同的变异。潭头村的文明远溯西汉，当地仍然保留潭头村南朝时期一度成为县治的标志——城隍庙。但是，城隍庙的遗址已经不复存在，现存城隍庙经两次修建，完全是改良后的建筑，迎合当下人们的审美，不仅与传统以来形成的文化传统全然不同，而且其目的也纯粹只是为了展示。游客前来游玩，中午可以选择在其中一个祠堂用餐。祠堂本是儒家祭祀祖先或先贤的场所，也作为族内各房子孙办理婚、丧、喜、寿等大事的场所。现在祠堂被当作一个重点旅游场所，这给当地村落文化传承带来挑战。彭兆荣先生就指出，大规模群众旅游的到来，使遗产归属的主体性（创造并传承遗产群体）出现"倒置现象"，也即为了旅游者的利益而改变遗产的自我传承方向和轨迹。对于潭头村而言，这种现象如果不尽早加以限制和改变，其原有性质和特征也将存在被完全改变的危险。有学者就曾表示，当前一个突出现象是村落文化的内涵被有选择地抽象出来，文化往往被符号化、去功能化了，这显然使生根于村落日常生活的文化传统与现实脱离。[8]因为"对任何一种传统仪式或活动中所使用的传统材料的破坏都会使其所代表的记忆与创新分离开来而成为历史，而不再是集体记忆或'活态'记忆的一部分"[9]。

第二，特色产业的规模化发展有限。作为一个农业型聚落，潭头村的传统产业是种植业。基于传统产业基础，包括潭头村在内的梓山镇都在积极调整产业机构，力图以蔬菜、水稻为主导产业，与牲畜、渔业等为主的养殖业协同发展。引进深圳茂熊集团，建立江西红品生态农业有限公司，大力发展富硒蔬菜产业，主要销往粤港澳大湾区。产业结构的优化调整确实有助于潭头村特色农业产业的发展。然而，因各方面条件限制，潭头村特色农业产业的规模化发展遇到瓶颈。一是基础设施不完善。物流、交通和通信等基础设施是乡村产业的关键环节，没有基础设施的保障，农产品很容易面临滞销难题。很多地区物流达不到规范化标准，在产品流通过程中信息共享不及时，大大影响了运输效率，从而导致无法形成完善的供应链闭环管理。同时，路网建设的落后与冷链运输的高要求，加大了物流运输的难度，农村的基础设施建设还有较大的提升空间。二是青壮年劳动力流失严重。"早几年我在外面回来看到村里有闲置土地，便把它承包下来，想要扩大规模，可是招不到人。"（R2）尽管近年来随着乡村产业的发展，青壮年外流的现象有所缓解，返乡谋生的人数有所增加，但外出务工仍是潭头村青壮年的主要谋生手段。劳动力的缺失在很大程度上也限制了特色农业产业的规模化发展。

第三，利益分配的机制性问题引起纠纷。2019 年 7 月，潭头村成立旅游开发有限公司，构建起"村集体 + 旅游公司 + 村民"利益共同体，固然在一定程度上增加了村民的经济收入，但也带来了利益各方之间的矛盾与纠纷。调研发现，村级旅游公司采取"3 - 5 - 2"模式，即利润的 30% 归村集体、50% 用于分红、20% 用于扩大生产。表面上看，这种分配机制没有问题，既突出了集体，也顾及了个人。但实际上，村民往往仅以分红多寡为导向，所以很多村民对现有分红表示不满，认为"大头都到村干部那里了"（R1），"分到自己头上的就一点点"（R1），"集体收益也基本上被用于搞关系、请吃喝掉了"（R3）。当然，这类纠纷并不能简单地归咎于政府或村委会一方，村民自身也存在"等靠要"的思想，不能一概而论，需要仔细甄别。

## 15.5　于都县潭头村高质量发展路径研究

### 15.5.1　潭头村文化高质量保护路径

第一，基于环境整治的风貌保护。村落风貌的保护不仅涉及村落的本体，也包括其所处的生态环境。良好的生态环境既是物质文化遗产得以整体保护的重要前提，更是村落高质量发展的重要指标。引起传统风貌改变的环境整治，包括自然和人为两类因素。就潭头村而言，要尽可能延续传统建筑的正常功能。要采取恰当的方式提升传统建筑特别是公共建筑使用的便捷程度与舒适程度，充分保留历史建筑的文化信息。例如孙氏宗祠，虽然得到了修缮和保护，但是长年不对外开放，大门紧闭，并没有发挥其应有的文化功能。对于这类文物建筑，不仅要全面保护，更要有条件地逐步恢复其文化功能；否则，保留的文化遗产只是其形态而已。

第二，基于生态博物馆模式，对文化进行原生态保护。潭头村可以尝试构建具有自身特色的生态博物馆或村史馆，还原、继承部分有传承价值的历史文化，实现人文活化，以促进自身的保护与发展。潭头村拥有城隍庙、宗祠等历史悠久、价值巨大的建筑。当地政府可以组织、联合村民，将庙会、做擂茶等民俗活动与麻饼、烧卷子等民俗美食结合，充分利用传统古建筑，营造文化氛围，建设有客家、赣南特色的生态博物馆，实现人文活化。在规划时，既要考虑村落拥有的各类资源，也要考虑自身的地理环境和经济状况。[10]潭头村应考虑向外推广，将村落文化保护与旅游业相结合，进一步完善生态博物馆的建设。当然，实现这一切都需要当地村民的主动参与。有了他们，村落文化才能得以流传，才有活起来的可能。

### 15.5.2　潭头村特色产业高质量发展路径

潭头村作为特色村落，拥有极为丰富的自然人文资源，尽管与其他村落相比，在产业资源等方面不可避免地存在一定程度的同质化现象，但它具有一个完全区别于其他村落的地质条件——富有富硒土壤。应借助富硒土壤优势，大力发展富硒相关产业，促进潭头村特色产业高质量发展。

第一，发展特色产业，走特色发展道路。2017 年，潭头村的种粮大户李俊明拿着收上来的水稻去检测硒含量，这才打开了潭头村人的视野。当年，于都县就从省外引进 3 家龙头企业，采取"龙头企业＋合作社＋农户"的模式，将潭头等 6 个村打造成连片的富硒产业基地。龙头企业的优势是拥有稳定的销售渠道，而潭头村以及整个于都县的优势则在于更靠近粤港澳这个大市场，运输成本相比云南等地要节省不少。为此，还要积极扩大交通优势，提高产能，并且加强富硒标准制定、产品认证，一体推进富硒农业全产业链发展。

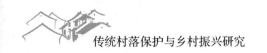

第二，延伸富硒产业链，办起"富硒食堂"。"游客在这里可以品尝富硒美食、体验富硒文化。"（S1）2020 年 9 月，中国农民丰收节江西活动在潭头村举行，将于都富硒农产品进行了集中展示。2021 年，潭头村集体经济收入 150 万元，其中旅游和富硒两个合作社就占到 80 万元，带动效果非常显著。潭头村可考虑打造集餐饮、民宿、特色农产品、红色研学、休闲采摘、农事体验为一体的乡村旅游示范点，争取成为革命老区发展中的"潭头样板"。

### 15.5.3 潭头村旅游产业高质量优化路径

第一，保护村落肌理，合理开发利用。对于村落原真性的保护，是开发和利用村落的前提。[11]潭头村主要以富硒产业带动经济的发展，但是在产业开发的过程中往往会对传统村落的肌理造成破坏。实际上，特色村落的保护与旅游业的发展并不矛盾。潭头村发展产业和旅游的前提应该是变"过度"为"适度"，保护村落的原真性，而非片面追求经济利益。发展村落旅游必须要守住底线，这个底线就是要保护文化的原生态。正如冯骥才先生所说："第一，传统村落的原始格局不能变；第二，经典民居和公共建筑不能动；第三，非遗的原生性是不能改变的；第四，地域个性的特征不能同质化。"[12]

第二，深化农旅融合，提高旅游体验。潭头村作为以旅游发展与产业发展并进的村镇，最重要的就是把林业生态建设好。其中以林业生态廊道建设以及公益林建设为重点。村里利用 13.33 公顷土地复耕项目闲置土地种植白花槐 8000 棵，以及协调耕地种植刺槐 2500 棵，以前的荒山不见了，现在到处都是绿色一片。绿色发展与脱贫攻坚紧密结合，形成了"保生态就是保发展、抓生态就是抓发展"的理念。同时，通过完善管护机制、乡村两级联动、签订管护合同、责任落实到人。其次，要把富硒品牌打好，延伸产业链。办起"富硒食堂"，通过各种庆典类活动，增加富硒产品的曝光量；建立富硒博物馆，展示潭头村富硒产业发展历程以及富硒农产品，游客可前来打卡拍照，购买农产品，增加游客体验感。

综上述，于都县潭头村高质量发展路径如图 15.2 所示。

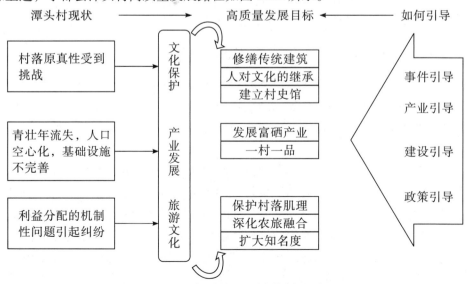

图 15.2　于都县潭头村高质量发展路径

## 15.6 结 论

特色村落是我国农耕文化和农业文明的缩影，具有独特的形态及风貌，是实施乡村振兴战略的根本动力。本章通过对赣南特色村落的特点及现状分析，在梳理潭头村保护与发展的现状问题的基础上，提出潭头村要实现高质量发展，要从文化保护、特色产业发展、农旅融合发展等方面整体推进。

本章的讨论还存在很多漏洞和不足，特别是相关数据处理、分析和支撑方面，仍有待进一步拓展和丰富。潭头村发展路径的可行性、落地性等都值得深入研究。

### 参考文献

[1] 张晓玉，赵爱婷，程燕，等. 乡村建设对农民生活质量提升的实证研究：以甘肃省为例 [J]. 河西学院学报，2023，39（3）：43-50.

[2] 肖芳，聂义明. 精准扶贫视域下多方联动扶贫模式探究：基于对赣州市于都县潭头村实地调研 [J]. 农村经济与科技，2020，31（5）：137-138.

[3] 杨馥端，窦银娣，易韵，等. 催化视角下旅游驱动型传统村落共同富裕的机制与路径研究：以湖南省板梁村为例 [J]. 自然资源学报，2023，38（2）：357-374.

[4] 田金梅，李伯华，刘沛林，等. 触媒视角下传统村落活力再生机制研究：以板梁古村为例 [J]. 湖南师范大学自然科学学报，2023，46（4）：34-46.

[5] 李庆杰，刘悦，李华，等. 基于 GIS 的江西传统村落空间分布特征及影响因素研究 [J]. 绿色科技，2022，24（21）：7-13.

[6] 李玉萍，叶露，梁伟红，等. 我国茄果类蔬菜"一村一品"发展现状与路径 [J]. 中国蔬菜，2023（4）：1-7.

[7] 冯思佳. 乡村振兴战略下"一村一品一店"电商助农产业发展的环境、困境和路径 [J]. 中南农业科技，2023，44（6）：207-211.

[8] 邓昶. 重构传统：设计介入村落文化振兴的伦理维度 [J]. 文化艺术研究，2019，12（4）：8-15.

[9] 史密斯. 遗产利用 [M]. 苏小燕，张朝枝，译. 北京：科学出版社，2021：前言.

[10] 林子腾，冯思卉. 乡村振兴背景下古村落的保护与发展：以黄埔古村为例 [J]. 现代商贸工业，2022，43（12）：11-13.

[11] 刘德鹏，俞雷. 江西古村落旅游发展促乡村振兴策略提升研究 [J]. 西部旅游，2021（17）：23-25.

[12] 冯骥才. 传统村落的困境与出路：兼谈传统村落是另一类文化遗产 [J]. 民间文化论坛，2013（1）：7-12.

（2023 年优秀报告；作者：刘章云；指导：李强；整理：黄楚敏）

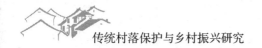

# 第 16 章
## 逻辑空间修复与实体功能调适：
## 捞车村人居环境有机更新研究

2022 年世界人居日的主题为"关注差距，不让一人一地掉队"，关注人类居住区中出现的不平等问题以及相关挑战。联合国人居署提倡采取基于人权的方案、制定社会保护政策，以及实施注重参与性和包容性的多级治理等方式进一步缩小贫富差距和城乡差距。全面解决贫困和不平等问题已经成为全球的当务之急。随着乡村振兴的快速推进，中国传统村落逐渐进入了由传统向现代的全面转型阶段，居民空间需求、文化需求和功能需求不断扩张，导致传统村落失范性更新现象愈加严重，自然衰退式解体与发展介入式解体从内外双向冲击着传统村落人居环境系统。目前，传统村落人居环境正面临村民日益增长的美好生活需要与相对落后的功能设施之间的矛盾[1]、"千村一面"形象工程与地域文化特色之间的矛盾[2]、"人村分离"保护模式与活态化生活图景之间的矛盾[3]等。基于此，中国出台了多项政策助力乡村人居环境改善。2021 年，七部委联合印发《关于推动农村人居环境标准体系建设的指导意见》，再一次要求细化落实国务院关于改善农村人居环境的决策部署。[4] 2023 年 2 月，中央一号文件强调全面推进乡村振兴重点工作，提出扎实推进宜居宜业和美乡村建设，接续实施农村人居环境整治提升。[5] 因此，推进传统村落人居环境更新改造，既是乡村振兴战略的时代需求，也是把脉区域乡村发展路径的现实需要，更是提升居民福祉的必然选择。

国外对于乡村保护与更新研究起步较早，逐渐从开发为主转向修复为主，主张由内而外的保护与传承。德国"整合性"更新规划、日本"原风景"更新理念、意大利"生态博物馆"传承模式与法国"全面修复"更新思想等均体现了乡村历史风貌保护和现代功能更新的辩证统一。[6-8] 更新内容涉及公共空间[9]、文化遗产[10]、学校和社区[11]、社会关系[12]和民居建筑[13]等。国内有关传统村落更新研究虽起步较晚，但已取得较为丰富的研究成果，积累了丰富的实践经验，并不断地趋于完善和多元化。建筑学、旅游学、规划学、生态学、文化学和地理学等学科和领域均有所涉及，为传统村落更新改造提供了更为丰富的实践经验和更为宽阔的方法视角。已有研究结合触媒理论、自组织理论、微更新理论、场域与织补理论等进行了传统村落更新案例探析[14-17]，以宏观视角分析中国可持续乡村更新的基本模式[18-20]，微观视域上则通过横向对比国内外、国内典型案例，揭示自下而上、公众参与的乡村社区更新的有效性[21-23]。2021 年 9 月 3 日，《关于在城乡建设中加强历史文化保护传承的意见》中强调采用"绣花""织补"等微改造方式妥善处理历史文化遗产保护与开发利用的关系[24]，突显小规模、渐进式更新在传统村落改造中的重要性。有机更新理论契合新时代传统村落人居环境更新改造需求，在实现传统村落物质更新、生活改善、文化再生和社会活化等方面具有显著优势。因此，从有机更新视角出发，探索契合传统村落人居环境更新改造的方法与途径，制定有的放矢的更新举措，优化传统村落地域空间结构与功能体系，重构传统村落人居环境系统运转逻辑，进而服务于乡村振兴的现实目标具有强烈的现实意义和伟大的历史意义。

有机更新理论的发展溯源于西方城市更新，西方国家十分重视旧城更新中的小规模改建与渐进性规划。埃比尼泽·霍华德的"田园城市"、刘易斯·芒福德的《城市发展史》、伊利尔·沙里宁的"有机疏散"理论以及弗兰克·劳埃德·赖特的"广亩城市"设想等均批判了过去大拆大建的更新形式[25-26]，强调人与自然、人与城市以及城市与自然之间需要有机结合、协调发展，认为城市更新是一个连续的有机过程。国内"有机更新"理论的雏形由吴良镛于1979年主持什刹海规划期间提出，主张按照内在发展规律，顺应城市肌理，在可持续发展理论的基础上，探索城市的更新与发展。[27]有机更新理论一经提出，即引起建筑学的广泛关注，并且具有城市偏好倾向。自从1999年王路将有机更新理念引入传统村落保护与更新研究[28]之后，学界开始探索传统村落有机更新。在建筑更新研究上，构建了"主轴引导、双核带动"的渐进式更新与"动态式"更新理念[29-30]；在更新规划研究方面，注重历史遗存空间与提倡多元主体参与[31-32]；在更新途径与方法研究方面，采用"核心问题—发展定位—改善措施"更新方式与多元功能—空间适应性分析方法[33-34]；在更新理论与实践路径探索方面，提出村落"物质—社会—文化"三维更新路径机制与探索"权力—资本—社会"辩证分析框架[35-36]。总体而言，有关有机更新的各种观点在不断发展和完善；但是，纵观传统村落更新研究现状，依旧缺乏以逻辑空间为指引、以功能需求为表征的有机更新应用性分析框架，亟须创新更新模式和发展路径。传统村落是一个集实体空间与逻辑空间为一体的"超有机体"，村落内在逻辑秩序的模糊使有机更新应用实践趋于盲目。景观基因理论能够充分整合传统村落的逻辑空间，掌握景观基因特征能够把脉传统村落历史底蕴和文脉特征等有机秩序，能够为有机更新实践提供方向指引与技术规范。因此，本研究尝试基于文化景观基因理论构建传统村落"逻辑空间修复—实体功能调适"有机更新应用框架，并以湖南省湘西土家族苗族自治州（以下简称"湘西州"）龙山县捞车村为典型案例，通过基因分析法和影像发声法精准判定村落逻辑空间特征与多元主体功能需求，进而探讨捞车村有机更新实施策略，以期为湖南省乃至中国传统村落人居环境有机更新提供参考性借鉴。

## 16.1 理论嵌入与框架构建

### 16.1.1 景观基因理论

1976年，英国生物学家查理德·道金斯在《自私的基因》（*Selfish Gene*）中提出"文化基因"（meme）概念。文化基因是文化传播和模仿的单位，即用以表达"文化传递单位"的概念，同时又带有"模仿"与"复制"之意。随后，Hans-Cees Speel、Susan Blackmere、John Weeks等学者进一步对文化的基因遗传、变异和选择进行解读与应用，系

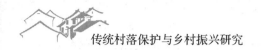

统地建立了文化基因学说。[37]国内关于文化景观基因的研究最早源于1990年，刘沛林以基因为视角来看待景观中的基本因素，提出了人文地理学范畴的景观基因理论。他认为景观基因是景观"遗传"的基本单位（即某种代代传承的区别于其他景观的因子），对某种景观的形成具有决定性作用[38-39]；并借鉴聚落类型学的相关方法，进一步对传统聚落景观进行"基因识别"和"基因图谱"构建，为聚落文化景观内在要素的深度挖掘和科学表达探讨了更为有效的途径。此后，申秀英、胡最、李伯华等学者进一步提出单元划分、数据库设计、信息提取等景观基因图谱构建的关键技术以及"景观信息链""显性基因修补—隐性基因修复"等衍生理论。在建筑学提供研究切入点、地理学提供方法论、生物学提供技术理论、形态学提供描述方法等多种学科研究方法的参考下，景观基因形成了自身独特的理论体系，逐渐应用于传统聚落景观区划、建筑形态更新、城乡景观规划以及旅游产业发展等，尤其为历史文化遗产数字化保护和精准更新修复提供了理论指导和技术规范。

## 16.1.2 传统村落人居环境有机更新研究框架

传统村落人居环境是承载中华传统文化精髓和空间记忆的稀缺资源。新时期，在促进乡村振兴和城乡融合的同时，也进一步造成传统村落人居环境的在地性与整体性的逐步消弭。虽然目前开展了一系列传统村落人居环境建设工程，但却因忽视居民功能需求与内在逻辑构成，导致更新改造之后的传统村落一定程度上丧失了历史原真性、风貌完整性和生活真实性。因而，亟须建立基于实体功能和逻辑空间双重修复理念的传统村落人居环境有机更新框架。逻辑空间作为传统村落的内在有机秩序法则，包括显性秩序和隐性秩序，是把握聚落空间整体性意义的重要线索和依据。[40]传统村落景观基因从抽象到具体、从隐蔽到彰显、从离散到整合的识别、提取与分析等过程，也即传统村落逻辑空间的剖析与整合过程。因此，以景观基因视角挖掘传统村落内隐的逻辑空间，能够有效促进传统村落有机性修复与整体性关联。实体空间是传统村落生活真实性保存和延续的载体，只有建立在生活质量提高和生活方式可生长性基础上的更新改造，才能保留传统村落的历史原真性和生活真实性。基于此，统筹更新对象、更新主体、更新目标、更新路径等，以可持续和上下结合等原则为更新导向，以精准判定、精准修复为更新步骤，构建传统村落人居环境"逻辑空间修复＋实体功能调适"有机更新框架（图16.1），具体包括：①精准判定。落实"一村一规划""一村一档""一村一韵"，识别与分析传统村落空间布局、景观基因与功能需求，为精准修复奠定基础。②精准修复。"怀古恋旧"与"新陈代谢"有机结合，通过显性基因修补与隐性基因修复进行逻辑空间显隐性秩序修复，整合传统村落逻辑空间；深入了解居民更新诉求并将点域功能与面域功能进行小规模、微调适更新，促进村落由单一功能向多元复合功能转换。

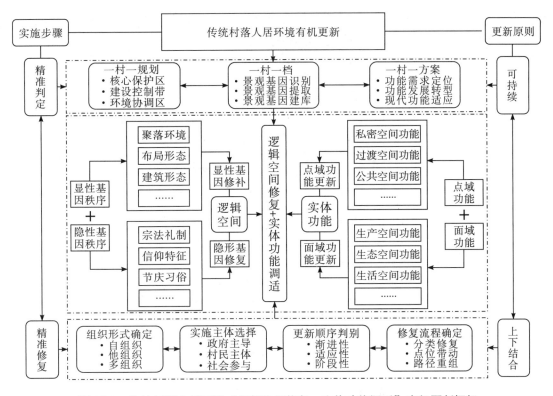

图 16.1　传统村落人居环境"逻辑空间修复—实体功能调适"有机更新框架

## 16.2　研究区概况与数据来源

### 16.2.1　研究区概况

捞车村位于湘西州龙山县苗儿滩镇，由七个自然寨组成，主要集中于惹巴拉寨和捞车寨，是典型的土家族村寨。捞车村始建于明末清初，历史遗存丰厚，是武陵山区保存完整、不可多得的原生态民族聚落，整体格局表现为"三山套三河、三河套三寨、一桥通三域"（图 16.2）。捞车村完整分布了土家族的各种建筑形式、符号和片段，保存有明清古建筑，以及具有特色的四合水屋、窨子屋、转角楼等合体特色民居楼和各种形式的单体建筑形式，是土家族民居建筑中工艺彩绘、木雕技艺及生产生活方式保存非常完整的区域。因而，捞车村被誉为/评为"土家第一寨""土家族原生态文化的天然博物馆""中国民间文化艺术之乡""湖南省少数民族特色村寨""湖南省文物保护单位和省级文物保护单位集中成片传统村落文化遗产整体保护利用示范村""中国美丽休闲乡村""中国历史文化名村""全国生态文化村""中国土家织锦之乡""湖南省乡村旅游重点村"等。湘西州是湖南省相对欠发达区、少数民族聚居地以及生态脆弱区，由于地理位置偏远，传统村落因发展滞后而得以完整保存。但是，由于捞车村具有深厚的历史文化底蕴和丰富的旅游资源，随着乡村振兴战略的推进，龙山县政府于 2016 年组建惹巴拉旅游投资有限公司，推动该片区的旅游景区开发与利用。捞车村后又因旅游发展经历持续的功能转换及秩序调整，引发一系列人居环境问题。以捞车村为典型案例，分析捞车村人居环境更新问题困境，进而构建捞车村人居环境有机更新实践路径，能够为中国同类型传统村落提供经验借鉴。

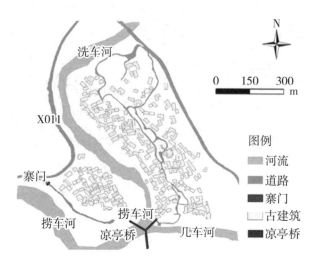

**图16.2　捞车村区位概况**

## 16.2.2　数据来源与研究方法

本课题组成员先后于2021年7月、2022年7月与2023年2月前往捞车村进行实地调研。本研究以质性分析为主，辅以量化分析，在前期文本资料分析的基础上采用影像发声法（photovoice）与景观基因分析法等开展研究。①采用文本分析法对捞车村的规划文本、村志、旅游开发建设项目等进行分析，梳理捞车村的发展脉络与获取古建筑群的更新改造信息。②借助景观基因理论的"基因分析法"[41]，依据捞车村不同景观类型，在唯一性（外在、内在、局部）和优势性（总体）原则基础上，分别采取元素提取、图案提取、结构提取、含义提取以及特征解构等方法，提取景观基因的核心元素、图腾标志、结构语义、形式要素等，利用 AUTOCAD、ArcGIS、Photoshop 软件对识别要素进行矢量化表达，分析捞车村景观基因特征。③影像发声法在促进公众参与和推动实践行动方面所具有的优越性使其被西方学术界誉为21世纪以来最值得关注的社区参与式行动研究方法。作为源于西方理论、始于中国实践的公众参与增强工具，该方法具有在中国开展的适应性。[42-43]运用影像发声法设定问题识别与研究区确定、参与者招募与培训、影像拍摄与遴选、小组讨论与分析、问题总结和推动更新改造行动等流程，通过公开招募，共有非遗传承人、村委会成员、本地村民、旅游公司工作人员等23名参与者。随后以焦点团体（focusgroup）小组讨论与一对一访谈交流形式挖掘捞车村潜在的更新改造问题与村民的功能更新诉求，继而将访谈录音转成的文本信息与相应的照片进行编码、转译和总结，整理为包含影像和文字资料等有效信息的电子档案。此外，辅以遥感影像获取以及人工目视解译和实地校验相结合方法，分析地理环境、空间布局和土地利用特征，并通过划分各类用地的功能分区，实现捞车村"三生"空间功能更新状况的矢量化。最终，本课题小组将获取的一手资料利用文献、新闻报道、书籍等资料进行对比、校对和查漏补缺，以确保研究数据的完整性和准确性。

## 16.3　精准判定：捞车村人居环境更新问题识别

### 16.3.1　实体功能分析

通过影像发声法促使村民对所处情境与自身体验进行批判性反思，进而有效地促进公众参与、管理并提出更新改善建议。基于影像内容分类、文本处理和讨论会总结等获得村民更新需求的全方位认知，并通过矢量化捞车村"三生"空间功能更新现状，发现捞车村私密空间、过渡空间、公共空间等点域功能面临功能转换滞后，生产空间、生活空间与生态空间等面域功能存在功能分区混杂等困境。由于捞车村尚未形成功能的有机联动和较为完善的旅游产业规模，导致现有实体空间既不能满足村民的现实生活功能需求，也无法充分容纳新的旅游服务功能，亟待功能的现代化转型与重构。

#### 16.3.1.1　点域功能：村落转型发展，功能转换滞后

新的生活方式和观念提出新的功能需求，刺激捞车村进行适应性变迁，然而发展动力不足又导致捞车村私密空间（民宅等）、过渡空间（门前檐下、共用庭院等）、公共空间（摆手堂、冲天楼等）的具体功能配置较为滞后。

捞车村木构青瓦转角楼民宅鳞次栉比，尤其在旅游发展带动下，部分村民为发展民宿、零售产业新建了一批形式多样、造型丰富的二层结构转角楼，核心居住、生活功能置换为民宿衣餐、销售管理等复合功能。由于缺乏统一规划和指导，不同主体的主观意志与生产逻辑的差异性导致民宿功能配套设施参差不齐且不完善。此外，政府400元/平方米的建房补助也仅够补贴部分木材原料，很多新建房屋因资金不够而未进行装修，或仅搭建好基础框架。并且大部分民居生活功能仍较为落后，缺乏现代化设施设备，从而无法满足居民对采光、通风、卫生等舒适性内容的新要求。目前，政府出资修缮老房子也需要一定标准，优先给予存在安全隐患的危房修缮补助，大部分民居因资金不足未能进行及时整修，导致捞车村存在一批较为破旧的建筑。

捞车村的共用庭院、巷道等过渡空间存在乱堆、乱放、乱挂的情况，层出不穷的视觉乱象严重影响村容村貌，亟待进行统一整治。但是，捞车村过渡空间量大面广、形态各异且权属复杂，仅靠村委主导的统一整治见效较慢、维护较难。

伴随着旅游开发，大量公共空间进行了权属转换，功能形态也随之发生变化。例如，摆手堂原本为承载土家族集体性活动功能的公共空间，然而旅游公司"掠夺"了摆手堂等公共空间的空间权属，导致原本的休闲娱乐功能逐渐演变成旅游服务功能。此外，老村部也过渡给旅游公司开办旅游纪念品超市，现今临时村部为土家族冲天楼。一方面，临时村部软硬件设施不达标；另一方面，冲天楼也是重要旅游景点之一，造成旅游功能与政治职能混杂现象。

因此，基于捞车村私密空间、过渡空间与公共空间面临的问题困境，亟需进一步促进点域功能更新和融合，以满足捞车村空间现代化转型发展的需求。

调研所得部分影像、文本资料及其反映的问题如表 16.1 所示。

表 16.1　部分影像、文本资料及其反映的问题

| 分类 | 相关照片及参与者感受 | | | |
|---|---|---|---|---|
| 点域功能 |  | 不让建砖房子，虽然习惯了竹木房子，但是相比砖房子肯定差很多，也不是很方便装空调，采光也不好，还住不长久 |  | 大部分村民都建了民宿，虽然有热水器和空调，但是住宿条件还是差了点，游客来了也不太愿意住 |
| |  | 搞旅游之后，老村部让给旅游公司开超市了。现在的村部软硬件设施都不达标，很多资料、文件都堆在一起，上面的来检查都不合格，现在资金没到位，又没办法新建 |  | 好多公家的建筑、亭子等场所旁边堆放了很多私人物品，大家都把农具、废弃的物件放在这些地方，看起来就很杂乱，游客过来看见影响也不好 |
| 面域功能 |  | 外面有景点的、游客经常走动的地方就把路修好了。巷子里面没什么游客进来的就没管，走路都是泥，尤其是在下雨天 |  | 以前没搞消防栓，现在好多地方都有放消防栓。电网都准备埋到地下，地都挖好了，但是县财政没钱就没搞完。污水处理厂也说没钱，就没搞好 |
| |  | 大片农田都被征收了，用于旅游景观建设。现在我们也没田地可以种。公司征收的其他田地，还没利用的就荒在那里，不如给大家预留土地种地或者建房 |  | 开发三四年，各方面都发展得不是很成熟，好多地方都还没修好就成烂尾工程了。游客到这里都觉得还是比较单调，很多表示不会再来第二次了 |

#### 16.3.1.2 面域功能：居游空间交织，功能叠合混杂

随着城乡要素的双向流动，捞车村逐渐成为一个聚集各种旅游经济要素的流动空间，在《惹巴拉土家生态旅游景区策划》《龙山县苗儿滩镇捞车村村落规划》以及《传统村落保护发展规划》等规划文件指导下，捞车村地域空间发生转型重构。虽然捞车村空间规划较为全面和详实，但是由于规划落实不到位，导致其在土地利用和功能定位上存在着诸多的不确定性，并且逐渐面临生产—生活功能重叠紊乱化、生活—生态功能破碎斑块化、生产—生态功能侵夺失衡化以及基础设施功能旅游化等现状，各类空间的传统功能表征逐渐转变为旅游驱动功能更新的空间复合化表征（图 16.3）。按照传统村落保护规划，捞车村核心保护区既是捞车河古建筑群集聚区，同时也是惹巴拉景区核心旅游区，村民原本的日常生活空间、生产空间部分更替为游客偏好的旅游生产空间，从而使后台的生活场域转变为前台的生产场域，捞车村在乡土社会向景区社会转型中逐渐成为旅游—生产—生活功能混杂的流动性场所。惹巴拉旅游投资有限公司于 2016 年进行田土征收，捞车村大部分农田转变为旅游设施建设用地，用于建设溪流景观带、生产生活展示区景点以及公路、公共厕所等基础服务设施，一定程度上压缩了村民农业生产和生活空间。2020 年，惹巴拉旅游公司因建设泛舟项目，限制了捞车河的流量和流速，导致捞车河的整体水位下降，河流及自然式驳岸的生态游憩功能逐渐转换为生态—生活—生产复合功能。此外，观光种植园闲置以及村民生产方式非农化导致捞车村耕地利用率不高，尤其核心区周边耕地大面积闲置，加之旅游公司利用核心区周边农田等生态环境要素营造畔溪走廊和植物绿化节点，部分生态功能、农业生产功能趋向景观化旅游服务功能，导致捞车村生态空间由外部整体收缩向内部斑块化发展。由于村域内未建设污水集中处理设施，基础服务设施尚不完善，养殖业生产污水未经处理自由排放，也对区域生态环境造成一定影响。综上所述，捞车村在转型和重构过程中引发构成要素差异化与地域空间功能混杂化。因此，未来需要进一步优化捞车村地域功能，实现村域各功能分区互利共生与互嵌。

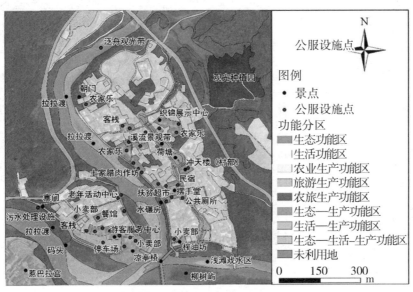

**图 16.3 捞车村功能分区现状**

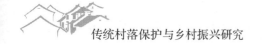

## 16.3.2 逻辑空间分析

传统村落逻辑空间的时间要素可分为时间轴和时间剖面，时间轴的历时性体现历史发展脉络和演化过程，时间剖面的共时性展示着某个历史阶段的文化景观特征。村落的环境基因、布局基因、建筑基因和装饰基因等是逻辑空间的显性有机秩序，民俗文化、节庆礼仪等文化基因是逻辑空间的隐性有机秩序，显隐性秩序共同构成传统村落的整体性逻辑空间。在历时性和共时性维度下对捞车村进行景观基因识别、提取和分析，发现村落显性秩序由环境基因"山—水—田—寨"、"三山套三河，三河套三寨"空间格局，布局基因"屋—巷—屋"交织的街巷肌理，建筑基因穿斗式、干栏式、转角式民居建筑形式、"一"字形、"L"字型、"凹"字型、"回"字形平面布局与回字纹、王字格及花卉植物、祥瑞珍禽、琴棋书画图腾的窗花、挂落、吊瓜、柱础、栏杆、六合门、八字朝门等土家族建筑元素，以及隐性秩序中的哭嫁文化、摆手舞、茅古斯舞、打溜子、梯玛神歌、西兰卡普织锦文化等共同组成。旅游开发一定程度上成为造成有机秩序破坏和地方性消失的诱因，伴随着旅游发展，捞车村逐渐由封闭空间变为流动空间，捞车村逻辑空间不断遭受建设性、开发性、旅游性破坏，主要体现在村落空间格局秩序受损、建筑肌理秩序异化、建筑风貌秩序混乱、新旧功能秩序混杂以及传统文化秩序紊乱等方面（图16.4），影响逻辑空间的整体性、原真性和有机性，亟需修复有机秩序，营建捞车村整体性逻辑空间。

**图 16.4 捞车村逻辑空间特征**

### 16.3.2.1 显性秩序：村落形态调整，地域特色淡化

在时代更迭、社会变迁、旅游流动等各种迁移中，捞车村逐渐演化成以"外人或游客"先入为主的大规模制式意象，显性有机秩序不断在现代化转型中分化与分异。土家族聚族而居，形成以家族为中心的高密度民居组团布局。在捞车村布局基因中，村落的整体布局依然遵循传统的风水理念，保持着山水相依的空间布局形式。在笔架山、比寨山和董补山等自然屏障为界的围合中，捞车河西岸的惹巴拉寨呈团簇状紧密分布，东岸的捞车寨则沿河岸线呈条状分布。入村干路、村内主路、支路和入户小道呈现网状、脉状穿插于村落空间当中，形成聚落结构的基本骨架。但从局部来看，旅游红利驱使与现代化需求转型导致居民居住空间需求与原有空间格局矛盾较为显著，出现了沿路扩张、寻缝而建、空间迁移等无序扩张行为，打破了原生态格局。街巷空间布局和功能组合趋向复杂网络型，但是整体通达性仍较弱，现有建筑之间的联系主要通过院坝、土路等进行联系。"八字朝门青瓦屋，飞檐翘角转角楼"建筑景观特征原本是捞车村相对稳定的地方符号和片段，但是旅游开发后盲目出现马头墙徽派建筑等布景化景观建设和伪民俗异化基因。此外，传统建筑与现代化生活节奏之间矛盾重重，现代化建筑的造型、空间、结构、材料、色彩等元素也不断渗入捞车村，并与本土发生局部、片面且不彻底的融合，形成城市表征风貌硬性植入现象。捞车村木雕、石雕、彩绘等装饰基因具有土家地域特色，建筑檐柱、屋脊、山墙等具有相应的装饰造型，窗棂、挂落、栏杆则以几何纹棂条为基础，搭配蝙蝠、竹、菊、海棠等动植物纹样进行点缀。但是，目前门窗、挂落等建筑装饰几乎全靠到永顺县买成品，较少有木匠专门进行雕刻，民居建筑造型、形式、装饰等整体呈现趋同化，导致村落地域特色的差异性逐渐消逝。通过解构捞车村显性景观基因，窥探捞车村显性秩序在时空演变中不断生成、异化的表征和逻辑，发现捞车村布局基因、建筑基因和装饰基因均产生不同程度的异变。因此，为乡愁情结空间的传承构建及地域完整性的保持而采取分类修复的规划策略，是目前捞车村保护更新的关键。

### 16.3.2.2 隐性秩序：多元文化交织，地方记忆模糊

非物质文化是确定文化特性、维系文化认同的重要纽带，捞车村历史悠久、文化底蕴深厚，保存有土家织锦、茅古斯舞、摆手舞、打溜子、咚咚喹、梯玛神歌等国家级非物质文化遗产。旅游开发一方面通过融合多元文化与现代元素进行传统文化转化与创新，一定程度上促使捞车村非物质文化生存基质走向适宜化；另一方面，也通过对个人和集体的"历史记忆"进行强制性唤醒与再造，逐渐加速了传统文化走向式微或消失的进程，造成了捞车村地方性、情感象征的流失。一直以来，传统仪式对于捞车村社区团结一致的情感起着确认和增强的作用，每当舍巴日、祭祖、新年、丰收等大型节日到来，村民就会聚集在摆手堂前围着篝火跳摆手舞、吹咚咚喹、打溜子等。资本力量、外来文化等介入之后，传统关系网络被市场经济网络和多元主体组织网络重塑，捞车村社区逐渐从整体性走向碎片化，主要表现为社会空间结构、利益结构和权力结构的碎片化。2020年，惹巴拉旅游投资有限公司正式介入捞车村之后，通过政府和旅游公司田土征收以及公共空间（摆手堂）主体性争夺等，村民归属感丧失，造成地理空间区隔和心理空间区隔，在日常生活以及大型节日中，摆手堂已较少出现村民的身影。旅游公司将传统文化进行包装、编排，梯玛神歌等仪式转向娱乐化、商业化和符号化，使原汁原味的土家族民俗文化在资本逐利中逐渐

消弭。此外，外来文化冲击也使传统文化的原初结构发生了改变，在多元文化交织中，村民对传统文化的认知逐渐迷茫，物质和非物质文化遗产均难以接续。此外，由于土家族只有语言，没有文字记载，土家语、茅古斯舞、摆手舞、咚咚喹等传统舞蹈和音乐、建造技艺、雕刻、编织、制陶印染等传统工艺仅靠老一辈进行记忆拼接与传承。非物质文化的传承需要口口相传和实践学习，但是年轻村民缺少历史记忆与地方认同，没有足够的意识继承和弘扬土家族传统文化。木作、编织等传统技艺被器械化工具取代并进行量化生产，捞车村逐渐陷入传承人断层、传统技艺工业化等困境。通过对捞车村隐性基因演变特征分析、文化思维透视等，发现传统文化的异质性、动态性和脆弱性造成了捞车村隐性秩序保护和修复的必要性和急迫性。

## 16.4　精准修复：捞车村人居环境有机更新策略实施

传统村落人居环境系统在连续形变中需要适应新的功能需求和保持内在逻辑空间的有机秩序，以维持传统村落人居环境系统的韧性。由于捞车村人居环境是一个复杂巨系统，具有强烈的地方性和实用性特征，需要从形态、价值、功能和空间等多个维度出发，以整体保护和延续历史文化为前提，以发展旅游经济为动力，以建设社会主义新农村为目标，更新改造捞车村人居环境，使保护、更新、利用、延续等方面有机结合，促进捞车村人居环境可持续发展。而如何对接历史性和当代性是传统村落实体功能更新与逻辑空间修复需要考量的重要方面。基于捞车村人居环境问题困境，通过调适实体功能和修复逻辑空间，在空间维度上整合捞车村的原真风貌，在时间维度上营造可识别的秩序逻辑，以此构建捞车村人居环境有机更新修复模式（图16.5）。具体包括：修补显性秩序和修复隐性秩序，强化村落的有机秩序，整合与活化村落逻辑空间；通过点域功能植入与面域功能转换，增强村落空间弹性，实现生活、生产、生态和文化等功能的转型发展。

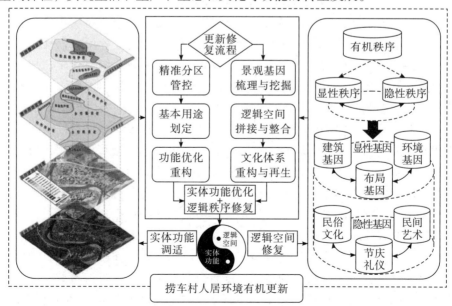

图16.5　捞车村人居环境系统有机更新模式

## 16.4.1　实体功能调适：空间分区优化，现代功能植入

基于捞车村使用主体多样化与空间适应性发展的双重需求，统筹空间发展与居民需求的双重关联机制，在尊重传统空间肌理和村落内在精神以及关注村落居民利益和需求的基础上，满足旅游空间拓展、生活空间完善和生态空间保护的需要，从多功能交互、多层次联动的综合视角探索功能更新逻辑，优化捞车村生活空间、生产空间与生态空间等面域功能，以及私密空间、过渡空间、公共空间等点域功能（图16.6）。

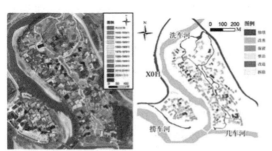

a. 建筑建成年代分布　　b. 建筑更新方式分布

| 类型 | 措施要求 |
| --- | --- |
| 修缮 | 历史年代较为久远、有人居住的明清古建筑，按照文物修复标准进行修缮 |
| 改善 | 建筑风格与环境基本协调、质量尚可、但需要提升生活功能的建筑 |
| 保留 | 建筑风格与环境基本协调、质量尚可、功能完善的一般建筑 |
| 整治 | 建筑风格与外形进行改造和整治，包括建筑体量、外表的材质、色彩、门窗样式及屋顶形式的改造和整治 |
| 改造 | 盘活无人居住或荒废的建筑，通过功能更新，使其为旅游业服务 |
| 拆除 | 审慎剔除无风貌保留价值、建筑质量差、濒临倒塌、对传统风脉和文物保护造成明显破坏作用的建筑 |

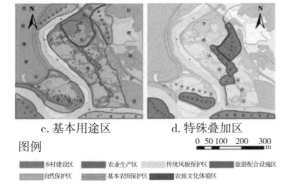

c. 基本用途区　　d. 特殊叠加区

图例

▆ 乡村建设区　▆ 农业生产区　▆ 传统风貌保护区　▆ 旅游配合设施区
▆ 自然保护区　▆ 基本农田保护区　▆ 农旅文化体验区

| 类型 | 功能调适 |
| --- | --- |
| 生产空间功能 | 挖掘低效、闲置用地的存量潜力，促进产业融合 |
| 生态空间功能 | 坚持生态优先原则，提升生态保育功能、环境维护功能、自然景观功能和生态游憩功能 |
| 生活空间功能 | 宏观和中观层次上改善居住状况、提升生活便利度和生活保障等 |
| 私密空间功能 | 根据"原型＋调适"的原则更新民居建筑，在维持基本风貌的基础上，调整内部空间结构，有机植入现代功能 |
| 过渡空间功能 | 构建共建共治共享的治理格局，统一整治共用庭院、巷道等过渡空间 |
| 公共空间功能 | 明确定位捞车村公共空间的基本功能和权属，植入有活力且能引起村民共同体意识的功能体 |

图 16.6　捞车村实体功能调适路径

捞车村整体空间分异成"生活居住 + 农业生产 + 特色保护 + 旅游开发 + 基础设施"五位一体的功能混合空间结构，因此，捞车村应采取自上而下刚性传导锚定与自下而上弹性需求引导的精准分区管控与功能优化调控。基于全要素国土空间管控和乡村发展空间利用双重需求，构建捞车村空间"基本用途区 + 特殊叠加区"管控体系。[44]依据国土空间用地规划分类划定永久基本农田保护区、乡村建设区、一般农业生产区、自然保留区四类基本用途区，对于捞车村空间利用需求产生的功能复合、空间叠加的区域，划定传统风貌保护区、旅游配套设施区、农耕文化体验区等特殊叠加区。按市县国土空间总体规划"三区三线"管控要求以及特殊叠加区边界管控、规则管控、规划管控等要求，因地制宜地精细化捞车村空间布局，进而在规划分区的基础上进行面域功能更新与优化。

（1）生活空间功能更新。以不破坏传统风貌为基础进行适度和必要的公共设施建设。宏观层次优化和增设水电、网络、消防、医疗、文化展馆等设施，在乡村建设区逐步引导集中居民地电线、排水管理地敷设，垃圾处理采取"集中治理模式"，进行"户分类—村收集—镇转运—区级处理"。中观层次按照自由式路网格局进行布置，对阡陌交通巷道等线性空间进行硬底化，统一敷设石板、乱石、透水砖或水泥砂浆，铺设方向根据巷道走向、尺寸、景观功能等具体确定。

（2）生产空间功能更新。通过捞车村存量空间的整理以及面向传统风貌保护区功能对接，挖掘低效、闲置用地的存量潜力，充分利用耕地适宜发展现代农业以及衍生出的以农耕文化、果品采摘等为主题的观光休闲旅游产业，促进产业融合，编织"农业生产功能 + 旅游生产功能"协调网络。

（3）生态空间功能更新。坚持生态优先原则，切实保障生态空间功能发展，提升生态保育功能、环境维护功能、自然景观功能和生态游憩功能，促进捞车村生态空间有序变迁。

（4）私密空间更新。逐步实现传统民居的活化流转与修复改造，根据《中华人民共和国文物保护法》和其他有关法令、法规的要求，结合建筑建成年代、使用情况、残损情况、建筑结构等实际情况，将其划分为修缮、改善、保留、整治、改造、拆除等类型，在此基础之上根据"原型 + 调适"的原则更新民居建筑，包括墙面的重修、装饰的重塑、格局的重构、用材的替换等，在维持基本风貌的基础上，调整内部空间结构有机植入现代功能。

（5）过渡空间更新。构建共建共治共享的治理格局，统一整治共用庭院、巷道等过渡空间，空间治理主要解决乱搭乱建、乱堆乱放、私植乱种等问题。

（6）公共空间更新。明确定位捞车村公共空间的基本功能和权属，兼顾物质、社会与文化多重属性，优化凉亭桥、摆手堂、文化活动室、荷塘亭等公共空间节点，植入有活力且能引起村民共同体意识的功能体，刺激公共空间活力，促进摆手堂等公共空间从承载乡村传统生活转变为延续集体记忆、展现文化特色的场域。

## 16.4.2 逻辑空间修复：景观基因提取，有机秩序整合

依据景观基因梳理与挖掘—记忆碎片沉淀与提炼—逻辑空间拼接与整合—文化体系重构与再生的思路修复捞车村逻辑空间。通过景观基因的提取与串联，激活历史文化资源与

修复有机秩序，延续传承性变化、调适类型性变化、替补突发性变化，改善传统礼仪娱乐化、民俗节庆形式化、传统技艺工业化等。通过总结、归纳捞车村建筑基因（民居建筑与公共建筑）、布局基因（形态结构）、环境基因（河流与地形等）、装饰基因（门窗与雕刻等）等显性基因特征，民俗文化（拦门酒、哭嫁）、节庆礼仪（舍巴日、茅古斯、摆手舞）等隐性基因特征，将其置于原生文化语境中进行解析和修复，以激活历史文化的方式整合捞车村逻辑空间（表 16.2）。

表 16.2　捞车村逻辑空间修复示例

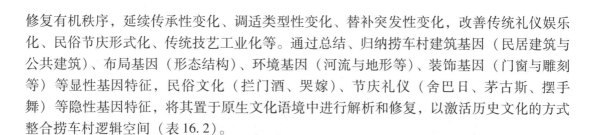

| 分类 | 指标 | 景观基因特征 | | 问题现状 | 修复建议 | 修复示例图 |
| --- | --- | --- | --- | --- | --- | --- |
| | | 要素提取 | 文本描述 | | | |
| 环境基因 | 选址 | | 山水田寨，视线宽阔且深远，与山体形成了半开敞的视觉空间 | | 控制周边山体、水系与捞车村之间的视线通廊 | |
| 布局基因 | 整体布局 | | "屋—巷—屋"街巷肌理、团聚式 | | 新建建筑沿巷道规划、统一铺设青石板、碎石 | |
| 建筑基因 | 建筑色彩 | | 青瓦木构造 | | 使用与风貌协调（颜色）的材质，黄泥墙面 | |
| | 屋顶造型 | | 人字形青瓦坡屋顶，鳌形、凤尾、卷叶花纹形式飞檐翘角 | | 对年久失修的坡屋顶进行修缮，适当添置具有土家民居风貌的飞檐翘角 | |
| | 建筑形式 | | 带朝门四合屋，穿斗式、干栏式、榫卯结构、七柱五棋 | | 将糟朽严重的墙面进行翻新，保留原有形制 | |
| | 平面布局 | | "L"字型、"凹"字型、"回"字形平面布局 | | 新建民居建筑沿用原有形制 | |

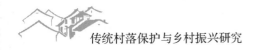

（续表）

| 分类 | 指标 | 景观基因特征 | | 问题现状 | 修复建议 | 修复示例图 |
| --- | --- | --- | --- | --- | --- | --- |
| | | 要素提取 | 文本描述 | | | |
| 装饰基因 | 窗花 | | 回字纹、王字格及花卉植物、祥瑞珍禽、琴棋书画等图腾 | | 在玻璃窗外加建带有民族图腾的木窗 | |
| | 柱础 | | 圆柱形、多边形并点缀麒麟、鹿等纹样装饰 | | 将简化的水泥柱础进行装饰，保留原始形制 | |
| | 雕花栏杆 | | 云纹、回字纹雕花栏杆 | | 将铝合金栏杆改建为木质栏杆 | |
| | 六合门 | | 六扇大小相同的门制成，并伴有花鸟虫鱼图案雕刻装饰 | | 将玻璃门进行改建，保留六合门形制 | |

传统村落景观基因数字化修复是实现传统村落文化遗产活化和保护的重要措施，能够实现历史记忆的情境重构。以捞车村地域为基底，解构、构建和重构地方文化，运用大数据、文本化、图示化和影像化等表现形式和处理工具，加强对传统村落的谱系研究、建筑测绘和精细化记录，绘就捞车村隐性基因谱系、显性基因图谱和村落虚拟场景，建立逻辑空间文化资源库。通过显性秩序修补与隐性秩序修复，将捞车村的景观基因有机"编织"到生活形态和空间形态中。

显性秩序修补要素主要包括：①环境基因。根据山水田寨选址布局，尊崇土家人背山面水的风水理念，控制周边山体、水系与捞车村之间的视线通廊。②布局基因。延续"屋巷屋"布局形态，对破败的街道进行修复，改造不合理的道路，保证整体街巷布局。遮饰满足传统村落现代化生活需求的各类电线、空调设施等，如采用管材地埋电线，设计本土化符号构件遮掩空调等设备设施，在保障村民居住安全的同时有效控制传统景观基因的无序突变。③建筑基因。以立面构件、装饰符号以及屋顶形式为内容—符号要素，以建筑的材质、色彩、尺度和对视知觉产生认知的立面构图为内容—形式要素。注重新旧建筑之间的连续性与关联性，延续干栏式、飞檐翘角建筑形制，土家朝门、梁柱形式，"L"字型、"凹"字型、"回"字形平面布局结构等特征。对原有砖混墙面进行外包木质装饰，结合实际情况从细节处修补与加固危险建筑，新建建筑使用与原有建筑风貌协调的材质、色彩、尺度和形式。例如，砖混结构使用原木色。④装饰基因。建筑装饰的修缮应符合土家族构造特色，延续回字纹、王字格及花卉植物、祥瑞珍禽、琴棋书画的窗花、挂落、吊瓜、柱础、栏杆、六合门、八字朝门等土家族建筑元素。例如，在现代化铝合金玻璃门窗外增设木质窗以协调传统风貌。

隐性秩序修复要素包括：①民俗文化。组织培训非物质文化继承人，建立民俗活动开展的专项资金补助，延续哭嫁、迎亲、丧葬民俗等传统民俗，木雕、竹雕、织锦、咚咚喹制作等传统技艺，建立生产生活展览馆、织锦研习基地等，保证其传承过程的原真性和可持续性。综合声光电科技进行非遗演艺，将捞车村的摆手舞、茅古斯、打溜子等非物质文化以多媒体展览与可视化的形式向游客进行文化展示及传播，使非物质文化符号进行实景具象表征，实现体现地方性与民族性的传统文化创造性转化与创新性发展。②节庆礼仪。有计划地展示传统习俗活动和礼仪场景，重现传统文化的生产过程，定期组织舍巴节、油菜花节、花朝节、吃新节、大端午、长桌宴、土家山歌大赛，强化村落文化氛围，更可以加入游客的互动环节，通过情景化、生活化、展示化的参与方式，使非物质文化与当地村民、游客之间产生更深的记忆连接。

## 16.5　结论与讨论

### 16.5.1　结论

以"梳理更新问题—阐释更新逻辑—制定更新策略"思路为脉络，构建了传统村落人居环境"逻辑空间修复—实体功能调适"有机更新框架，并以湖南省湘西州龙山县捞车村为例，基于基因分析法和影像发声法精准判定捞车村人居环境更新面临的现实困境，进而提出捞车村人居环境有机更新精准修复实施策略。研究结论如下：

（1）捞车村私密空间、过渡空间、公共空间等点域功能面临点域功能转换滞后，生产空间、生活空间与生态空间等面域功能面临功能分区混杂等困境。由于尚未形成空间功能的有机联动和较为完善的旅游产业规模，导致捞车村现有实体空间既不能满足村民的现实生活功能需求，也无法充分容纳新的旅游服务功能，亟待实体功能的现代化转型。

（2）捞车村逐渐由封闭空间变为开放空间，其逻辑空间不断遭受建设性、开发性、旅游性破坏，主要体现在村落空间格局秩序受损、建筑肌理秩序异化、建筑风貌秩序混乱、新旧功能秩序混杂以及传统文化秩序紊乱等方面，影响村落的整体性、原真性和有机性，亟须修复有机秩序营建整体性逻辑空间。

（3）捞车村人居环境系统在连续形变中需要适应新的功能需求和保持内隐逻辑空间的有机秩序，以维持传统村落人居环境系统的韧性。捞车村人居环境有机更新通过修补显性秩序和修复隐性秩序，强化村落的整体有机秩序，再现与活化村落整体逻辑空间；通过点域功能植入与面域功能转换，增强村落空间弹性，实现生活、生产、生态和文化等功能的转型发展。

### 16.5.2　讨论

在乡村振兴和城乡融合战略背景下，厘清传统村落人居环境更新诉求、目标及效应，构建传统村落人居环境有机更新研究的内容体系，开展中国传统村落人居环境有机更新实践示范，有助于持续巩固脱贫攻坚成果和全面推进乡村振兴战略，对于进一步强化乡村振兴研究的地理学科贡献具有重要的理论意义和实践价值。但是，本研究亦有一定的局限性，仅从微观尺度探索了捞车村人居环境有机更新模式，此模式是否适用于其他同类传统村落有机更新有待进一步验证。此外，本研究侧重于定性梳理，缺乏科学设定对应总量控制要求的空间开发强度阈值标准等量化数据，有待更多的案例与数据支撑。期望在后续研究中能够横向对比同类传统村落、不同类型传统村落间的模式差异，利用数字建模技术促进有机秩序修复可视化，提高数据精度强化空间分区与功能更新，进一步完善传统村落人居环境有机更新体系。

## 参考文献

［1］ 李伯华，周鑫，刘沛林，等. 城镇化进程中张谷英村功能转型与空间重构［J］. 地理科学，2018，38（8）：1310-1318.

［2］ 高阳，陈东田，刘丽昀，等. 文化保护视野下传统村落建筑保护与更新对策研究：以泰安市大汶口镇山西街村为例［J］. 建筑经济，2021，42（S1）：372-375.

［3］ 郭文. 空间意义的叠写与地方认同：中国最后一个原始部落翁丁案例［J］. 地理研究，2020，39（11）：2449-2465.

［4］ 国家市场监督管理总局，等. 关于推动农村人居环境标准体系建设的指导意见［EB/OL］. ［2021-02-21］. http://www.gov.cn/xinwen/2021-01/25/content_5582395.htm.

［5］ 中共中央，国务院. 关于全面推进乡村振兴加快农业农村现代化的意见［EB/OL］. ［2021-02-21］. http://www.gov.cn/zhengce/2021-02/21/content_5588098.htm.

［6］ GIESSEN L, BÖCHER M. Integrated rural development policy in Germany and its potentials for new modes of forest governance［M］. Vienna：Boku, 2008.

［7］ WILSON O J. Village renewal and rural development in the former German Democratic Republic［J］. Geo journal, 1998, 46（3）：247-255.

［8］ GHORBANZADEH M. Rural tourism entrepreneurship survey with emphasis on eco-museum concept［J］. Civil engineering journal, 2018, 4（6）：1403-1414.

［9］ JASZCZAK A, ? UKOVSKIS J, ANTOLAK M. The role of rural renewal program in planning of the village public spaces：Systematic approach［J］. Management theory and studies for rural business and infrastructure development, 2017, 39（4）：432-441.

［10］ PAULA L, KAUFMANE D. Cooperation for renewal of local cultural heritage in rural communities：Case study of the night of legends in Latvia［J］. European countryside, 2020, 12（3）：366-383.

［11］ JOHNSON J, THOMPSON A, NAUGLE K. Place-conscious capacity-building：A systemic model for the revitalisation and renewal of rural schools and communities through university-based regional stewardship［J］. Rural society, 2009, 19（2）：178-188.

［12］ PARK A L. Social renewal through the rural：Agricultural cooperatives in South Korea as a form of critiquing capitalism［J］. Global environment, 2016, 9（1）：82-107.

［13］ SARTIPI POUR M, NEDAE TOUSI S, SAADAT SHOORAK HAJI S. Assessment of rural renewal plan from the perspective of sustainable and desirable rural housing criteria［J］. Journal of Fine Arts：Architecture & Urban Planning, 2019, 24（1）：29-44.

［14］肖建莉，越剑．模式转型期中国乡村文化遗产的保护与复兴：以贵州云峰屯堡为例［J］．城市规划学刊，2019（4）：70 - 78.

［15］周坤，王进．场域织补：旅游传统村落更新理论新议［J］．人文地理，2020，35（4）：17 - 22.

［16］陈喆，周涵滔．基于自组织理论的传统村落更新与新民居建设研究［J］．建筑学报，2012（4）：109 - 114.

［17］叶建平，朱雪梅，林垚广，等．传统村落微更新与社区复兴：粤北石塘的乡村振兴实践［J］．城市发展研究，2018，25（7）：41 - 45，73.

［18］SHAND R. The governance of sustainable rural renewal：A comparative global perspective［M］．London：Routledge，2016.

［19］WANG R，EISENACK K，TAN R. Sustainable rural renewal in China［J］．Ecology and society，2019，24（3）.

［20］PAN H，WU Y，CHOGUILL C. Optimizing the rural comprehensive land consolidation in China based on the multiple roles of the rural collective organization［J］．Habitat international，2023，132：102743.

［21］LI Y，WESTLUND H，ZHENG X，et al. Bottom-up initiatives and revival in the face of rural decline：Case studies from China and Sweden［J］．Journal of rural studies，2016，47：506 - 513.

［22］WANG R，TAN R. Rural renewal of China in the context of rural - urban integration：Governance fit and performance differences［J］．Sustainability，2018，10（2）：393.

［23］ZHANG Q，YE C，DUAN J. Multi-dimensional superposition：Rural collaborative governance in Liushe Village，Suzhou City［J］．Journal of rural studies，2022，96：141 - 153.

［24］中共中央，国务院．关于在城乡建设中加强历史文化保护传承的意见［EB/OL］．［2021 - 09 - 13］．http：//www. gov. cn/zhengce/2021/09/03/content5635308. htm.

［25］HOWARD E. Tomorrow：A peaceful path to real reform［M］．London：E & FN Spon，1991.

［26］芒福德．城市发展史［M］．倪文彦，宋峻岭，译．北京：中国建筑工业出版社，2005：407.

［27］吴良镛．北京旧城与菊儿胡同［M］．北京：中国建筑工业出版社，1994：68.

［28］王路．农村建筑传统村落的保护与更新：德国村落更新规划的启示［J］．建筑学报，1999（11）：16 - 21.

［29］王竹，郑媛，陈晨，等．筒屋式村落的微活化有机更新：以浙江德清张陆湾村为例［J］．建筑学报，2016（8）：79 - 83.

［30］王竹，徐丹华，王丹，等．客家围式村落的动态式有机更新：以广东英德楼仔村为例［J］．南方建筑，2017（1）：10 - 15.

［31］潜莎娅，黄杉，华晨．基于多元主体参与的美丽乡村更新模式研究：以浙江省乐清市下山头村为例［J］．城市规划，2016，40（4）：85 - 92.

［32］林祖锐，韩刘伟，王帅敏，等．基于有机更新理论的古村落整治规划探究：以阳泉市西郊村古驿道街为例［J］．城市建筑，2019，16（14）：19 - 24.

［33］陈静．河南扒村传统村落保护发展规划探索［J］．工业建筑，2017，47（3）：49 - 53.

［34］宋绍杭，张扬，徐鑫．历史文化名村保护规划中多元功能—空间适应性方法探索：以青街畲族自治乡为例［J］．规划师，2011，27（5）：32 - 36.

［35］李伯华，杨馥端，窦银娣．传统村落人居环境有机更新：理论认知与实践路径［J］．地理研究，2022，41（5）：1407 - 1421.

［36］王嘉，杨瑞，谭琛，等．空间生产视角下的沙井古墟有机更新机制探索：基于"权力—资本—社会"辩证分析框架［J］．西部人居环境学刊，2022，37（2）：23 - 30.

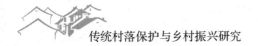
[37] 邹统钎，韩全，秦静. "千年运河"品牌基因谱系识别与空间分异研究 ［J］. 地理研究，2022，41
（3）：713－730.

[38] 刘沛林. 古村落文化景观的基因表达与景观识别 ［J］. 衡阳师范学院学报，2003（4）：1－8.

[39] 刘沛林. 家园的景观与基因：传统聚落景观基因图谱的深层解读 ［M］. 北京：商务印书馆，
2014：1.

[40] 许广通，何依，孙亮. 历史文化名村的非整体性问题与整体应对逻辑：基于宁波地区规划实践的
启示 ［J］. 建筑学报，2020（2）：9－15.

[41] 胡最，刘沛林，邓运员，等. 传统聚落景观基因的识别与提取方法研究 ［J］. 地理科学，2015，
35（12）：1518－1524.

[42] 于一凡，张庆来，沈宛仪，等. 女大学生的校园场所依恋研究：一项应用影像发声方法开展的研
究 ［J］. 上海城市规划，2021（4）：72－78.

[43] 操小晋，朱天可，李雪伟，等. 参与式社区规划何以增强？基于影像发声法的地方实践与经验启
示 ［J］. 国际城市规划：1－14.

[44] 朱佩娟，王楠，张勇，等. 国土空间规划体系下乡村空间规划管控途径：以4个典型村为例 ［J］.
经济地理，2021，41（4）：201－211.

（2023 年优秀报告；作者：杨馥端；指导：彭科；整理：刘旭）

# 第 17 章
# 地方性知识视角下传统村落人居环境治理研究

传统村落是指村落形成较早，拥有较丰富的传统资源，具有一定历史、文化、科学、艺术、社会、经济价值，应予以保护的村落。[1]传统村落是极具地域文化和民族特色的人居环境，是文化景观基因的重要载体。[2]随着新型城镇化的发展，传统村落人地关系矛盾突出。由于人居环境治理措施与当地实际情况不匹配，导致人居环境治理面临同质化的困境。因此，传统村落从地方性知识的视角来实现人居环境系统的整合和优化，借鉴地方性的治理经验来实现现代化的人居环境有效治理。地方性知识是特定情境下各民族历经历史变迁所产生的本土知识和民间智慧[3]，是在民族语境下形成的地方经验[4]。它是促成文化多样性的重要手段，是坚定民族传统文化的关键力量。从现有的研究成果来看，传统村落人居环境的相关研究大多集中在传统村落人居环境转型[5]、人居环境有机更新[6]、人居环境评价[7]等方面，对传统村落人居环境治理方面的深入研究相对不足，亟须学者从诸多视角关注传统村落人居环境治理研究。在人居环境治理过程中，治理措施如不与传统村落的地方性知识融合发展，就会受到阻碍，如何将地方性知识融入传统村落人居环境治理显得尤为重要。基于此，本章试图以地方性知识为视角，以湖南省兰溪村为例，探索传统村落的人居环境治理，为传统村落治理体系和治理能力提供经验和借鉴。

## 17.1　研究区概述

兰溪村位于湖南省永州市江永县西南部，由黄家村、上村等自然村落组成。兰溪村有"千年瑶寨"之称，传统的民族历史风貌保存完好，保留了大量明清时期的传统湘南建筑和洗泥节、长鼓舞、瑶家武术等民俗文化，勾蓝瑶文化得到传承与发展，获得"湖南省最美少数民族特色村寨""第八批全国重点文物保护单位"等荣誉，具有极高的历史价值和文化价值。兰溪村有"防御性堡寨"之称，交通不便，相对封闭，以地缘、血缘关系为纽带，使得兰溪村的地方性知识留存度较高。兰溪村蕴含着丰富的生态、经济、社会、文化等方面的地方性知识，具有强烈的地域性、本土性、适用性和情境性，是勾蓝瑶文化的重要依托，也是民族特色治理经验的重要体现，在兰溪村的人居环境治理过程中发挥着重要作用。因此，考虑到案例的典型性和代表性，本章选取兰溪村作为研究对象，对于探讨少数民族地区传统村落人居环境治理过程及机制具有一定的研究意义和价值。

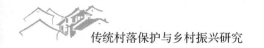
## 17.2 研究方法与数据来源

研究方法采用文本分析法和半结构式访谈法。

（1）文本分析法。阅读兰溪村的地方志等相关书籍，搜集前任村支书所提供的文本和手绘资料，了解兰溪村的村落演变历程和人居环境治理现状，梳理兰溪村的发展脉络，整理有关文献以及政策文件，明确政府部门对兰溪村的治理态度和行为。

（2）半结构式访谈法。课题组于 2022 年 6 月 22—28 日期间前往兰溪村展开实地考察，根据前期所列的访谈提纲等对驻村干部、村支书、旅游公司管理人员、普通村民等相关主体进行访谈，每段访谈时长均超过 20 分钟，最长时长为 109 分钟，访谈内容涉及日常生产生活实践、民风民俗、政府政策、村规民约等，访谈录音转化为文字 10 余万字。根据访谈内容提取有效信息（表 17.1），了解各治理主体对传统村落人居环境治理现状中运用地方性知识的情况。

表 17.1 访谈对象及访谈内容

| 编号 | 访谈对象 | 受访者职业 | 访谈内容 | 访谈图片 |
|---|---|---|---|---|
| R1～R11 | 当地村民 | R1（冰粉摊老板）<br>R2（农产品种植者）<br>R3（值班人员）<br>R4（大学生）<br>R5（非遗传承人女儿）<br>R6（瑶服租售老板）<br>R7（农家乐老板）<br>R8（欧阳门楼老板）<br>R9（返乡毕业生）<br>R10（民宿老板）<br>R11（欧阳奶奶） | 倾向于日常生产生活实践、兰溪村的治理历程、民风民俗与节庆活动仪式等 | |
| G1～G4 | 政府人员 | G1（村干部）<br>G2（村支书）<br>G3（驻村干部）<br>G4（前任村支书） | 倾向于政府治理政策的演变、村规民约的整理与制定及对传统文化的态度等 | |

（续表）

| 编号 | 访谈对象 | 受访者职业 | 访谈内容 | 访谈图片 |
|------|---------|-----------|---------|---------|
| M1～M2 | 旅游公司管理人员 | M1（江永兰溪勾蓝瑶寨旅游开发有限公司）<br>M2（海南呀诺达公司） | 倾向于文旅规划与建设等 |  |

注：编号 R 为兰溪村民（residents），G 为政府人员（government staff），M 为旅游公司管理人员（managers）。

## 17.3　兰溪村人居环境治理困境

兰溪村因城乡发展与旅游介入产生诸多问题，导致传统村落人居环境治理失衡，具体表现为生态环境污染、传统建筑损坏、治理主体矛盾、多元文化冲突。

### 17.3.1　生态环境污染

从村寨穿过的暗河是兰溪村主要的水域景观，也是村民日常洗衣洗菜与沟通信息的重要场所，更是游客拍照取景之处。"旅游开发后农家乐、客栈的污水几乎都是采用直排方式进入暗河"，在上游段甚至还有养殖场废水废物排入。尽管 2017 年已经做了生活污水处理工程，在上村、黄家村、大兴村建设了涵盖率达 77.3% 的三格化粪池，但是在暗河的下游段水体发臭变黑、矿物质超标，不能直接用于生活。旅游的介入使暗河被农家乐等所排放的污水污染，生态环境恶化严重。

### 17.3.2　传统建筑损坏

传统建筑如果损毁，附着于其上面的社会秩序和文化记忆也会分崩离析。瑶族在历史上曾是被压迫的民族，防御意识强，兰溪村设有古城墙、守夜屋、关厢及门楼等防御工事，建立起"外部空间设防—内部空间设防—传统建筑设防"三层级防御体系。由于时代的发展，防御功能逐渐弱化，传统建筑越来越不受重视，破损毁坏严重。大多数古城墙、关厢及牛庄屋仅存遗址，守夜屋仅剩麻斋圩和槐木下两座，回龙阁（图 17.1）、盘王庙（图 17.2）、龙泉观、古戏台等公共建筑严重荒废，雕刻、壁画破损，柱子、墙体年久失修，日常修缮不到位。虽然政府有拨款修复，但《兰溪瑶寨古建筑修缮方案》修复要求过高，村民难以接受和完成。总体来看，治理效果微弱。另外，由于村民对美好生活的向往，改善住房条件已上升为村民的最大需求。村民或是搬离原有民居，在兰溪村外围新建住房，甚至搬到县城内，导致村落内部空心化严重，传统建筑严重衰败；或是拆除旧民居，在原址上新建，传统建筑与新建建筑混杂，破坏以宗族为核心的的空间格局，空间肌

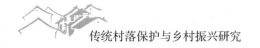

理呈现破碎化趋势，且导致原有的宗族观念淡化，村民的归属感急剧下降。由于治理经验的同质化和村民对规划的理解认知不到位，往往导致村落风貌不协调以及内在文化价值缺失等各种问题，治理面临重重阻碍。今后要注意在政策和法规的约束下，监管、控制兰溪村的传统建筑，禁止拆除核心保护区内建筑，新建建筑要经过相关部门的审核批准。

图 17.1　回龙阁

图 17.2　盘王庙局部

### 17.3.3　治理主体矛盾

多元主体是联系人居环境各系统的纽带。多元主体如果散乱，治理主体权属不明，传统村落人居环境治理将难以进行。在传统社会，"一个姓氏一个门楼"，具有血缘的宗亲家族聚居在一个门楼，注重寨子里人与人之间的邻里关系。但是在商业化发展进程中，受旅游等因素的影响多重主体介入传统村落社会空间，村民之间传统的亲缘血缘关系逐渐弱化，地缘、业缘关系影响增强，社会关系网络发生变化，由此带来的是传统村落社会阶层分化和基层治理模式改变。参与传统村落空间治理的主体不断增多，当地政府、兰溪村委、兰溪村民等共同参与兰溪村发展过程，导致社会结构变迁，利益至上的价值理念逐渐蔓延，利益冲突加剧，权属关系不明。例如，成立民俗文化表演合作社，在洗泥节的表演中，由于村民之间发生利益冲突，只有合作社员工家属或关系好的人才能参与表演，其他人想参与就得托关系。

### 17.3.4　多元文化冲突

外来文化使兰溪村固有文化发生变动，与外来文化融合共生。勾蓝瑶寨作为四大民瑶的重要分支，千年瑶寨的文化和民族基因比较稳固，积累了深厚的民族文化；但也存在诸多问题。其一，勾蓝目前唯一的民俗文化表演——洗泥宴，包含有龙游门楼、狮子串门楼、开莲花、起宝塔等传统民俗，基于游客的需求与表演时间、内容、人员等因素的影响，对一些民俗进行了压缩改编，以至于村民对洗泥宴表演中的部分内容无法理解。此外，洗泥宴请外来老师来指导，加入外面的文化内容，这让村民有些难以接受。其二，"洗泥宴"的消费形式目前仅限于舞台展演，没有衍生出与之相关的其他文化产业。洗泥节传承机制也不够完善，目前面临着新老传承人青黄不接的局面。其三，说瑶话、穿瑶服的人减少，会跳长鼓舞、打女子拳的年轻人也因生计所迫而放弃。兰溪村受外来文化的冲击，地方文化遭遇开发性破坏。

## 17.4　兰溪村的地方性知识构成

### 17.4.1　风水堪舆知识

风水产生于上古的"择居实践"。其宗旨是审慎周密地考察和了解自然环境,顺应自然,有节制地利用和改造自然,创造良好的居住与生存环境。因此,进行风水格局分析有助于阐释景观格局的构成本质。兰溪村三面环山,村落形态犹如龟形,黄家村主要依老人山、大木脑山,上村则依怡山而建,背倚山体,兰溪、兰水两条溪流相交,溪流潺潺,围合的土地肥沃,水源充足,是安居乐业的极佳场所。依山傍水,互相映衬,绿野田园延至山边,是山水汇聚、藏风得水之地,是择地而居的上好场所。受山地地形及河流流向影响,村落边界与山水走势相一致,讲究顺应地形,充分体现了我国传统营建中"天人合一"的理念(图 17.3)。

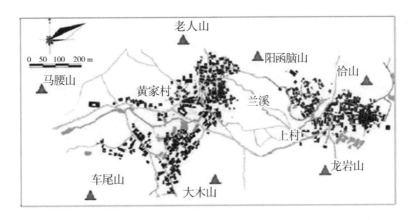

**图 17.3　兰溪村风水格局**

### 17.4.2　传统建筑知识

#### 17.4.2.1　空间肌理

传统村落空间肌理知识既反应了顺应自然、契合村落内部特征进行营建的方法,也更多融入了传统村落村民的意识和价值观念,体现出人文因素影响下的传统村落营建思维和逻辑。[8] 兰溪村有黄、何、欧阳、杨、蒋等 13 姓,每个姓氏都有自己的门楼,并建有祠堂,以此为中心向外扩展,形成以宗族和血缘为纽带的聚居形式。此外,瑶族在历史上是被压迫的民族,防御意识强,安全性被提到了第一位,村落布局由此形成了安全防御与实际生活相结合的依山、傍水、临路的整体格局。在勾蓝瑶寨的村落布局体系中,村民利用环山的地形建立古城墙、守夜屋、关厢及门楼等防御工事(图 17.4),建立多层级防御体系,保证了瑶寨内村民的安全。寨墙作为堡寨聚落防御体系中最基本的组成部分,通过和天然屏障的有机结合,使堡寨对内表现出安全感,对外具有防御性。守夜屋、关厢和姓氏门楼是堡寨聚落防御体系中设置的层层关卡,也是监视功能的强化。[9]

| 门楼 | 防御式体系 | 古城墙 | 守夜屋 |

**图 17.4　防御工事**

### 17.4.2.2　建筑用材

勾蓝瑶寨所处地区气候湿热、雨量充沛，境内群山环绕，山高林密，盛产木材，森林资源十分丰富；喀斯特地貌造成勾蓝瑶寨周边多是石山，土壤以红壤土为主。兰溪村民从当地山上就近取材，开山取石，挖土烧砖，以石头、木材、红砖瓦等为主要的建材。石材在勾蓝瑶陡峭的山峰上随处可见，其较为坚固且便于长期保存，不容易风化腐烂。石材在勾蓝瑶地区的房屋、庙宇、石城墙以及道路上广泛应用。该地区泥土资源较为丰富，泥土富含有丰富的铁元素，红砖由本地泥土烧制而成，颜色极为鲜艳好看，用以修筑建筑别有一番美感和与众不同。老房子都不会粉刷，外面会勾缝。用茅草烧出来的生石灰，跟纸浆融合，叫石灰浆，用来勾缝。勾缝之后，砖的透气性很好，墙壁也会有通透性，所以冬暖夏凉。

### 17.4.2.3　建筑形态

勾蓝瑶民居以天井院形制（图 17.5）为主，房屋外部修砌高大围墙，在住宅内部开设天井，室内房屋的门窗都朝向天井开设。这种布局既可起到防御的作用，又可通过天井来采光、通风、散热、排雨。房屋平面布局以天井为中心，两侧厢房成对称分布，堂屋朝向天井，用雕花隔扇门区隔，朝向不固定方向，随地形做出相应调整。四合院即四面都是由房间围合而成的天井院，为三间两进式布局，靠街一面是第一进，叫作下房，多用作厨房或储藏间。住宅中间为长方形天井，两侧是厢房；第二进是上房，一楼明间是堂屋，二楼是卧室或储藏室，靠天井面设有廊道。天井院冬暖夏凉，既节约了用地，又营造出安全与私密的居住环境，对室内空间气候环境的改善起到了十分重要的作用。

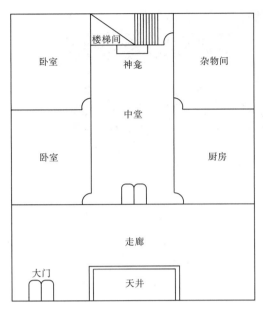

图 17.5　天井院形制

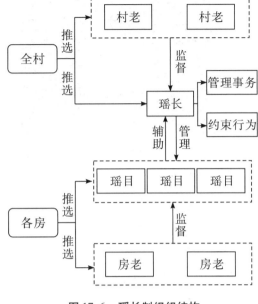

图 17.6　瑶长制组织结构

## 17.4.3　社会组织知识

### 17.4.3.1　瑶长制

兰溪勾蓝瑶数百年来一直奉行瑶长制（图17.6），新中国成立后，才有所改变。瑶长由各房轮流推选，主管全瑶大小事务，若该房确无能人，也可以跳房推选。选瑶长时，要配选村老数人，作为瑶长的监督人，重大问题议事、处理必须请村老到位。瑶长下设立多名瑶目以分担其事务。各房推选出瑶目后，还要配选房老一两名，房老也是支持、监督瑶目办事的。其中村老的推选范围是全村，房老的推选范围则是本房。随着时代的变迁更替，瑶长制已不复存在，但瑶长制选举的民主化与内部管理的民族化对瑶族内部约束、协调族内关系以及维护内部社会秩序具有重要作用，使瑶寨的社会风貌焕然一新。

### 17.4.3.2　村规民约

瑶族向来有"石碑大过天"的传统。兰溪村不仅将传统约定刻于石碑（图17.7），也以歌谣的形式对村民行为进行道德约束，涉及生态环境、生产生活、宗教信仰、文化习俗等内容。在地形相对封闭的兰溪村，不成文约定在心理和道德层面上的约束力强于制度层面的法律约束。对于生态环境，设有公山和公田，划定保护区，砍伐树木要经瑶长批准，在一定程度上限制了对自然环境的破坏。通过《传家训》和《懒春耕》等歌谣，倡导村民养成勤勉、忠厚等良好品格，对懒散、嫖赌等行为进行痛斥，对兰溪村淳朴社会秩序的形成奠定基础。兰溪村为适应现代化的治理需求，由约定俗成的规定向成文性村规民约转变。兰溪村为强化村民自治，在禁砍森林、偷盗、破坏公共设施、保护水利方面通过奖惩规则约束村民行为。为适应旅游发展的需求，村规民约在一定程度上根据兰溪村的实际情况有所改动。《勾蓝瑶寨村规民约》（图17.8）共13条，涉及自然环境保护、古村风貌维护、旅游产业经营和社会矛盾处理等内容，规范和约束了全体村民在参与旅游开发时的具体行为。

图 17.7 石碑

图 17.8 《勾蓝瑶寨村规民约》

### 17.4.4 宗教伦理知识

兰溪村是有多重宗教信仰的传统村落，信奉佛道儒三教，敬奉盘王，崇巫信神，勾蓝瑶精神信仰的形成和发展建立在万物有灵的观念之上，生活中的神秘力量成为支配着族人生活的精神因素。从勾蓝瑶众多的庙宇和神祇、诸多的祭祀活动等与宗教信仰有关的社会现象来看，勾蓝瑶的精神信仰主要有自然崇拜、祖先崇拜、宗教信仰三个方面。

#### 17.4.4.1 自然崇拜

在我国古代，生产力水平普遍不高，原始瑶民对大自然认识水平低下，无法做出科学的解释，只好归结为神灵。他们相信神赋予了大自然万事万物神秘与能量，便出现了自然崇拜现象。兰溪瑶胞相信万物皆有灵，从天上的风雨雷电到地上的山川河流、花草树木、飞禽走兽、五谷杂粮等都有神灵。为祈求每年风调雨顺，瑶胞们祭祀风神、雨神、雷神；为保佑小孩出入平安，要祭拜桥神、水神；为庄稼收成好，要祭拜五谷神、仓储神、地神；上山捕猎要祭拜山神；防止火患要祭拜火神；等等。

#### 17.4.4.2 祖先崇拜

祖先崇拜本质是一种以血缘关系为基础，受血缘观念支配的宗教行为。勾蓝瑶崇敬祖先，民居的堂屋用于举行祭祀、议事和存放祖先牌位，是供神、祭祖的神圣之地。这里家家户户都有神龛，每家每户都有区别。由于村子里特殊的婚姻形式，也造成了神龛上面的内容不尽相同。每个姓氏均有祠堂（图 17.9、图 17.10），这不仅是赖以立身处世的基本环境，也通过族规宗约严格规范和影响着兰溪村民的社会活动。祠堂具备祭祀祭祖、执法纠偏、商议本族大事、娱神娱人及教育教化等功能，如办理红白喜事，举行节日娱乐活动。通过举办洗泥节等节庆，在宗祠宴请宾客，凝聚族人的团结，尊师敬祖、热情好客、恪守本分等价值观念流传至今。

图 17.9 黄家祠堂

图 17.10 红纸

### 17.4.4.3 宗教信仰

瑶族供奉和信仰的神灵有很多，主要有佛教中的佛和菩萨，如如来、观音；有道教中的神仙，如太上老君、玉皇大帝；有历史中的英雄人物，如关公、黄将军；还有对死去亲人的供奉；等等。勾蓝瑶胞相信神灵无所不在，神灵统治阳界，而庙宇是神灵的载体，于是建庙祭神成为勾蓝瑶的一大特色。勾蓝瑶庙宇众多，据统计，共有庙、庵、观、宫等各类庙宇68座（图17.11为盘王庙）。在勾蓝瑶，敬神与娱乐是联系在一起的。勾蓝瑶人常利用宗教节日在寺庙举行全族性的歌舞，感谢神灵所赐的丰收，也表达自己欢喜的心情。

图 17.11 盘王庙

## 17.4.5 传统文化知识

### 17.4.5.1 洗泥节

兰溪村村落与耕地距离较远，为方便生产，村民在田地里盖起牛庄屋。每到农忙季节，男劳力便前往牛庄屋居住，以便于进行耕作和交流经验。农耕结束后便是兰溪村的传统节庆——洗泥节。村中老人言道，"插秧上岸，功夫一半，牛补青食，人换新装，家人团聚，举族联欢"，大办苦瓜宴，宴请宾客。洗泥节具有极高的艺术价值和深厚的文化底蕴，不仅展示了勾蓝瑶的民族精神风貌，而且促进了勾蓝瑶人的团结，增强了勾蓝瑶人的民族意识。在城镇化背景下，传统文化受到外来文化的冲击，二者产生冲突，洗泥节在一定时期出现停滞。为强化兰溪村的文化认同，当地村民自发成立"洗泥宴"民俗表演合作社，"洗泥宴"（图17.12）的表演涉及生产生活等内容。将农耕时节的洗泥摸鱼等民俗活动改编为文化展演，既能获得实际的经济效益，传统节庆也得到创新性传承与发展，而且可通过旅游体验来让游客深度感知勾蓝瑶的文化特色。

图 17.12 "洗泥宴"之庆丰收

### 17.4.5.2 长鼓舞

每年农历十月十六日为勾蓝瑶的盘王节，勾蓝瑶人都要唱盘王歌、跳长鼓舞（图17.13）来祭祀祖先盘王。勾蓝瑶经常举行各类信仰的祭祀活动，祭祀完毕后跳长鼓舞是必不可少的，场面热闹非凡。瑶族长鼓舞起源于古代的狩猎时期，是瑶族先民们自娱与娱人的一种文化现象，是瑶族族群识别、血缘亲疏区分的工具之一。在勾蓝瑶，长鼓舞的许多内容和形式与生产劳作密切相关。长鼓舞分为单人舞、双人舞、群舞等类型，有"大打

72 套，中打 36 套，小打 24 套"动作套路，每一套又分为"起堂""移堂"等动作。在整个过程中，勾蓝瑶以日常生产生活为内容题材，利用跳、跃、蹲、翻转、仰腾等舞蹈语言，生动演绎出翻山越岭、踏石过溪、伐树运木、斗龙伏虎等场景。这些原生态的舞蹈动作洋溢着勾蓝瑶浓郁的远古文化气息，表现了勾蓝瑶人热情豪迈、英勇彪悍的性格特征，形象地反映了勾蓝瑶人的物质生活和精神生活状况，深刻地展示了勾蓝瑶人的日常生活情景。

图 17.13　"洗泥宴"之长鼓舞

### 17.4.5.3　勾蓝瑶歌谣

勾蓝瑶歌谣以劳动人民的集体创作为主，主要在口头流传。其形体比较短小，字句比较整齐，与劳动人民生活紧密，反映了各个时代的社会风貌，人民的思想情感、愿望和审美情趣。诸多歌谣通俗易懂，传授是非曲直的价值观念，对家庭成员道德教化起到一定作用；也可传授什么季节耕种什么、怎样精耕细作、每种农作物有何特点等知识，彰显农业生产中祖先的智慧和经验。

## 17.5　地方性知识视角的兰溪村人居环境治理驱动因素

地方性知识是基于特定地域、特定情境下日积月累而成的独特经验，对传统村落空间治理具有一定的适用性。在兰溪村空间治理过程中，总结地方性知识的地域性、本土性、适用性、情境性等特征，将地方性知识嵌入人居环境自然生态系统、地域空间系统、社会文化系统、多元主体系统四大系统[10]，实现传统村落人居环境治理均衡发展。在乡村振兴战略的契机下，兰溪村转变治理模式，协调村落空间形态和建筑风貌，巧用民俗调解纠纷，建立瑶族生态博物馆，实现趋同化治理模式向在地化治理体系转型。

### 17.5.1　地域性与自然生态系统治理

勾蓝瑶人以所处的环境、生产发展及生活便利为指导思想，选取地基稳定、环境优美、日照通风良好、供水充足的地方建造了兰溪村，形成了安全防御与实际生活相结合的依山、傍水、临路的整体格局。在建筑营建方面，尽可能地使用地方材料，最大限度地发挥材料的优势，按一定的科学与美学规律加以结构整合，形成朴素的适应性聚落营建技术。兰溪村的营建顺应了地貌山形、河流水系，避免对自然生态造成破坏，无论是自然崇拜，还是民俗禁忌，目的就是保护好与此相互依赖的生存环境。自然崇拜对自然生态系统治理的作用在于保护村落生态的基本格局，使得村落原有格局在经济发展的过程中得到和谐的保存。自然崇拜不仅起到了外在调节人们行为的"他律"的效果，更是使人们内心严格遵循，达到"自律"的主动调节目的。虽然兰溪村的自来水普及率很高，但是大部分村民的洗衣洗菜仍使用井水。兰溪村已有千年历史，村内现存的古井之所以还在使用，是兰溪村民保护水资源的意识已经内化于自身生活之中。大人们会给小孩讲一些神话故事，防止小孩在桥头、水井附近污染水源，对孩子们起到震慑作用。正是有了自然崇拜，兰溪村"山围水绕、田林相间、寨落山水"的人居环境才得以保留。

## 17.5.2　本土性与地域空间系统治理

传统村落空间形态是地域空间系统的空间载体，通过治理传统村落空间的不合理利用方式和状态，鼓励地方性知识持有者参与管理，提升传统村落空间利用水平，优化传统村落空间形态、结构和功能特征，进而摆脱空间肌理衰败的困境。空间形态治理有助于优化传统村落空间肌理，保护传统建筑景观，为其提供物质基础。以空间肌理更新化、建筑景观原真化为手段的空间形态为保护传统村落创造条件。一是空间肌理更新化。在发展中保护传统村落格局的完整性，保持村落作为防御式堡寨的特色，在漫长的历史进程中，由此所形成的"传统约定"客观上会限制空间肌理的破坏，使其在利用与更新之间保持平衡。这种约定俗成的地方性知识规则对村民保护空间肌理的行为具有强制而明确的规范与约束，顺其自然地融入村民的价值观念中，实现空间肌理的有效保护。二是建筑景观原真化。传统建筑承载着村民共同的信仰，是物质空间重要的外在表现。兰溪村的传统建筑分为防御型建筑、传统民居和公共建筑三种类型，其中本土化的经验蕴含着浓厚的地方性知识。在更新过程中既要保留传统建筑的社会功能，又不流失其原有的文化底蕴。一方面，兰溪村就地取材，因地制宜，取材多样性是为了避免生态资源的过度浪费，尊重保护自然；另一方面，当地采用红砖建筑，工艺易于掌握，使用上可以达到防风、防潮、防御的功能。在物质空间改造和治理的过程中，保留当地特色非常重要，勾蓝瑶寨的能工巧匠，按照明清建筑的传统形式对古建筑进行修缮，尽量"修旧如旧"，凸显其原真性。

## 17.5.3　情境性与社会文化系统治理

地方性知识本身是基于特定的环境和空间场所而产生的，人与人、人与环境之间产生行为互动，由此将地方主体日常实践中的生活细节通过文化的形式进行情境再现，地方性的内在情感外化成一种文化深度认同，从而达到社会文化系统治理的目的。社会文化系统治理的关键在于地方传统的活化与传承创新。传统村落的文化景观蕴含着丰富的地方性知识，是地方性知识重要的载体，包含物质文化遗产与非物质文化遗产等。需要系统地发掘文化景观中的地方性知识，特殊的风俗习惯、宗教信仰、民族传统等都是社会文化系统治理的有效资源。在地方性知识拥有者的文化认同下进行治理，强化地方主体对地方性知识的感知，对于深化地方特色至关重要。例如将传统节庆改编为富有标志性文化符号意义的民族文化项目进行展演。在勾蓝瑶寨，突出体现为每周末固定在相公庙民俗表演厅上演的民俗文化表演晚会，节目的原生态和独特性广受好评。将农耕时节的洗泥摸鱼等民俗项目改编为文化展演节目，将洗泥节情境化，既能获得实际的经济效益，也将传统节庆进行创

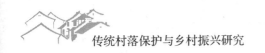

新性的传承与发展，使其得到更好的保留，并由此加深人与人、人与地方之间的情感联结。

### 17.5.4 适用性与多元主体系统治理

地方性知识强调"文化持有者的内部视界"，提出了从局内人和局外人的不同视角来看待的思维、逻辑立场以及话语表达问题。进行多元主体的治理，要搭建好局内人和局外人良好沟通的桥梁，建立意义协商语境下的沟通机制。兰溪村由于地理位置险要，自古以来同姓血缘聚族而居，布局形式以宗族祠堂为中心，形成多种层级防御体系的防御式村寨。这种独特的建筑形式造就了它的宗族观念和集体意识非常强烈，呈现出以熟人社会为主导的自组织模式。由于多元主体的介入，村委会和村民的自组织能力被弱化，"主位"的需求被忽视，政策以走样的形式来嵌入地方情境，引起村民的不满。政策要落实，村民对政策目标的理解、对自身环境情势的判断理解至关重要。[11]政策的制定和执行应在当地村民自身理解的基础上构建，地方性知识的作用就得到深刻地体现。政府作为重要的治理主体，需要发挥它的制约作用，但并不意味着要实行大刀阔斧的"一刀切"模式，更需要重视本土的社会治理资源，村规民约等非正式制度是重要的社会治理资源，二者之间形成有效互补。勾蓝瑶寨有过民间权威组织——瑶长制度，聚族而居，重视家族血缘和地缘纽带，强调集体合作。地方性知识是实现民主自治的重要基础，通过鼓励新乡贤参与治理、发掘地方传统相关民约、提高村民自主的参与意识等手段，可对社会资源进行更好的配置。村民由于地缘、血缘等的连接关系形成了强烈的文化认同感。应通过社会关系网络重组的方式，在政府、企业、村委、村民的关系中给予地方知识拥有者的村民更多的话语权，赋权于当地的村民，提高内生动力，实现内源式发展，建立健全基于地方性知识的社会治理体系。但这并不意味着摒弃政府的政策，而是将地方特性融入宏观政策，将地方性知识内化成社区认同，实现政策的本土化。

## 17.6 地方性知识视角的人居环境治理优化策略

### 17.6.1 构建地方性知识数字化平台

传统村落人居环境治理离不开地方性知识，但目前存在地方性知识缺乏系统的梳理和整合的问题，导致地方性知识的流失。构建地方性知识数字化平台是将地方性知识系统化的有效手段。将由地方志、田野调查、书籍、网页等不同渠道所获得的地方性知识，作为重要的现状基础数据补充，分类梳理多维空间中的地方性知识，深入挖掘地方性知识的价值，避免过多先入为主地带入先验的知识，并在挖掘过程中将数据信息进行系统性解析，探寻不同地方性知识间的潜在关系。要确保当地村民的话语权，但也要避免机械的记录与保存，并注意去伪存真。在民族传统村落中形成一定的地方性知识体系，建立地方性知识数字化平台，为传统村落人居环境治理打下坚实基础。

### 17.6.2 建立政府与村民的沟通协调语境

政府的各项政策举措在具体实施过程中，面对不同地方的不同特点时，不一定都能达到目标效果。只有借助地方性知识的在地性,才能建立政府与村民之间的沟通协调语境。如果只是治理措施西方范式的机械移植和主流社会治理经验的嫁接,与当地的实际发展情况不相符,人居环境治理将会无效。只有了解当地的地方性知识,透过"文化持有者的内部眼界"看待问题,才能对传统村落进行有效治理。而且村民以局内人的视角参与人居环境治理,通过地方性知识识别传统村落目前所存在的问题,将地方性知识和人居环境治理之间建立有效连接,进而达到传统村落有效治理既符合国家治理体系的总体要求,又满足村民日常实践的根本需求的目的。政府与村民之间需建立一种意义协商语境下的主位客位并行机制,客位要明晰自己的责任,主位要充分把握自己的话语权。传统村落多元主体系统治理是自组织和他组织共同作用的结果。

## 17.7 总结与反思

本章以江永县兰溪村为例,关注兰溪村的人居环境治理研究,在探索传统村落人居环境治理中,需要构建出与当地实际相适应的治理框架,从而避免村落旅游强力介入下导致生态环境恶化、空间肌理失序、传统建筑损坏严重、文化冲突等治理乱象。面向传统村落的人居环境治理转型,无疑需要与当地的地方性知识相契合,构建出适应于传统村落这一乡村治理单元独特的治理机制。虽然大多数的地方性知识对于传统村落空间治理有着积极的一面,但仍存在着不符合现代发展的弊端,并不适应现代化治理的需要。传统村落人居环境治理是乡村治理必不可少的关键部分,在全球化背景下探索适用于传统村落的人居环境治理,地方性的治理建构无疑是最佳选择。只有根植于地方与文化的土壤,形成具有独特民族特色的治理经验,传统村落才能得到可持续治理与发展。

**参考文献**

[1] 胡燕,陈晟,曹玮,等. 传统村落的概念和文化内涵 [J]. 城市发展研究,2014,21(1):10-13.

[2] 谢谦,刘沛林,徐美. 中国传统村落景观研究的知识图谱分析 [J]. 经济地理,2022,42(4):202-208.

[3] 周俊华,秦继仙. 全球化语境下民族地方性知识的价值与民族的现代发展:以纳西族为例 [J]. 云南民族大学学报(哲学社会科学版),2008(5):21-25.

[4] 张瑾. 民族旅游语境中的地方性知识与红瑶妇女生计变迁:以广西龙胜县黄洛瑶寨为例 [J]. 旅游学刊,2011,26(8):72-79.

[5] 李伯华,李雪,王莎,等. 乡村振兴视角下传统村落人居环境转型发展研究 [J]. 湖南师范大学自然科学学报,2022,45(1):1-10.

[6] 李伯华,杨馥端,窦银娣. 传统村落人居环境有机更新:理论认知与实践路径 [J]. 地理研究,2022,41(5):1407-1421.

[7] 曾灿,潘鑫玥,李伯华,等. 传统村落人居环境脆弱性评价研究:以湖南省江永县上甘棠村为例 [J]. 资源开发与市场,2020,36(10):1080-1086.

[8] 张中华,章墨. 基于"点—链—集"结构的传统村落景观地方性知识体系研究 [J]. 西北大学学报(自然科学版),2022,52(4):617-627.

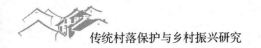
［9］陈幼君. 兰溪, 美丽的城堡式瑶寨: 勾蓝瑶历史文化研究［M］. 长沙: 湖南地图出版社, 2008.

［10］李伯华, 曾灿, 刘沛林, 等. 传统村落人居环境转型发展的系统特征及动力机制研究: 以江永县兰溪村为例［J］. 经济地理, 2019, 39 (8): 153 – 159.

［11］马翠军. 国家治理与地方性知识: 政策执行的双重逻辑: 兼论 "政策执行" 研究现状［J］. 中共福建省委党校学报, 2015 (8): 4 – 10.

（2023 年优秀报告；作者：孙倩；指导：李强；整理：杨清清）

# 第 18 章
## 传统村落保护利用助推乡村振兴机理研究

党的十九大提出实施乡村振兴战略，提出了"产业兴旺、生态宜居、乡风文明、治理有效、生活富裕"的总要求。[1]传统村落是在长期的农耕文明传承过程中逐步形成的，具有极高的历史价值、文化价值、美学价值和经济价值，作为我国农耕文明的承载体，是乡村振兴战略的实施对象和重要内容。[2]本章以第四批国家级传统村落——湖南省陈朝村为例，探讨传统村落保护利用助推乡村振兴的机理，分析两者的相关关系，以期对传统村落保护与发展提出新思路推动乡村振兴。

## 18.1 研究区域概况

陈朝村隶属湖南省永州市祁阳市进宝塘镇，位于进宝塘镇南约5.4千米处，以始祖陈朝之名为村名。陈朝村属丘陵地区，霜雪天气少，土地肥沃，物产丰富，富产粮食、茶油等。据族谱记载，本支刘氏始祖刘士植，系刘氏二公，从本族井公塘搬迁而来定居。刘士植的祖先从江西搬迁至井公塘，刘士植是刘氏第六代传人。陈朝村村委会驻瓦桥，辖肖家冲、陈朝冲、张家院、瓦桥、罗家、永福井、何家、王家、碧子塘等村民组，总面积1.6平方千米，耕地74.3公顷，260余户，960余人，其中常住人口860余人。现与新岭村合并为新朝村。

陈朝冲大院为清代早期古建筑群，始建于清乾隆十一年（1746）。初建中心院，后经多代子孙扩建，形成了刘氏陈朝冲大院和刘氏书院于一体的古建筑群（书院在"文革"期间被毁坏）。2016年12月，陈朝村被列入第四批国家级传统村落。

### 18.1.1 村落布局及传统建筑

陈朝冲大院（图18.1）建筑规模宽阔、对称、宏达、和谐，坐北朝南，背靠低矮山峦，面朝椭圆形水塘，左右各有一湾形水塘，按照"前有照，后有靠"的布局建造。三个水塘既是古民居的风水所依，也是考虑消防所设。从外围整体看，以祠堂为中心，左、右两侧是院落，左侧院落比右侧院落宽敞。正门高大雄伟，门楣上横挂"进士"牌匾，上书"咸丰丁巳年刘华南"，前坪用卵石铺设，门楼两旁是装饰讲究的照墙；正厅气派奢华、雕梁画栋，也是族人大型庆祝活动的主厅，中间是天井，排水系统完好，最后正房中供奉着祖先牌位；各偏堂、偏厅通过门廊连接正厅，堂中两旁是厢房，都用阳雕石门框连接，房

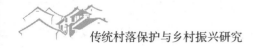

房相通相连，晴不晒日，雨不湿鞋。每堂都有天井，通风、采光完美。关上石框大门，每堂几户又独立成院；打开石框大门，整个家族互相联通。所有大堂用雕花木门，四扇分开，木制门槛都很高，彰显家族显贵和治家威严。

图18.1　陈朝冲大院

## 18.1.2　陈朝村村落保护利用现状

### 18.1.2.1　保护传承的开启时段

陈朝村以工业发展为主，经济发展和基础设施建设水平高于一般村落，但传统资源大多已被破坏，社会力量参与度不高，当地村民主体意识不强，对传统村落的保护尚处于探索和试点的开启时段，保护措施不足，监管力度差。2012年，祁阳县委、县政府成立陈朝村传统建筑修复领导小组，对古村进行规划、修复、保护，于当年冬完成路面铺设仿古青砖、祠堂修缮和民宅修复等工程。但此类修复没有传统村落保护总体规划的统一指引，只是对传统村落的"小修小补"，具体修复时很少采用传统材料和传统工艺"修旧如旧"。2016年12月，陈朝村被列入第四批国家级传统村落；2017年，国家住建部官网发布，陈朝村拟列入2018年中央财政支持的中国传统村落名单，要求做好传统村落保护工作；2018年，永州市人大常委会发布公告，《永州市历史文化名城名村保护条例》通过永州市人大常委会、湖南省人大常委会批准，自2019年4月1日起实行，陈朝村被列为永州市传统村落保护对象；2020年，陈朝村古建筑群保护修缮工程由湖南财政厅批准资金，对陈朝村进行投资240余万元、为期90天的保护修缮，整体拆架修缮大院东部三户住宅；检修大院整体屋面，恢复天井四周地面、院落广场山字墙、各堂厅三合土地面；大屋入口前坪铺设青石，整修入口西侧围墙；加宽大屋入口道路，按保护规划落实车位和公共厕所等项目。

### 18.1.2.2　开发利用的初始阶段

陈朝村传统村落保护起步时间晚，开发程度较低，尚处于摸索、试验阶段。一方面，古建筑文物等还在保护参观阶段，没有深入的历史文化营造。由于旅游资源大多已被破坏，导致开发潜力较小，受资金所限而无力自主开发，大多是政府扶持，宣传推广不到位，无法招引社会经济资本参与开发项目，另一方面，陈朝村以及附近旅游业不发达，多是一日游、周边游，住宿、餐饮业发展不成熟。近年来，陈朝村对古建筑进行维修、修缮，基础设施和人文环境得到改善，加之政府扶持宣传，在优秀传统文化挖掘创新、传承发展上有所突破，在"旅游 + 农业"、促进文旅融合、产业升级和富民强农上有较大变化，相比附近其他村落保护利用较好。

## 18.1.3　陈朝村发展现状

### 18.1.3.1　乡村产业发展方面

陈朝村产业以农业、工业为主。其中，由传统农业逐渐向"农业 + 现代服务业"升级转化，主要农作物有绿苹果、欧洲萝卜等。近几年，村两委盘活闲置土地资源，将土地统一流转给祁阳园宁农业开发公司，发展粮食种植、中药材种植、蔬菜种植、水果种植等（图 18.2），土地承包租金作为集体经济分红，村民空余时间参与劳作获取工资，为一些贫困群众解决了实际困难。现有榨油厂、家俱厂、塑料包装厂、饲料加工厂等村内企业，村里还设有村粮站、村信用社、村卫生室等单位。

图 18.2　陈朝村农业开发

### 18.1.3.2　乡村人居环境发展方面

目前，陈朝村所有村间小路均已修建好，通往乡镇和国道的水泥公路加宽至 4.5 米，村内 10 个村组都有公路有效连通，正在完善村落的供电、给排水、网络等管线系统，保障基本水电资源以及网络供应。村内 260 余户居民均已建设现代楼房，乡村别墅随处可见，绿化覆盖率高。以村委会为中心，建设篮球场、图书室、健身中心，丰富村民的业余生活。还通过实施"门前三包"、农村垃圾处理等项目，开展村落环境卫生整治、环境卫生评比等活动，专

图 18.3　陈朝村人居环境

人清扫村内公共区域，让村落环境变得美丽整洁（图 18.3），形成了村容整洁、宜业宜游的美丽乡村格局。同时，为节约土地，村民倡议反对乱埋乱葬，建设公益墓地，实行集中安葬等生态殡葬方式。

### 18.1.3.3　乡村文化生态方面

为弘扬传统村落优秀文化，丰富村民的精神文化生活，培育传承良好的家风家教，陈朝村定期举行共话家风活动。村干部带领小朋友诵读家训，分享村内的家风小故事，

希望家长向优秀榜样看齐，以良好的言传身教影响、感染孩子，传承勤劳勇敢、诚实善良的好家风。还通过文明评选、座谈会等多种形式，宣传家风建设典范，营造陈朝村爱国爱家、相亲相爱、见贤思齐、崇德向善的良好氛围。新时代家风新风尚正逐步"吹入"陈朝村每一户村民家中。此外，村委会建设村图书室（图18.4），并组建陈朝村广场舞队伍，定期开展广场舞比赛、篮球比赛、棋牌比赛等，丰富了村民的文化生活。

图 18.4 陈朝村图书室

#### 18.1.3.4 乡村社会治理方面

陈朝村村两委评选文明农户、"五好家庭"，开展创先争优，树立标杆，促进文明家风建设，制定了提倡群众主体、规划先行、简单实用、因地制宜、资源利用、整洁有序等10条村规民约。同时，明确对违反者的惩罚措施，并严格监督执行。陈朝村民风纯朴，对老人厚养薄葬，丧事从简；婚事喜庆讲究礼仪，又注意节约。村两委坚持移风易俗，反对陈规陋习，党员干部带头作表率以正民风，勤俭节约、邻里守望形成风气。

#### 18.1.3.5 乡村经济生活方面

陈朝村人口大量外流，如今村落内大部分是中老年人，多数青壮年外出务工，村民职业多为农民、工人、第三产业服务人员。陈朝村土地多人口少，是祁阳市乡村振兴重点帮扶村。被列入第四批国家级传统村落后，陈朝村旅游业得到发展，村民售卖当地特产、开设农家乐，开展果蔬采摘、农事体验等项目，平均每户每年增收1000余元。2020年发展生态种养业以来，每年预计将增加村集体经济收入5万余元。村民在村里农业基地务工，解决68户85余人的就业问题，村民每年增收8000元左右。目前正在打造"三农"产业园，预计再解决100余人的就业，村民人均可支配收入也逐年增加。

## 18.2 研究方法与分析

### 18.2.1 数据来源

本次研究采用问卷调查法。在总结相关文献研究成果前提下，设计了关于传统村落保护利用助推乡村振兴机理研究的调查问卷。问卷共包括三部分：第一部分为调查者的基本情况；第二部分为对传统村落保护利用的评价，用以了解陈朝村对古建筑、非物质文化遗产等的保护利用现状以及保护面临的问题；第三部分是传统村落保护利用助推乡村振兴的评价，此部分的各项评价结合乡村振兴的内涵和陈朝村的实际情况编制而成，包括"产业兴旺、生态宜居、乡风文明、治理有效、生活富裕"五个方面，采用李克特5级量表的测量方式，其中1表示很不同意，5表示很同意。[3]

## 18.2.2　数据收集与样本概况

采用线上和线下两种方式发放问卷与收集数据。线上通过问卷星（www. wjx. cn）和陈朝村委会群发布电子问卷，线下到陈朝村及其周边发放纸质问卷（问题如表 18.1 所示）。共发放问卷 105 份，回收问卷 102 份，其中有效问卷 100 份。

表 18.1　量表的测量信度和聚合效度

| 名　称 | 项已删除的 $\alpha$ 系数 | Cronbach's $\alpha$ 系数 | 共同度（公因子方差） | KMO 值 | Bartlett 球形度检验（$p$ 值） |
|---|---|---|---|---|---|
| 传统村落保护利用带动了本村的农业发展（粮食综合生产能力、农业科技进步、农业劳动生产率、农产加工产值） | 0.922 | | 0.873 | | |
| 传统村落保护利用带动了本村休闲旅游的发展 | 0.922 | | 0.894 | | |
| 传统村落保护利用改善了居民的居住条件 | 0.921 | | 0.870 | | |
| 传统村落保护利用促进了本村村容村貌建设（庭前屋后院落整治、危房改造、村貌协调） | 0.922 | | 0.793 | | |
| 传统村落保护利用对基础设施（水电、道路、医疗、养老）等基础建设有利 | 0.924 | | 0.774 | | |
| 传统村落保护利用有利于传承良好的家风家教和价值观念 | 0.918 | 0.927 | 0.863 | 0.867 | 0.000 |
| 传统村落对传统文化的传承丰富了现在文化生活建设（如村图书馆、户户通等） | 0.923 | | 0.834 | | |
| 传统文化的保护利用促进了村民思想观念的进步 | 0.921 | | 0.741 | | |
| 传统村落保护利用有利于乡村邻里关系和谐 | 0.919 | | 0.728 | | |
| 传统村落保护利用有利于本村重大事务决策 | 0.923 | | 0.892 | | |
| 传统村落保护利用拓宽了村民的就业渠道 | 0.920 | | 0.787 | | |
| 传统村落保护利用提高了村民的经济收入 | 0.920 | | 0.692 | | |
| 传统村落保护利用扩大了贫富差距 | 0.935 | | 0.715 | | |
| 您所在的传统村落进行保护利用，对您未来的生活是有利的 | 0.919 | | 0.785 | | |

受调查者中，27% 年龄在 25 岁以下（含 25 岁），28% 年龄在 60 岁以上；具有初中及以下受教育程度的占 50%；职业为农民的占 28%，为工人的占 19%。

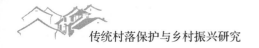

### 18.2.3  数据分析与结果

#### 18.2.3.1  数据检验

用 SPSS 对数据进行信度和效度检验，测量结果见表 18.1，信度系数值为 0.927，大于 0.9，项已删除的 $\alpha$ 系大于 0.9，表明本次研究具有良好的测量信度。所有研究项对应的共同度值均高于 0.4，KMO 值大于 0.8，Bartlett 检验 $p$ 值小于 0.05，说明研究项信息可以被有效地提取。数据的信度和效度检验得以通过。

#### 18.2.3.2  结果

相关系数测度结果（表 18.2）表明陈朝村传统村落保护利用与产业兴旺、生态宜居、乡风文明、治理有效、生活富裕的相关系数[4]在 0.05 水平上均显著，相关系数介于0.005～0.496 之间，说明陈朝村传统村落保护与乡村振兴有一定的相关性。同时对数据分析进行分析发现：同意、很同意传统村落利用保护带动了农业发展的占了 52%，38% 的被调查者认为传统村落保护利用带动本村休闲旅游发展；认为传统村落保护利用改善了居民居住条件、促进村容村貌建设、基础设施建设的人分别占了 75%、85%、81%；认为传统村落保护利于乡风文明和乡村治理的也占大多数；认为传统村落保护利用拓宽就业渠道、提高经济收入占65% 和 66%，传统村落保护利用会扩大贫富差距；64% 被调查者认为传统村落保护利用对未来生活是有利的。因此，可认为陈朝村传统村落保护在一定程度上推动了乡村振兴。

表 18.2  陈朝村乡村振兴与传统村落保护利用的相关系数

| 维度 | 变量 | 与陈朝村保护利用的相关系数 | | | |
|---|---|---|---|---|---|
| | | 古建筑 | 公共安全设施、措施 | 非物质文化遗产 | 旅游、文化产业 |
| 产业兴旺 | 农业发展 | 0.251* | 0.242* | 0.342** | 0.467** |
| | 休闲旅游发展 | 0.272** | 0.219* | 0.315** | 0.496** |
| 生态宜居 | 居住条件 | 0.123* | 0.171* | 0.221* | 0.206* |
| | 村容村貌建设 | 0.107* | 0.101* | 0.147* | 0.107 |
| | 基础设施 | 0.279** | 0.198* | 0.327** | 0.313** |
| 乡风文明 | 良好家风家教和价值观念 | 0.166* | 0.178* | 0.281* | 0.020* |
| | 文化生活 | 0.248* | 0.181* | 0.265* | 0.468** |
| | 村民思想观念 | 0.355** | 0.336** | 0.249* | 0.426** |
| 治理有效 | 乡村邻里关系和谐 | 0.263** | 0.345** | 0.341** | 0.477** |
| | 重大事务决策 | 0.257** | 0.291** | 0.179* | 0.261** |
| 生活富裕 | 村民就业渠道 | 0.325** | 0.412** | 0.294** | 0.207** |
| | 村民经济收入 | 0.155* | 0.151* | 0.005* | 0.208* |
| | 扩大贫富差距 | 0.151* | 0.149* | 0.270** | 0.288** |

注：**表明在 0.05 水平上显著，*表明在 0.01 水平上显著。

## 18.3 研究结论与建议

### 18.3.1 研究结论

第一，传统村落保护利用优化了乡村产业结构，为产业兴旺发挥了"引擎"作用。一方面，发挥传统村落的优势，借助政府扶持，带动乡村旅游业的发展；另一方面，盘活闲置土地资源，由传统农业逐渐向"农业＋现代服务业"升级转化，打造地区优势产业，完善产业链。[5]

第二，传统村落保护利用促进了村容村貌建设，为建设美丽乡村提供了支撑。陈朝村传统村落讲究生态环境的营造，推崇天人合一，追求人与自然和谐共处，依山傍水、坐北朝南，即考虑风水又考虑消防。开展古建筑保护以来，村里设立了古建筑群保护人，自觉保护文物，拆除和改造有碍景观的现代建筑，延续古村风貌，对确实需要改造维修的危房严格按程序要求实施；开展庭前屋后院落整治工作，改善村民居住条件；政府出资修建道路、广场等公共设施，完善村落的供电、给排水、网络等管线系统，满足村民现实需求。

第三，传统村落保护利用传承了优秀家风家教，为建设文明乡风延续了民族血脉。陈朝村一直以来大力弘扬传统优秀文化，培育传承良好的家风家教。村委干部开展"传孝廉家风"教育活动，依托节庆活动，弘扬传统文化。如组织家长和孩子制作"端午香囊"，抓住青少年这个重点群体加强传承。定期开展文化活动，丰富村民的精神文化生活，促进村民思想观念进步。[6]

第四，传统村落保护利用延续了优秀乡规民约，为乡村治理提供了有益借鉴。传习和恪守刘氏家训是传统社会成功的家庭道德教育方法。祠堂是陈朝村村民民主协商、议政议事之地，每年定期举行村民会议，延续创新传统优秀的乡规民约，借鉴创新先辈乡贤利用乡规民约治村的有效做法，制定新时代村规民约，党员干部起带头作用，鼓励村民自觉遵守，对违反者进行批评教育。

第五，传统村落保护利用增加了经济收入，为乡村实现生活富裕夯实了基础。陈朝村传统村落保护利用带动了乡村旅游业及相关产业的发展，增加了村民就业，村民经济收入水平也在不断提升。依托政府和社会资本的参与，协调与当地村民的利益分配，吸纳村民就近就业，激活村民的参与意识，形成共建共赢共享的利益共同体。

### 18.3.2 对策建议

#### 18.3.2.1 借助传统村落保护利用政策，推动乡村产业兴旺

传统村落是我国乡村地区的重要财富，也是乡村振兴战略研究的重点。陈朝村要借助政府政策扶持，加强宣传推广，引导社会经济资本和村民参与开发项目，并利用传统村落的历史与文化价值打造文化品牌，让当地的经济、文化等领域得到更广泛的重视，在尊重、传承传统文化的基础上适度开发，凸显地区文化特色，打造地区优势产业，完善产业链。重点是通过"旅游＋"带动其他产业发展，开展各类旅游活动[7]，联合其他旅游景点将陈朝村打造成现代乡村旅游综合体。例如，"旅游＋文化"，开展村史讲解、传统舞龙

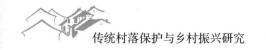
狮表演等活动，并向游客展示陈朝村村内的家风小故事；"旅游＋农业"，开展参观生态农业基地，采摘蔬果、鱼塘垂钓、品农家特色小菜等项目。

### 18.3.2.2　加强村落整体风貌保护，打造乡村生态宜居环境

陈朝村对古建筑的保护工作一直在进行，但仍存在古建筑周边及主体结构上杂草丛生、树木杂乱生长，个别古建筑周边环境卫生较差，保护监管不到位等现象，同时还存在开发不足，古建筑因年代久远，生活设施落后，生活舒适性差，大多村民不愿意住在里面，形成村落"空心"等问题。因此，既要解决古建筑、古遗迹保护和开发不够的问题，加强村落整体风貌保护，又要满足村民对居住改善的需要[8]，不可因追求古建筑的绝对历史价值而拒绝村民对现代生活的追求，建设生活环境整洁优美、人与自然和谐共生的生态宜居的美丽乡村。

### 18.3.2.3　弘扬优秀传统文化，助推乡风文明建设

新时代快速发展，传统村落文化在吸纳商品经济进步元素的同时，也受到了其消极甚至腐朽因素的侵蚀。农村乡风文明受到较大冲击，纯朴的乡风变得复杂，人际关系、人情社会出现功利化和商品化趋势，邻里之间陌生疏远，社会责任、公德意识淡化，甚至出现了唯利是图、不讲诚信等问题。陈朝村聚族而居、尊祖重孝、热情好客、和谐相处，尊重自然、天人合一等文化观念、思想值得弘扬转化，助推乡风文明有序。

### 18.3.2.4　加强人才建设，引导乡村有效治理

人才是乡村振兴的第一资源。陈朝村传统村落保护利用离不开村两委的努力，村干部一直致力于为村民增加经济收入、创造良好居住环境、培育新时代家风等。同时，也需要更多人才和当地村民的加入，共同推动乡村振兴。为此，要大力培养和壮大人才队伍，实行更加积极、更加开放、更加有效的人才政策，为青年服务基层发展提供制度保障，推动乡村人才振兴。例如，政府组织农业科技人才培训，进一步提高农村科技人才素质，促进乡村产业发展、农村精神文明建设、农村生态文明建设，优化农业从业者结构[9]；加大对乡村地区就业环境和保障体系的投入力度，对返乡创业者提供政策支持；鼓励企业、高校学生、教师参与乡村社会实践，投身乡村建设，多元治理乡村。

### 18.3.2.5　依托现有资源，实现村民生活富裕

陈朝村以农业、工业为主，土地、旅游、劳动、建筑等要素富足，在传统村落保护利用的基础上，把农民分享增值收益作为基本出发点，依托现有资源，寻求政府主导、社会开发和村民参与的形式，激活村民的参与意识，通过股份制、合作制、股份合作制、租赁等形式，激活村民的参与意识，形成共建共赢共享的利益共同体，缩小贫富差距，实现乡村经济振兴。[10]

### 参考文献

[1] 谭明交. 数字赋能乡村振兴的困境、机理与策略［J］. 当代经济，2023，40（12）：3－9.

[2] 李江苏，王晓蕊，李小建. 中国传统村落空间分布特征与影响因素分析［J］. 经济地理，2020，40（2）：143－153.

[3] 林陵娜，刘迅，周咏馨. 关系冲突情境下的工程项目团队双元学习动力机制［J］. 工程管理学报，2019，33（6）：105－110.

［4］陈燕. 脱贫攻坚后时代：农业农村现代化及乡村振兴的新征程［J］. 福建论坛（人文社会科学版），2021（3）：109－118.

［5］刘敏钰. 数字治理视角下的乡村建设行动：转型、挑战与展望［J］. 南方农机，2023，54（23）：117－120.

［6］李裕瑞，曹丽哲，王鹏艳，等. 论农村人居环境整治与乡村振兴［J］. 自然资源学报，2022，37（1）：96－109.

［7］邱少清，李琳. 产业学院赋能乡村振兴实践研究［J］. 智慧农业导刊，2023，3（22）：186－189.

［8］李文青. 传统村落文旅融合发展助推乡村振兴的路径研究：以黔东茶园山为例［J］. 南方农机，2021，52（16）：71－73.

［9］何仁伟. 城乡融合与乡村振兴：理论探讨、机理阐释与实现路径［J］. 地理研究，2018，37（11）：2127－2140.

［10］银元，李晓琴. 乡村振兴战略背景下乡村旅游的发展逻辑与路径选择［J］. 国家行政学院学报，2018（5）：182－186，193.

（2023 年优秀报告；作者：刘佳敏；指导：刘天塑；整理：杨清清）

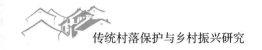
# 第 19 章
## 基于 PSR 模型的传统村落人居环境转型

古村落是一种崇尚自然，追求人与自然和谐并存，稳定发展的聚居空间；且能够从其营造理念、空间形态、精神内涵等方面较好地反映出当地的人居思想及文化。[1] 传统村落之所以是历史结晶与文化载体，是因为承载着当地人的集体记忆，也是推动乡村振兴的关键。近些年在旅游产业的驱动下，传统村落"三生"空间发生变化，且不同空间尺度的人居环境遭受破坏。人居环境是一个开放的复杂的系统，系统阐述人居环境各阶段的压力、响应、状态特征，需要考虑自然、社会、人类、居住和支撑系统间的相互作用关系。[2]

在乡村振兴背景下，乡村旅游为广东省皇思扬村带来契机的同时也使得其人居系统受挫。因此，分析皇思扬村的转型历程，挖掘人居环境发展存在问题，探讨人居环境系统的冲突响应，提出旅游引导下村落人居环境优化策略与规划方法[3]，推动皇思扬"三生"空间有机重组，在文化遗产得到重视和保护同时，助其实现振兴。同时，希望为今后研究乡村人居环境转型提供思路和方法借鉴。

## 19.1 数据来源与研究方法

### 19.1.1 数据来源

于 2022 年 7 月 25—28 日进行为期三天的村落实地考察，采用深度访谈和问卷调查方法收集数据，同时在公众号、新闻链接上获取二手数据，辅以文献分析法。

### 19.1.2 研究方法

#### 19.1.2.1 文献分析法
以中国知网（CNKI）作为文献数据来源平台，搜集人居环境转型的相关文献，并对文献进行整理分类与分析，结合本章相关问题，寻求研究方法和相关基础理论。

#### 19.1.2.2 问卷调查法与深入访谈法
对村民发放调查问卷，对村干部进行深入访谈，两种方法相互补充，便于更加全面地了解真实情况，深入挖掘人居环境发展存在的问题，从而提出针对性的建议。明确访谈提纲，通过与访谈对象的交流，了解村里人居环境现状与其转型过程。

#### 19.1.2.3 PSR 模型分析法
压力—状态—响应（PSR）模型最初由加拿大统计学家 Rapport 提出，在 20 世纪八九十年代主要用来研究生态环境问题。三个指标中，"压力"（pressure）代表外界对生态系统的干扰，即产生问题的诱因，出现负效应；"状态"（state）指外界压力下生态系统当前状态，表征生态系统现状；"响应"（response）指对该生态问题所采取应对措施，是对外界压力一种机制反馈。[4]

运用此模型，首先需要制定框架。从村里面临压力风险的输入，到其自身状态的变化，再到系统主体的反馈三方面构建人居环境转型的研究框架，具有鲜明的理论意义。

## 19.2　村落现状分析

### 19.2.1　村域简介

#### 19.2.1.1　村落历史

广东省惠州市惠东县多祝镇皇思扬村于 2014 年 11 月被评为第三批中国古村落。该村建村至今已 500 多年，先后有黄沙洋、皇思扬、黄狮三个村名。皇思扬村的古建筑群按"设治防御"需求所建，施工技术巧妙绝伦，具有居家生态和世俗传统文化的东方气派。其中文物保护单位较为出名的有武魁楼、文魁楼和西关学堂。

皇思扬村居民大多是明末清初从闽南迁入，主要有萧、杨、许、郑四大姓氏。截至 2021 年底，户籍人口约 3400 人，常住人口约 1200 人。

#### 19.2.1.2　地理区位

皇思扬村区位条件优势明显，距惠东县城 25 千米，占地面积约 20 万平方米。北临西枝江，西傍南门河，鹅卵石铺成的平西古驿道自西向东穿村而过。全村有东、南、西、北四大村门，用专用的围墙或民居外墙连接围成"城"。村内各姓俱各成"寨"，寨内各房系又各成院落，院落内又分各家居屋。从影像图与街道图（图 19.1）可以看出，皇思扬村外围道路包裹着村落，村中有 7 个湖泊，水域面积占比适中。

（a）影像图

（b）街道图

图 19.1　皇思扬村

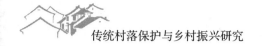

### 19.2.2　问卷调查结果

本次研究共收集村民问卷 100 份，有效问卷 100 份，来自许屋、高围等村小组；访谈对象三名村干部，访谈内容主要涉及村史、村域现状、人居环境变化过程、皇思扬村特色品牌与村落未来规划等内容。

（1）村民对于皇思扬村的居住现状偏向积极，以满意和中等为主（图 19.2），占比达 82%；部分不满意的原因主要是建筑物损坏、周围环境杂草、社区氛围差、交通堵塞、社区吵闹等。

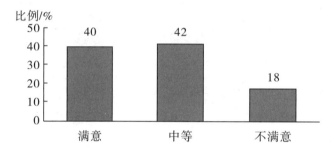

图 19.2　村民对居住环境的满意程度

（2）村民对于村里环境卫生状况的感受以脏乱为主，其中外来人员、游客随地乱扔垃圾现象严重。其原因是村里垃圾箱分布不均匀，且数量不多（图 19.3）。

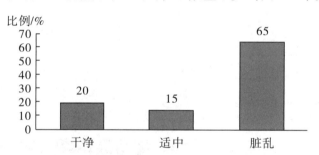

图 19.3　村民对村落环境卫生状况感知

（3）较多的村民希望皇思扬村的功能定位可以以旅游和商业开发为主，以享受发展旅游服务业带来的红利；在文物得到保护的前提下，乐意接受旅游业在村里发展（图 19.4）。

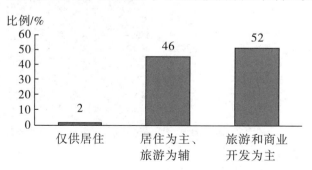

图 19.4　村民对村落功能定位的意愿

（4）旅游驱动作为一把双刃剑，虽然带来一定的旅游收益，但也对地方文化资源造成了破坏。村民大多认可发展旅游带来经济效益、增加就业岗位的同时，过度商业化、不合理的项目开发使得村落人居环境变得糟糕，这往往是因为开发企业为追求经济利益造成了景观破坏（图 19.5）。

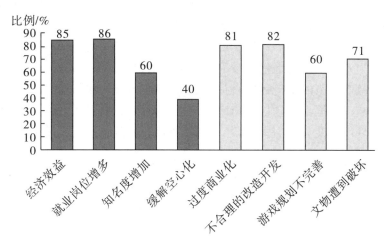

图 19.5　村民对发展旅游的态度

## 19.3　皇思扬村人居环境转型

### 19.3.1　人居环境系统构成

传统村落人居环境是区域内村民生产生活所需物质和非物质财富的空间载体和地域平台，是由自然生态环境系统、社会文化环境系统、地域空间环境系统和多元主体适应系统构成的以人为中心、以人地关系为纽带的复合网络系统（表 19.1），具有复杂性、开放性、非线性、非稳性、持续涨落性等特点。[5] 四个子系统影响到村落转型发展，人居环境作为巨系统又有牵一发而动全身的特点。

表 19.1　传统村落人居环境系统构成

| 子系统 | 概　　念 | 地位 | 指标 |
|---|---|---|---|
| 自然生态环境系统 | 一定时间与空间范围内，有自然调节能力维持相对稳定的生态系统，是影响传统村落产生乃至演化的物质总体 | 物质基础 | 地理环境、生物资源 |
| 社会文化环境系统 | 村民、政府与市场三个主体间相互活动所形成的交叉关系网络，是一个文化关联、信息与资源流动的过程 | 社会基础 | 文化特征、经济发展 |
| 地域空间环境系统 | 包含传统村落生活、生产、生态空间，满足村民对空间与物质发展的需求的系统，是农业、工业生产过程中的载体 | 空间载体 | "三生"空间、复合空间 |
| 多元主体适应系统 | 即人类为主体系统，各主体间共同协助促使人居环境优化，是担任文化古建筑保护、非遗传承重任的使命者与组织者 | 核心动能 | 本地村民、政府部门、市场等 |

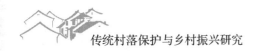

## 19.3.2　人居环境转型阶段概况

传统村落面临着经济、社会、空间和环境的多重转型，人居环境转型发展研究对深刻理解传统村落人居环境演化机理与过程具有重要意义。[4] 人居系统的演变状态是乡村社区压力与冲突响应的结果，也是历史与社会变迁的过程。

皇思扬村早期文物遗产保护不周，旅游名气低下。同时村民文化素质不高、市场意识不强，内在驱动力不足，更多地依靠政府政策来推动村落发展。

由此可见，政府政策的支持程度直接影响到当地产业的发展速度和水平，进而对当地人居环境产生影响。依据皇思扬村历年政府政策和招商引资情况，根据主体的冲突响应行为，将该村人居环境演变分为探索阶段、关键阶段和稳定阶段（图19.6）。

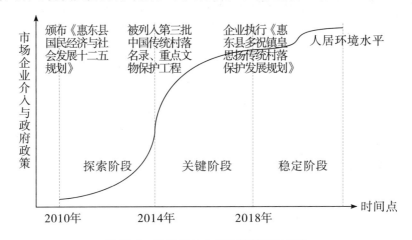

图 19.6　皇思扬村人居环境转型三阶段

## 19.3.3　转型过程及驱动因素

### 19.3.3.1　探索阶段

惠东县于2010年10月发布《惠东县国民经济与社会发展十二五规划》，提出对新农村建设的相关要求，把全面推进新农村村落规划作为第一任务，着力打造出精品试点村。皇思扬村即为本次规划中受益的新农村建设示范点之一，实施了亮化、绿化与净化工程。早期皇思扬村的人居环境问题突出，政府采取第一波行动，迎来第一次压力冲突。

基于PSR模型，探索阶段（2010—2014年）人居环境子系统表现如下（图19.7）：

（1）自然生态环境系统。村落早期因城市化而被忽略，荒地面积大，水系遭遇藻类污染压力。政府鼓励当地村民开荒种田，使用化学药剂清理污水。虽然农业有所发展，但因大量使用农药而造成土壤肥力下降，耕地退化。

（2）社会文化环境系统。村民收入仅靠手工艺、陶瓷等，还有小菜园种植，收入水平低，而且对古建筑认识不够充实。因此，政府组织乡村扶贫计划，开发旅游产业带动当地经济。人流量的增加带动村民收入开始增加，但大部分的信息资源掌握在"精英农户"[4]手中。

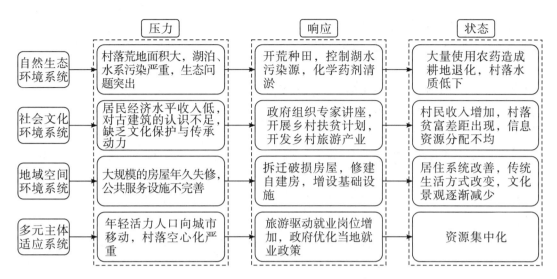

图 19.7　皇思扬村探索阶段人居环境转型过程

（3）地域空间环境系统。生活空间，即村民日常居住的地方，许多房屋年久失修，在征集民意下，大部分村里的年轻人强烈要求全部拆迁，但老一辈与其抗衡。政府决定对部分已经破烂不堪的房屋拆迁，尽最大可能保留能居住的房屋。村里出现了现代生活群体。

（4）多元主体适应系统。政府自上而下带领村民改善村落空心化现象。政府为在当地工作的年轻人提供就业政策福利，但并未顾及村里的弱势群体，资源集中在有活力的村民群体、精英群体。[6]

### 19.3.3.2　关键阶段

随着皇思扬村的文物保护重要性与紧急性提高，县政府将其列入重点文物保护工程。2014 年，皇思扬村被列入第三批中国传统村落名录，政府加大力度与资金投入去改善当地人居环境。

基于 PSR 模型，关键阶段（2014—2018 年）人居环境子系统表现如下（图 19.8）：

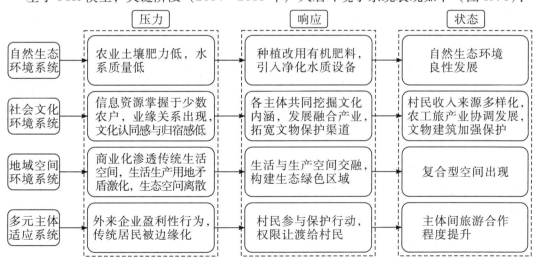

图 19.8　皇思扬村关键阶段人居环境转型过程

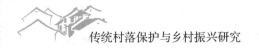

（1）自然生态环境系统。面对土壤肥力下降、耕地退化等压力，当地村民在农业部门的建议下，改为使用有机肥料；同时，政府引入污水处理厂高端净水设备，对湖泊化学残留进行处理。

（2）社会文化环境系统。业缘关系的出现，打破了村落传统的人脉关系，村民对村落文的认同感低。因此，各主体通过发展农、工、旅三产业融合，"精英农户"带动弱势村民发展，形成涓滴效益，促使产业协调发展。

（3）地域空间环境系统。商业化渗透进传统生活空间，引发部分村民反感，土地使用矛盾开始激化；生态空间与生活、生产空间交叉分布，空间离散。面对以上压力，采取生活与生产相融合的模式，引领村民开办个体经营、摆摊设点，同时构建生态地域，打造和谐的复合型空间。[7]

（4）多元主体适应系统。以往的旅游模式纯粹是政府与市场企业联动的他组织模式，村民常常被边缘化，没有参与感。政府也意识到这个问题，鼓励地方主体参与皇思扬村旅游产业发展，将部分权力让渡给村委，各主体间共同保护传统村落。

### 19.3.3.3 稳定阶段

在乡村振兴战略的背景下，多祝镇邀请深圳市的专业规划公司制定了《惠东县多祝镇皇思扬传统村落保护发展规划》，旨在深度挖掘皇思扬古围村的文化资源，分析其在文化传承保护中面临的问题，有针对性地提出保护与发展的具体策略，将其打造成集人文体验、休闲旅游、农业观光于一体的客家艺术村落。[8] 在这一项目推动下，部分公司对此项目感兴趣，并参与投资。尽管皇思扬村人居环境水平将趋于稳定，但因为疫情的原因，未来人居环境水平会有略微下降趋势，该阶段出现了新的压力，需要我们去思考对策。

基于 PSR 模型，稳定阶段（2018 年以来）人居环境子系统表现如图 19.9 所示。本阶段仅采用压力模型分析。

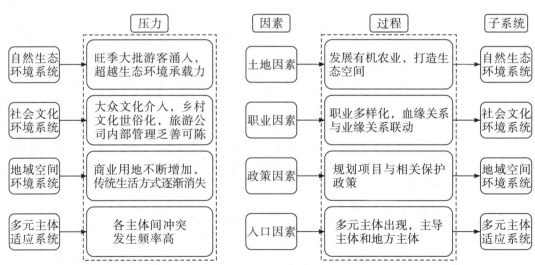

图 19.9　皇思扬村稳定阶段人居环境压力　　图 19.10　皇思扬村旅游驱动影响因素

生态环境的压力来源于媒体的大肆宣传，大批游客涌入带来大量垃圾，带来经济活力的同时环境承载力即将超越上限，生态系统恢复力低下；社会文化系统压力主要来自游客带来的大众文化，使得乡村文化变得世俗；旅游企业内部管理乏善可陈，工作效率低下，游客表示乡村旅游体验不好，服务不周到，内部人员对建筑文化认知不足；地域空间方面，村民为了追求经济收益，造成过度商业化，现代的生活方式逐渐取代传统生活方式[9]；多元主体系统间各主体的冲突、矛盾频频发生，随着外来资本的持续注入和当地政府的建设投入，村内商业用地不断增加，村落边缘区的农业用地逐渐转为村民居住用地，用地矛盾加深。

### 19.3.4　旅游驱动转型因素

旅游驱动转型因素主要包括四个驱动因素，对应影响四个人居环境子系统（图19.10）：

（1）人口因素。发展旅游业在吸引了游客的同时，也促进了年轻人回流，人口的流动打破了原有的村落人口结构，缓解了村落空心化现象[10]，也改变了村落的空间格局与社会关系网络，出现业缘关系，旅游主导主体和地方主体多元化，影响着多元主体适应系统。

（2）政策因素。政府通过发布旅游项目、规划文件、保护项目等，化解各主体间的矛盾，政府扮演规范村落与保护村落的角色，市场企业为传统村落提供资金支持，村民开展个体经营，职业的多样化改变了传统的生活、生产方式，改变着地域空间环境系统。

（3）职业因素。旅游产业的出现使各主体间的职业定位变得更加复杂。多样化职业的出现，村落社会关系由以血缘关系为纽带逐步转化为血缘关系与业缘关系联动发展，社会文化环境系统得到逐步稳定。

（4）土地因素。主要围绕农药用量过多、土地肥力下降与耕地退化展开。在政府的扶助下，农业企业提供相关有机种植培训，改善土壤肥力，以及引入新品种，开发基因育种小工程。部分农业用地慢慢恢复，历经一些改造工程转型为生态用地。[11]

## 19.4　对策与建议

皇思扬村面临着新的压力，本章提出以下对策与建议：

（1）政府鼓励外来企业进入，加上游客的大批涌入，皇思扬村的生态系统遭受了前所未有的破坏。近几年由于新冠疫情的影响，游客量有所下降。因此，村落保护工作主体可以利用这段时间恢复村落的生态环境承载力。例如，被游客践踏干枯的草坪，可以重新种植。[12]同时可以制作数字、VR 旅游村落，让游客了解到皇思扬村现状，加强保护意识，也给游客提供线上游览的机会。

（2）面对大众文化的介入，皇思扬村的村民更加需要文化坚定力与文化自信。需要加强对皇思扬村传统文化的宣传力度，如普通民宿加入传统建筑元素变为文化元素、印发村史小手册、制定保护建筑口号等。在多元文化的大背景下，传统文化可以推陈出新，将创新元素融入传统文化中，方能立稳脚跟。如皇思扬村的书室，在保留原汁原味的传统书室景观下，引入智能服务机器。传统文化的旅游开发会对农户生计转型产生影响，充分发挥传统文化资源的价值可以提升旅游驱动型传统村落农户的可持续生计能力。

（3）传统村落商业化进程需要稳步推进，不能毫无顾虑地追求经济发展，更不能替代传统生活方式。[13]地域空间合理利用才是最终目标，人造景观应该适可而止。对于闲置破损的古房，可以转型为活态博物馆。有学者提出，以情理合一的公共空间建设促进生活水平增质化、休闲度假空间营建促进生产效益最大化、树立环保绿色理念使得生态环境高质化。[6]这也是皇思扬村"三生"空间可借鉴的做法。后疫情时代下，企业大多萎靡不振，这时候传统村落更要抓紧机会，打造特色品牌。

（4）各主体间应该相互协调，努力构建政府、市场、企业、村民集体等多方力量集合，实现共赢。乡村振兴机制需要创新，形成投资融资的多元格局。[14]人居环境的改善不是一件容易的事情，需要大量的资金投入以及耗费大量的精力。政府应该发挥主导作用，拓宽市场要素；旅游企业应该加强内部管理，制定相关规章制度，打造良好的行业风气；村民是人居环境的主要使用者与监督者，应该积极参与旅游产业运作。

多方主体相互协调配合，形成良性机制，传统村落人居环境才能和谐稳定，从传统的人地对立走向新的环境观[15]，才是可持续发展理念所要倡导的。

## 参考文献

［1］刘沛林. 古村落：独特的人居文化空间［J］. 人文地理，1998（1）：38 – 41.

［2］吴良镛. 人居环境科学导论［M］. 北京：中国建筑工业出版社，2001：1 – 200.

［3］李伯华. 农户空间行为变迁与乡村人居环境优化研究［M］. 北京：科学出版社，2014.

［4］张家其，喻兴洁，张兴苗. 旅游驱动下民族传统村落人居环境演变过程与驱动因素探究：以湖南省湘西州竹山村为例［J］. 资源开发与市场，2022，38（4）：426 – 434.

［5］李伯华，刘沛林，窦银娣，等. 中国传统村落人居环境转型发展及其研究进展［J］. 地理研究，2017，36（10）：1886 – 1900.

［6］李伯华，曾灿，窦银娣，等. 基于"三生"空间的传统村落人居环境演变及驱动机制：以湖南江永县兰溪村为例［J］. 地理科学进展，2018，37（5）：677 – 687.

［7］李伯华，杨馥端，窦银娣. 传统村落人居环境有机更新：理论认知与实践路径［J］. 地理研究，2022，41（5）：1407 – 1421.

［8］李伯华，李雪，王莎，等. 乡村振兴视角下传统村落人居环境转型发展研究［J］. 湖南师范大学自然科学学报，2022，45（1）：1 – 10.

［9］李伯华，李珍，刘沛林，等. 聚落"双修"视角下传统村落人居环境活化路径研究：以湖南省张谷英村为例［J］. 地理研究，2020，39（8）：1794 – 1806.

［10］罗萍嘉，苗晏凯. "外因到内生"：村民参与视角下乡村人居环境改善影响机制研究：以徐州市吴邵村为例［J］. 农村经济，2019（10）：101 – 108.

［11］汪瑞霞. 传统村落的文化生态及其价值重塑：以江南传统村落为中心［J］. 江苏社会科学，2019（4）：213 – 223.

［12］李伯华，曾灿，刘沛林，等. 传统村落人居环境转型发展的系统特征及动力机制研究：以江永县兰溪村为例［J］. 经济地理，2019，39（8）：153 – 159.

［13］陈驰，李伯华，袁佳利，等. 基于空间句法的传统村落空间形态认知：以杭州市芹川村为例［J］. 经济地理，2018，38（10）：234 – 240.

［14］李伯华，曾荣倩，刘沛林，等. 基于 CAS 理论的传统村落人居环境演化研究：以张谷英村为例
　　　［J］. 地理研究，2018，37（10）：1982－1996.

［15］李伯华，陈淑燕，刘一曼，等. 旅游发展对传统村落人居环境影响的居民感知研究：以张谷英村
　　　为例［J］. 资源开发与市场，2017，33（5）：604－608.

（2023 年优秀报告；作者：庄振猛；指导：李强；整理：杨清清）

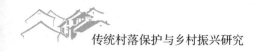
# 第 20 章
# 乡村振兴背景下艺术乡建策略研究

2018 年 1 月，中央一号文件《中共中央国务院关于实施乡村振兴战略的意见》提出要实施好乡村振兴战略，坚持把解决好"三农"问题作为全党工作的重中之重[1]。近年来，在乡村振兴战略和建设美丽乡村的背景下，乡村旅游成为众多学者探讨的话题，诸多传统村落积极采取乡村旅游的模式发展经济，取得了一定成绩，但同时也存在很多问题。基于此，本章对湖南省古丈县龙鼻村进行实地调查，探索其发展路径并总结出其可供借鉴的经验。

## 20.1　龙鼻村的现状分析

### 20.1.1　龙鼻村的自然环境

龙鼻村隶属于湖南省湘西土家族苗族自治州古丈县默戎（也可写作"墨戎"）镇，位于武陵山脉中段，坐落于群山之中，地势起伏较大[2]，地形以丘陵、山地为主，海拔 169～1146 米，平均海拔 420 米。地势构造与山脉走向一致，呈东北、西南走向。山尖而坡陡，山脊呈锯齿状，一般下部坡度较平缓，溪河谷地较为开阔。丹青河从村子中间穿流而过，将龙鼻村一分为二，一边是镇政府所在的行政中心新街区，另一边则是苗族传统住宅保护比较完善的苗寨即龙鼻村开发乡村旅游的核心景区。龙鼻村是亚热带山地型季风湿润气候，具有四季分明、气候温和、雨季明显、作物生长期长的特点。年平均气温 16.2 ℃，冬夏温差大；年平均降雨量 1470 毫米左右，雨量集中在春夏二季，为降水量比较充沛的山区。地表小溪沟众多，水资源十分丰富；多条小溪汇入丹青河龙鼻段，丹青河为本村常年性主干河流，一年四季有流水，没有干涸和枯竭的历史。[3]龙鼻村的气候非常适合于多种动植物的繁衍栖息，植物类型丰富，组合多样。水资源充沛，适合发展灌溉农业；土壤酸碱度适中，排水良好，土层深厚、肥沃，适宜多种农作物生长。龙鼻村是山地，田少地多，当地的主要经济作物是茶叶，因而植被覆盖率较高。

### 20.1.2　龙鼻村的人文环境

龙鼻村辖 13 个自然寨，17 个村民小组，共 768 户，3195 人，其中苗族人口占全村人口的 90%。龙鼻村位于吉首、古丈、保靖三县（市）交界处，距州府吉首 20 千米，距古丈县城 22 千米，距张家界 130 千米，距凤凰古城 80 千米。[4]该村正处于张家界至凤凰这一"黄金通道"的中间位置,焦柳铁路、龙吉高速公路、省道 S229 公路穿寨而过,交通便利。因其独特的建筑和民俗风情,获得"花鼓之乡"、湖南省特色旅游名村、湖南新农村建设示范村、中国少数民族特色村寨等荣誉。2017 年 12 月被评为国家 3A 级景区,2018 年 12 月被湖南省农业农村厅评为"湖南省休闲农业示范点"。

## 20.1.3　龙鼻村的特色文化

### 20.1.3.1　龙鼻村特色文化概况

龙鼻村是一个典型的以苗族为主的少数民族聚居村寨,村寨村貌极具苗族建筑特色,苗族风情独特,苗族文化底蕴深厚。目前,龙鼻村艺术文化及民俗文化资源保护和传承情况良好,民间文化艺术精彩纷呈,类型丰富,有喜鹊营、南长城遗址、苗族传统民居、传统服饰、传统装饰品(银饰)、苗族巴代文化、边墙文化、苗族武术、四方鼓舞、苗歌等文化资源[5]。其中尤以苗族鼓舞最负盛名,被列入国家级非物质文化保护名录。

龙鼻村为了民族文化和乡村旅游及乡村振兴互动、融合发展,将文化资源与旅游进行适度融合的开发,打造民族文化旅游表演体验项目,组建了"巫傩绝技"、苗族"四方鼓舞"等民间艺术表演队。不仅促进了龙鼻村的乡村旅游发展,也推动了艺术文化的活态传承。

### 20.1.3.2　特色物质文化

龙鼻村历史悠久,保存至今的物质文化遗产比较丰富,有南方长城遗址、卧龙关、传统民居(图 20.1、图 20.2)、老泉遗址、碾坊等。明万历四十三年(1615),为防苗民兵变修建了苗疆边墙(现称中国南方长城),北起古丈的喜鹊营(今属龙鼻村),南至凤凰与铜仁交界处的亭子关。目前,因为龙鼻村重点打造苗寨,与周边景区的连接有待进一步完善,南方长城遗址距离龙鼻苗寨核心景区有一定的距离,暂未成为苗寨旅游的重要景点。卧龙关(杆子营遗址)是古时湘西重要的军事基地,因为保护不善,遗址破坏严重,有待进一步修复。老泉遗址和碾坊在苗寨景区内,不是游客必去参观的热门景点。

图 20.1　龙鼻村特色建筑现状

图 20.2　龙鼻村特色院落现状

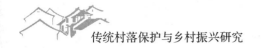

### 20.1.3.3　非物质文化

2006 年 5 月和 2008 年 6 月，我国先后颁布第一批、第二批国家级非物质文化遗产保护名录，有不少苗族民俗文化和相关技艺项目入选。[5] 自此，龙鼻村对照本村的文化存续情况，对列入国家级、省级、州级、县级的非遗资源进行归档管理，并制定相应的保护和传承措施，如建立传习所等。对暂未入评为相应级别的文化资源，进行收集整理，并积极进行省、州、县级非物质文化遗产名录的申报工作。

## 20.1.4　龙鼻村艺术乡建的成果

### 20.1.4.1　龙鼻村艺术乡建成效

龙鼻村在艺术乡建过程中，保留着具有自己民族特色的生产方式、文化习惯、风俗和传统节日。因此，龙鼻村的民族文化和艺术文化资源非常丰富，而且存续情况较好。

龙鼻村是一个以苗族为主的少数民族聚居村，民族文化底蕴深厚，获得了“苗族花鼓之乡”和“中国民间文化艺术之乡”的美誉。在乡村旅游的发展中，该村文化传承有序，初步探索出“乡村旅游＋艺术文化保护”的基本模式，在保护和传承民族艺术文化的同时，将其与乡村旅游深度融合发展。该村木质结构建筑保存完好，传统村寨布局未经人为刻意改造，是游客眼中的“深苗”；对歌是苗族特有的习俗，游客进寨前需对歌和喝拦门酒；村民交谈均用苗语，随处可见用汉字翻译的简单苗语标牌，如“你好”，即“蒙唔”；巫傩术《仙人合竹》是其神秘特色。此外，该村苗族赶秋节、长龙宴、竹竿舞、苗族鼓舞与苗绣、苗族银饰的动静结合展示，更是吸引了大批游客前来。该村以民族文化为载体，将艺术文化保护与乡村旅游深度融合，实现了经济效益化的文化保护。

龙鼻村的艺术文化保护工作，紧跟国家艺术文化保护工作开展的步伐，按照《国务院办公厅关于加强我国非物质文化遗产保护工作的意见》（以下简称《意见》）积极收集整理村里的文化材料，进行各级非物质文化遗产项目的申报。根据《意见》，国家及各级政府相关部门开始进行非物质文化遗产项目的申报、保护措施的制定和保护途径的探索。龙鼻村也是根据各级部门的指导，结合自身的实际情况开展艺术文化保护工作。

### 20.1.4.2　龙鼻村艺术乡建进程

2006 年和 2008 年，龙鼻村先后有苗歌、苗族鼓舞、苗族银饰锻造等多项民族文化被列入国家级非物质文化遗产保护名录，龙鼻村开始关注本村民族文化的保护问题，进入艺术文化保护的初步探索阶段。因为那时候还没有发展乡村旅游，因此龙鼻村的艺术文化保护都是静态的。一般情况下就是根据国家的相关规定和要求，以及各级政府部门的相关指导，收集整理相关资料，整理归档，开展文化保护和宣传工作，仅仅停留在表面，并不具体深入。2008 年，龙鼻镇被授予“中国民族文化艺术之乡”称号之后，县政府和镇政府对龙鼻村艺术文化和民族文化的保护和发展问题开始高度重视，龙鼻村也因为这个荣誉开始更加注重艺术文化和民族文化的保护和传承问题，探索借文化名气和荣誉来发展乡村旅游的道路。龙鼻村在 2011 年开始正式启动发展乡村旅游的探索，但因为各方面条件不成熟，准备不够充分，以失败告终。2013 年，农村开始实施精准扶贫，龙鼻村抓住机遇，借助政策的扶持发展旅游产业，虽然有政策扶持，但因为缺乏经验，旅游发展并不火热。经过不断的摸索，2016 年，龙鼻村乡村旅游有限公司与张家界凝聚力公司合作，将艺术文化资源进行科学转化，并利用于旅游开发，龙鼻村乡村旅游终于迎来了发展的春天。同年，龙鼻村乡村旅游公司将整个村寨作为一个民族文化生态景区经营。自此之后，龙鼻村的艺术文化保护进入了一个全新的阶段，即生产性保护和活态化传承。[6]2013年，龙鼻村获批"湖南省旅游特色名村"。龙鼻村乡村旅游的特色，就是得益于其把艺术文化和民族文化与旅游业进行适度融合。这样不仅促进了龙鼻村乡村旅游的发展，并且促进了艺术文化和民族文化保护的现代化和科学化。

表20.1 龙鼻村艺术文化保护及开发项目

| 项目名称 | 级别 | 类别 | 利用情况 |
| --- | --- | --- | --- |
| 湘西苗族鼓舞 | 国家级 | 传统舞蹈 | 旅游歌舞表演项目 |
| 苗族银饰锻制技艺 | 国家级 | 传统技艺 | 作坊展示技艺、开发产品 |
| 湘西苗族民歌 | 国家级 | 传统音乐 | 旅游歌舞表演项目 |
| 苗族服饰 | 国家级 | 民俗 | 售卖服饰 |
| 苗族古歌 | 国家级 | 民间文学 | 暂未利用 |
| 挑花（苗族挑花） | 国家级 | 传统美术 | 售卖挑花产品 |
| 苗医药 | 国家级 | 传统医药 | 售卖苗药 |
| 苗族赶秋节 | 国家级 | 民俗 | 节庆旅游项目 |
| 苗族傩歌 | 省级 | 民间文学 | 民俗文化表演 |
| 湘西苗族接龙舞 | 省级 | 传统舞蹈 | 节庆舞蹈表演 |
| 苗族绺巾舞 | 省级 | 传统舞蹈 | 节庆舞蹈表演 |
| 苗族团圆鼓舞 | 省级 | 传统舞蹈 | 节庆舞蹈表演 |
| 苗族武术 | 省级 | 传统体育、游艺与杂技 | 节庆舞蹈表演 |
| 苗家八合拳 | 省级 | 传统体育、游艺与杂技 | 节庆舞蹈表演 |
| 湘西苗族绣 | 省级 | 传统美术 | 作坊展示技艺、开发产品 |
| 苗族花带技艺 | 省级 | 传统手工技艺 | 暂未利用 |
| 古丈毛尖茶制作技艺 | 省级 | 传统手工技艺 | 作坊展示技艺、开发产品 |

## 20.1.5 龙鼻村艺术乡建的困境

（1）旅游功能单一，农业发展活力流失。龙鼻村目前旅游开发力度较大，许多村民转农业生产为旅游服务工作。龙鼻村内的耕地部分浪费，使其农业发展活力流失。

（2）环境质量受损，绿色空间破碎。因为旅游开发未与生态保护相协调，龙鼻村内的生态环境遭到破坏，环境质量受损，蓝绿空间被打破，村落的可持续发展受到阻碍。

（3）交通区位约束强，区域联动性较弱。因龙鼻村位于山区，其交通通达度较低，所以其文化特色保存较完善，而交通不便在需要发展旅游的当下变成阻碍因素。龙鼻村旁也有部分特色村落，但因区域联动性较弱，未能形成良好的联动发展。

（4）利益分配不均，各方矛盾凸显。自龙鼻村发展旅游以来，村民纷纷投身进入第三

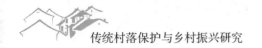

产业，但因个体户较多，村内未进行良好的统一协商，造成村民利益分配不均，各方矛盾凸显。

## 20.2 龙鼻村的艺术乡建措施探索

### 20.2.1 打造文化体验式乡村旅游景区

龙鼻村利用村内特色的建筑、山水宜人的环境和浓厚的苗族文化底蕴，打造了具有文化体验价值的旅游景区，主要人文景观有苗族特色民居、风雨桥、乖乖楼和艺术文化传习所等。龙鼻苗寨景区（图20.3）内设有拦门酒、唱苗歌、乖乖楼苗家婚俗体验、银饰制作展示、长门宴、巫傩绝技表演等艺术文化和民俗文化旅游项目，使游客可以尽情享受民俗风情带来的体验感。

图 20.3 龙鼻村景区入口

### 20.2.2 开发艺术文化产品

龙鼻村将旅游体验分为表演性和观赏性两类。苗族的四方鼓舞、苗歌、苗族婚俗表演等被开发成可参与性的项目。对于可售卖的产品，如苗族银饰、苗医药、毛尖制作等手工艺产品，则打造成手办、顺手礼等旅游产品。

### 20.2.3 打造民族歌舞表演项目

民族歌舞是民族文化的重要组成部分，是最能直接传播民族文化特色的文化内容。[7]传统的民族音乐舞蹈具有表演性和娱乐性，极具吸引力。龙鼻村传统的苗族歌舞主要有苗歌、苗族歌舞和竹竿舞（图20.4）等。其中，龙鼻村的苗族四方歌舞与湘西其他地方的苗族歌舞不同，为龙鼻村独有。龙鼻村培养了专门的表演团队，供旅游展示。表演基本保存了民族文化的原真性和民俗韵味。

图 20.4 游客体验竹舞

### 20.2.4 开发民族节庆旅游项目

民族传统节日集中体现了该民族的风俗习惯、民族精神和文化内涵。民族节日除了具有传承文化的功能，还具有庆祝娱乐的功能。龙鼻村在2016年举办了一次盛大的赶秋，有成千上万的群众参加。开发节庆旅游有利于提高当地乡村旅游知名度，促进当地文化的保护与传承，推动民族文化和旅游的宣传。通过发展节庆旅游，还可以拉动当地旅游的住宿餐饮等消费活动，从而产生经济效益，促进当地经济发展，助力乡村振兴。

### 20.2.5　建设艺术文化展示区

文化的展示需要一定的载体和文化场所，建设民俗文化展示区是文化特色转化为旅游资源的一种常见形式。龙鼻村目前已经建立了一个茶文化博物馆，展出品有传统的生产生活工具、祭祀的器物等。虽然文化展示区和博物馆主要是静态的展示，但是展示区和博物馆内同时也可以开辟供传承人现场传承艺术文化的区域，传承人进行现场展示，使展览更加生动、直观，提升了游客的体验感。

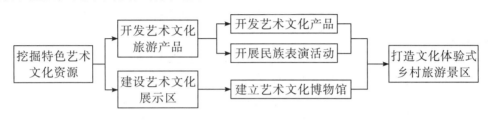

图 20.5　龙鼻村艺术乡建流程

## 20.3　经验与启示

### 20.3.1　修复和创造艺术文化环境

近年来乡村旅游开发火热，成为一种比较流行的乡村产业发展的手段。艺术文化作为一种极具经济价值和开发潜力的文化资源，有较强的延伸性，可以直接或者间接与乡村旅游开发，适度融合发展成为文化旅游产品。[8]这样不仅可以促进当地旅游业的发展，推动乡村振兴进程，还能促进艺术文化保护现代化发展，实现活态传承。而将具有经济开发潜能的艺术文化资源进行开发和利用，与当地乡村旅游发展相结合，不仅是艺术文化保护与时俱进的要求，也符合艺术文化自身发展的需要。

通过对苗族传统建筑和生态环境的保护，营造出一个良好的旅游环境。乡村旅游的发展可以促进艺术文化保护现代化发展。"对艺术文化资源的合理发掘和利用，既是保护遗产、发挥遗产价值的现实需要，也是当前进行乡村旅游、实施乡村振兴的需要。"但是，并不是所有的乡村都能够发展乡村旅游，因此也不是所有的艺术文化资源都可以通过发展乡村旅游产生经济价值。龙鼻村物质文化遗产和艺术文化资源丰富，处于张家界到凤凰的中心位置，具有一定的区位优势，有发展乡村旅游的潜力。因此，龙鼻村通过艺术文化资源与旅游融合发展，来实现乡村振兴和艺术文化保护互动，且已取得一定的发展成果和经验，可以为与其类似的民族地区提供参考和借鉴。

### 20.3.2　激发艺术文化主体的文化自信

当民族信仰逐渐消退的时候，人民的思想就容易涣散，不利于民族团结和社会安定。

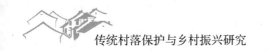
因此，为了乡村振兴和艺术文化保护实现良性互动，促进乡村全面发展和艺术文化保护，[9]需要具有深厚的文化底蕴、民族信仰的精神遗产来再次凝聚民心。民族团结，人心凝聚，乡村才能得到振兴，艺术文化才能实现科学化保护和传承，满足人民日益增长的精神生活需求。

在今后的发展中，乡村振兴和乡村旅游利用文化资源，不能只注重表象而忽视了文化得以长久流传的内涵。针对这一点，可以对从事相关文化旅游项目的工作者进行相应的艺术文化知识的培训，使他们不仅会表演，而且要了解文化的内涵，有助于文化的传播。同时要重视和关注对下一代的民族和艺术文化内涵的教育，鼓励村民给自己的子孙后代讲解苗族文化的内涵，让孩子们从小耳濡目染，培养民族文化认同感和共同的信仰，凝聚人心。这样才能从根本上实现乡村振兴与艺术文化保护互动发展，促进乡村经济发展，文化繁荣，民族团结。

将特色民俗的艺术资源转化为旅游资源，发展乡村旅游，使得村民不仅是艺术文化的传承者，还是乡村振兴的建设者和成果享受者。

## 20.3.3　实行科学合理的利益分配机制

产业振兴是乡村振兴的动力基础，具有经济开发价值的艺术文化资源可以为乡村产业振兴提供丰富的资源。虽然不是所有的艺术文化资源都具商业开发的价值，但是有很大一部分艺术文化资源本身具有丰富的经济价值，如传统手工艺类。[10]部分民族歌舞类和民间故事及传说类本身不具直接的经济价值，但是对其呈现方式进行合理的转化，应用于特定的环境和场合，同样可以产生相应的经济价值。乡村振兴是针对我国广大乡村提出的发展战略，不同的乡村应该因地制宜，选择符合当地的振兴方式。龙鼻村是具有民族特色的传统村落，艺术文化及民俗文化资源丰富，其中尤其以传统手工艺类和民族歌舞类占比大，具有利用艺术文化资源开发乡村旅游，实现乡村产业振兴的条件。

旅游开发决策者在开发旅游的过程中，需要充分尊重各方主体，重视利益合理分配，来调动各方参与的积极性，争取互利共赢。

## 20.3.4　推动艺术文化保护现代化发展

文化需要活态传承，也需要科学保护。将艺术文化进行开发利用，实现其商业价值，可以推动乡村振兴，还有利于艺术的活态传承，推动艺术保护与时俱进。

龙鼻村艺术文化保护和开发利用，促进了乡村振兴的发展，提高了老百姓的生活水平，在很多方面都体现了乡村振兴与艺术文化保护的良性互动产生的积极效益。[11]但是，在艺术文化开发成旅游产品的过程中，因过度重视游客对文化旅游项目的感受和体验，一定程度上忽视了文化原始主体（村民）的心理感受。这个问题在很多发展旅游的乡村中都不同程度的存在。

据了解，龙鼻村有意将传统节日赶秋节发展为民族节庆旅游项目。这种文化资源转化为乡村振兴资源的方式虽可行，但是发展的过程中因要符合旅游发展的需求，难免在一定程度上会导致文化的变异，因此要找到科学的转化途径。赶秋节本来是村民们在秋收前后举行的娱乐、互市、男女青年交往与庆祝等为内容的大型苗族传统节日，节日中有祭祀和民族歌舞以及相关技艺的表演活动，具有未来发展成旅游节庆项目的潜质。[12]但据调查，龙鼻村将赶秋节发展为乡村旅游节庆项目，开发过程中难免出现为了吸引游客，忽视赶秋节民族文化内涵的情况，导致节日文化发生变异，流于形式、文化内涵丧失，促进男女青年交往的传统功能丧失，导致很多当地村民难以接受这种变异，逐渐失去了对赶秋节的热情。将民族节日打造成节庆旅游是一种乡村振兴与艺术文化保护良性互动的有效途径，但是龙鼻村目前的节庆旅游开发还处于尝试阶段，存在一定的问题。

因此，在今后的发展中要进一步探索两者有机结合的科学方式，这样才能使得乡村振兴和艺术文化保护实现良性互动，互相促进。同理，与龙鼻村类似的发展乡村旅游的其他村寨，在乡村振兴和文化产品开发过程中，一定要尊重当地村民的主体地位，探索两者良性互动发展的方式。不能因为旅游开发，使民族文化成为空有其表的"旅游文化"，使得乡村振兴失去文化灵魂，成为失去"乡村性"的乡村。[13]

## 20.4　结　语

党的十九大提出乡村振兴战略后，乡村发展进入了一个新的阶段。艺术文化保护传承的时代背景发生了改变。新时代背景下艺术文化保护和传承迎来了新的机遇，也面临着新的挑战。实现中华民族中国梦，离不开乡村振兴；而要实现乡村全面振兴，需要乡村文化振兴先行先试。艺术文化作为乡村文化的重要组成部分和独特的精神标识，与乡村振兴战略息息相关。艺术文化的文化生境就是广大乡村，而实施乡村振兴战略一定程度上保护了艺术文化生境，也在一定程度上改变着艺术文化的文化生境。

因此，为了艺术文化在新时代能够得到更好的保护和传承，并且发挥其助力乡村振兴的经济价值，需要探索新时代乡村振兴与艺术文化保护互动发展的途径。

城市发展速度加快的同时，农村经济常被忽略，逐渐形成了城乡二元制结构，乡村旅游作为综合效益最高的发展模式，为大多数传统村落所实践。近年来，国家出台相关政策发展乡村旅游，各级政府积极贯彻执行。龙鼻村属于民族地区传统村落，有鲜明的文化特色。该村抓住机遇，利用特色艺术文化，积极发展旅游业，取得了较好的成绩，为其他地区传统村落旅游业的发展提供了良好的范本和借鉴作用。每个传统村落在借鉴优秀案例的同时，应结合自身优势、因地制宜，探索适合自身发展的模式。

当下在很多发展乡村旅游的地方，乡村振兴与艺术乡建形成了良性互动发展的初步形态。通过龙鼻村的乡村振兴与艺术乡建互动发展的效果来看，正确把握乡村振兴与艺术乡建的关系，探索两者形成良性互动发展途径，对新时代我国农村实现乡村全面振兴和艺术乡建可持续发展具有重要的理论指导和现实意义。

**参考文献**

[1] 中共中央 国务院关于实施乡村振兴战略的意见［EB/OL］．https://www.gov.cn/zhengce/2018-02/04/content_5263807.htm.

[2] 龙晓娅．文化旅游发展之路"共生"关系的合理利用：以墨戎苗寨旅游产业与非物质文化遗产"苗族鼓舞"结合为例［J］．艺术品鉴，2019（9）：77-78.

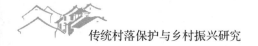

［3］林春菲．苗族宗教仪式音乐形态中的道德观：以湘西龙鼻嘴村为例［J］．民族论坛，2016（3）：58－63．

［4］石秋珍．古丈默戎镇龙鼻嘴村荣获"中国美丽休闲乡村"称号［N］．团结报，2020－10－09（3）．

［5］邓珊珊，万义．社会转型期湘西苗族四方鼓舞的文化生态变迁与传承路径研究：基于古丈县墨戎镇龙鼻嘴村的田野调查报告［C］．国家体育总局体育文化发展中心．2022年体育非物质文化遗产学术大会，2022．．

［6］滕学荣，宋雨静．乡村振兴背景下艺术介入乡村设计的策略研究［J］．北京建筑大学学报，2021，37（1）：60－66．

［7］唐衡璇，冯凤举，陈建国，等．艺术乡建对乡村振兴的作用功能研究：艺术乡建赋能民族地区乡村振兴研究系列论文之二［J］．南宁师范大学学报（哲学社会科学版），2023，44（2）：94－100．

［8］张欣．乡村振兴战略下广西三江侗族村落的文化保护与旅游开发研究［J］．中国建筑装饰装修，2021（2）：36－37．

［9］张应生．艺术乡建助力美丽乡村建设的途径及方式：以天水市为例［J］．天水行政学院学报，2023，24（1）：91－94．

［10］邓润芝，李妍，曾子默，等．探究乡村特色旅游业对乡村振兴发展的影响［J］．农业开发与装备，2020（1）：51－52，61．

［11］符敏，龙社勤．"田园综合体"模式下湘西苗寨（墨戎镇）乡村景观设计有机更新研究［J］．西部皮革，2020，42（21）：59－60．

［12］鲍彦达．艺术媒介化：艺术参与乡村文化建设的实践与省思［D］．重庆：西南大学，2023．

［13］江凌．艺术介入乡村建设、促进地方创生的理论进路与实践省思［J］．湖南师范大学社会科学学报，2021，50（5）．

（2022年优秀报告；作者：张诗瑶；指导：袁佳利；整理：李娇）

# 附录一
## 2021 年"湖南传统村落保护与发展"湖南省研究生暑期学校

　　衡阳师范学院地理与旅游学院为发挥地理区位及特色研究优势，贯彻落实党的十九届五中全会精神，贯彻落实习近平总书记在文化教育体育卫生工作座谈会上的重要讲话精神，就保护与开发湖南传统村落研究视野、培养相关领域人才、促进国内传统村落研究学者交流之目标共同努力，承办了"湖南省传统村落保护与发展"湖南省研究生暑期学校。暑期学校于 2021 年 7 月 10—20 日成功举办，本次研究生暑期学校注重学校与社会的结合、知识目标与能力的结合、知识目标与素质目标的结合三个目标，在课程设置上分为理论课程和实践课程两个板块。理论课程授课地点安排在衡阳师范学院理科楼 3 号，聘请国内著名学者主讲，共聘请了孙九霞、刘沛林、唐孝祥、何韶瑶、陈亚颦、孔翔、邵秀英、邓运员、杨忍、朱晓华 10 位专家；实践课程主要是对湖南省部分古村落进行实地考察，通过丰富的教学实践环节，提升学员们的创新能力。共安排 10 场学术讲座和 6 次实地考察。本次研究生暑期学校共吸引了来自湖南师范大学、华中师范大学、云南师范大学、中南林业科技大学、吉首大学、辽宁师范大学、河南理工大学、澳门城市大学、江西师范大学、首都师范大学、长安大学、南宁师范大学等 10 余所高校的研究生或高年级本科生共 50 人，其中外校学生 23 人，校内学生 27 人。学员专业对口，主要是人文地理学、地图学与地理信息系统和自然地理学等专业。

## 一、日程安排

| 时　间 | | 流　程 | 主讲人 | 主持人 |
|---|---|---|---|---|
| 7 月 10 日 | 13：00—18：00 | 学员报到（地点：五彩今天酒店） | | |
| 开学典礼（地点：衡阳师范学院理科楼 3 中 108） | | | | |
| 7 月 11 日 | 8：30—10：00 | 湖南省教育厅学位管理与研究生处领导致辞 | 颜胜利 | 杨立国 |
| | | 衡阳师范学院校领导讲话 | 李玲玲 | |
| | | 衡阳师范学院研究生院领导发言 | 罗　文 | |
| | | 暑期学校课程及规章制度介绍 | 邓运员 | |
| | | 集体合影 | | |

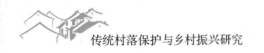
（续表）

| 时　间 | | 流　程 | 主讲人 | 主持人 |
|---|---|---|---|---|
| 校内理论课程（地点：衡阳师范学院理科楼 3 中 108） | | | | |
| 7 月 11 日 | 10：00—12：00 | 人类学视野中传统村落文化变迁 | 孙九霞 | 李伯华 |
| | 15：00—17：00 | 传统村落景观破碎、景观修复与活化利用研究 | 刘沛林 | |
| | 15：00—17：30 | 暑期学校学员分组及班干部选举 | 聂桐彤 | |
| 7 月 12 日 | 9：00—11：00 | 中国传统村落的智慧传承 | 唐孝祥 | 杨立国 |
| | 15：00—17：00 | 唤醒与介入——谈乡村的美学价值 | 何韶瑶 | |
| 7 月 13 日 | 9：00—11：00 | 传统村落文化在旅游产业中的运营 | 陈亚颦 | |
| | 15：00—17：00 | 旅游开发下的传统村落持续发展路径 | 孔翔 | 李伯华 |
| 7 月 14 日 | 9：00—11：00 | 古村落旅游与社区发展 | 邵秀英 | 邓运员 |
| | 15：00—17：00 | 衡阳师范学院传统聚落研究团队近今进展 | 邓运员 | 杨立国 |
| | 17：00—17：30 | 学员参观湖南省协同创新中心（CIC－DCH） | 邓运员 | |
| 7 月 15 日 | 9：00—11：00 | 中国乡村发展及传统村落空间转型 | 杨忍 | 李伯华 |
| | 15：00—17：00 | 论文写作、投稿及其质量要求 | 朱晓华 | |
| 校外实践课程（地点：湖南省典型传统古村落） | | | | |
| 7 月 16 日 | 8：30 | 学员集合，统一乘车前往 | 李克强 | |
| 7 月 16—19 日 | 7 月 16 日 | 国家历史文化名村：永州市祁阳市潘家浦镇龙溪村 | 彭惠军、曾　灿、张家其、祁剑青 | |
| | 7 月 17 日 | 中国传统村落：衡阳市常宁市庙前镇中田村 | | |
| | 7 月 18 日 | 中国传统村落：郴州市桂阳县莲塘镇大湾村 | | |
| | 7 月 19 日 | 中国传统村落：衡阳市常宁市西岭镇六图村 | | |
| 7 月 19 日 | 16：00 | 学员集合，统一乘车返校 | 李克强 | |
| 暑期学校结业典礼 | | | | |
| 7 月 20 日 | 8：30—10：00 | 衡阳师范学院研究生院领导发言 | 李伯华 | 杨立国 |
| | | 宣读优秀学员名单 | 杨立国 | |
| | | 颁发学员结业证书、优秀学员奖状 | 院领导 | |
| | | 优秀学员代表发言 | 待　定 | |
| | | 暑期学校活动总结 | 邓运员 | |
| 7 月 20 日 | 10：00 | 返家或前往衡山研究基地考察（南岳古镇） | 李克强 | |

## 二、理论课程

### 1. "人类学视野中传统村落文化变迁"（主讲人：中山大学孙九霞教授）

孙九霞，中山大学教授、博士生导师，珠江学者特聘教授，国内旅游人类学研究的领军人之一，中山大学旅游休闲与社会发展研究中心主任，中国地理学会旅游地理专业委员会委员，主要研究领域为社区旅游与社区参与、旅游人类学与社会学、旅游与族群关系、旅游与社会空间。

图为孙九霞教授授课现场

孙教授首先从人类学引入，介绍了该学科的五个基本共识，即文化相对论、文化整体观、文化比较观、田野调查和旅游地主客位研究，并以此延伸到她所研究的旅游人类学领域，分析了旅游人类学的时代背景和总体发展状况，认为当前研究主要集中在旅游目的地、游客和旅游客源地三个方面。随后，孙教授从旅游目的地族群变迁、社会变迁和文化变迁三个方面阐释了旅游对传统村落的影响。

此后，孙教授以丽江古城为例，向大家展示了旅游重构后的新型社区共同体，认为传统村落旅游可以为后地方共同体的构建提供不可或缺的助力。最后，孙教授提出了两个问题供学员讨论交流：①传统村落变迁中文化的原真性保护、非遗的原真性如何认证；②传统村落保护中的国家标准与地方实践的吻合性如何实现。

### 2. "传统村落景观破碎、景观修复与活化利用研究"（主讲人：长沙学院刘沛林教授）

刘沛林，长沙学院原党委书记，二级教授、博士生导师，享受国务院特殊津贴专家，教育部新世纪优秀人才，中国地理学会人文地理专业委员会副主任，中国传统村落保护与活化研究中心主任，主要研究领域为传统文化遗产保护理论、历史文化村镇数字化保护与应用、文化与旅游融合。

图为刘沛林教授授课现场

刘沛林教授从自己在北京大学求学的经历谈起，希望此次参加研究生暑期学校的学员能够多读书、多思考、多实践，多写作。之后，刘教授从传统村落景观破碎及修复的现实背景出发，提出了以下研究重点：传统村落景观破碎与景观基因流失的态势，破碎化的传统村落受损基因分析、识别和提取，传统村落景观基因破碎化的形成原因、减损止损机制以及景观基因修复理论和技术。随后，刘教授向大家展示了山西碛口古镇东、西市街和山西蔡家崖东崖村的景观基因修复图。最后，刘教授以旅游小镇为例，认为提取不同传统村落的景观基因，可以助力打造具有地域文化特色的旅游小镇，从而促进乡村振兴。

### 3."中国传统村落的智慧传承"（主讲人：华南理工大学唐孝祥教授）

唐孝祥，华南理工大学建筑学院教授、博士生导师，中国建筑学会岭南建筑学术委员会副主任，中国民族建筑研究会副秘书长、专家委员会副主任，亚热带建筑科学国家重点实验室副主任，主要研究领域为建筑美学、风景园林美学、岭南建筑理论。

图为唐孝祥教授线上授课现场

唐孝祥教授首先从保护的价值与意义出发，详细阐述了中国传统村落的内在含义，并基于价值观、思维观、宗法观、环境观、审美观等方面提出了传统村落的传承建议。随后，唐教授向大家展示了岭南具有鲜明地域特色的传统村落建筑，并启发学员从建筑造型、环境和意境审美三方面审视传统村落。唐教授认为，研究传统文化精神，关键是把握价值系统、思维方式、社会心理、审美理解等四个维度。最后，唐教授指出，传统村落要依靠村民、政府、旅游企业等多方主体，实现产业兴旺、文化传承、生态宜居和社会治理，继而推动乡村振兴，为世界文化遗产的多样性做出贡献。

### 4."唤醒与介入——谈乡村的美学价值"（主讲人：湖南大学何韶瑶教授）

何韶瑶，湖南大学建筑学院教授、博士生导师，湖南大学城市建筑研究所副所长，中国环境行为学会全国委员会副主任委员，中国科学技术史学会建筑史专业委员会学术委员，主要研究领域为传统村落保护、城市景观规划理论、建筑设计与建筑节能技术、建筑行为学理论。

图为何韶瑶教授授课现场

何韶瑶教授从国家战略政策入手，讲述了乡村研究的缘起，梳理了乡村研究的现状，指出乡村是历史形成的，蕴含了丰富的文化美学价值，提出当前研究应注重乡村的美学价值，欣赏乡村独特的生产方式、独有的生活方式和乡土文化。何教授提出采用"渐进性"和"亢奋性"两种形式来唤醒乡村审美，以此构建村落文化认同感，并以湖南省为例，倡导建立武陵文化区、雪峰山文化区、湘江文化区、洞庭湖文化区和梅山文化区等湖湘文化五大分区，阐述了不同分区乡村传统建筑所蕴含的文化特征，总结出湖湘建筑具有曲线大胆重出檐、装饰繁密重技法、多元组合重功能、层叠有序重构造四个特点。最后，何教授提出，我们需要唤醒的不是乡村所拥有的历史，而是设计者内心的良知和善意，要善于发现中华民族的美，设计出具有中国特色的乡村和城市。

5. "传统村落文化在旅游产业中的运营"（主讲人：云南师范大学地理学部陈亚颦教授）

陈亚颦，云南师范大学地理学部教授、博士生导师，少数民族文化与旅游研究院院长，云南省高等学校云岭名师，中国地理学会文化地理专业委员会副主任，中国人类学民族学研究会民族旅游专业委员会副秘书长，主要研究领域为旅游与文化变化、旅游民间表演、社会文化地理。

图为陈亚颦教授授课现场

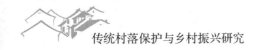

陈亚颦教授从云南双廊村、翁丁村等传统村落的保护与旅游开发现状出发，引出今天讲座聚焦的问题，即我们应该如何面对传统村落的变化。陈教授认为遗产保护的理念应该从以物质为中心转为以人为中心，一方面从时间、功能、文化表达和社区关联等方面保持活态遗产的延续性，另一方面从空间生产三元论着手保持地方整体性中的延续性。最后，陈教授分享了傣族村落是如何通过旅游创造共享的地方经验，她认为村落旅游是身体风景的参与式创作。

### 6. "旅游开发下的传统村落持续发展路径"（主讲人：华东师范大学孔翔教授）

孔翔，华东师范大学城市与区域科学学院副院长，教授、博士生导师，中国地理学会文化地理学专业委员会副主任，上海市生产力学会理事，主要研究领域为区域经济与文化地理、全球化下的地方产业与文化空间演变、开发区建设中的文化社会空间重塑。

图为孔翔教授授课现场

孔翔教授首先阐述了传统村落的概念与内涵，认为传统村落具备四个特点，即鲜明的地方特色、长期的人地交互作用、封闭及相对落后、传承至今的文化系统。其后，孔教授深度剖析了包括移民文化、儒商文化和宗族文化在内的徽州文化特点，分析了其形成机制，指出了传统村落持续发展所面临的资金、技术和生态环境保护等挑战。孔教授认为，提升居民文化认同感是传统村落保护的关键，并从感知、重要性、自豪感、保持意愿和行为表现等方面阐述了文化认同的构建机制。最后，孔教授指出，促进旅游与传统村落的共同持续发展，可从生态文明建设、坚定文化自信和乡村振兴战略等方面着手。

### 7. "古村落旅游与社区发展"（主讲人：太原师范学院邵秀英教授）

邵秀英，太原师范学院管理系副主任，二级教授、硕士生导师，山西省高校工委、教育厅党组联系高级专家，山西省旅游发展专家咨询委员会专家，山西传统村落保护发展专家委会员成员，主要研究领域为古村落遗产保护与遗产旅游。

图为邵秀英教授线上授课现场

　　邵秀英教授以"中国最后一个原始村落"翁丁佤寨为例引出今天的讲座内容，详细分析了中国传统村落旅游活化面临的困境，即村落景区化与"业强村美民富"的乡村振兴内涵不相符合。邵教授从传统村落及其旅游地属性、传统村落旅游活化中的公共管理问题以及传统村落旅游活化的路径、模式这三个方面展开论述，提出通过景区形态移入和旅游业态植入两种传统村落旅游活化路径构建理想的景区式社区或生活式景区。此外，邵教授还分享了在山西省实地调研的丰富经历，将山西省传统村落旅游开发分成外缘式和内生式两大类，并归纳总结了 7 种主体模式。最后，邵教授向大家介绍了山西传统村落的相关情况，并诚挚邀请学员们前去调研学习。

　　8."衡阳师范学院传统聚落研究团队近今进展"（主讲人：衡阳师范学院邓运员教授）

　　邓运员，衡阳师范学院地理与旅游学院院长，教授、硕士生导师，"传统村镇文化数字化保护与创意利用"国家地方联合工程实验室执行主任，中国地理信息产业协会教育与科普委员会委员，主要研究领域为传统村落空间形态。

图为邓运员教授授课现场

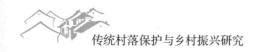

邓运员教授首先向学员们介绍了衡阳师范学院的发展历程，从历史沿革、平台建设、科学研究和社会服务等方面对地理与旅游学院的基本情况进行了梳理。接着，邓教授介绍了衡阳师范学院地理与旅游学院传统聚落研究团队的整体情况，团队在传统村落人居环境有机更新机理与模式、景观基因的地方认同、空间形态量化分析、景观基因群系与区划、传统村落的脆弱性和活态性以及女书文化景观基因挖掘等方面的研究。邓教授着重介绍了刘沛林教授团队的研究成果，从最初进行传统村落空间意象与规划研究，到基于"胞—链—形"方法研究传统聚落景观及其基因，再到现在运用 GIS、VR 等方法进行传统聚落景观数字化保护研究，并向大家展示了这三个研究方向的成果。

### 9. "中国乡村发展及传统村落空间转型"（主讲人：中山大学杨忍博士）

杨忍，中山大学地理科学与规划学院副教授、博士生导师，中国地理学会农业地理与乡村发展专业委员会副主任，中国自然资源学会土地资源研究专业委员会副主任，广东省土地学会理事，主要研究领域为乡村发展与村镇规划、城乡发展与土地利用、乡村可持续性与空间治理、国土空间规划与管理、数量 GIS 应用。

图为杨忍博士授课现场

杨忍副教授梳理了国内外乡村地理的研究热点：国内研究重点从城市化、经济建设逐渐转向新农村建设、可持续发展，再到当前的乡村转型、空间重构等方面；国外研究则经历了从乡村景观、农业集约化转向后生产主义、多功能性，再到生物多样性保护、乡村适应能力等三个阶段。杨老师认为中国乡村价值具有独特性，乡村发展需重塑其多元价值，这些价值包括生态景观价值、农业经济价值、文化美学价值、乡土技术价值和社会情感价值。之后，杨老师详细讲解了中国乡村发展及多功能转型过程及机制、珠三角地区传统村落空间转型与重构机制、中国乡村空间分化与重构等研究内容。最后，杨老师提出应融合中西方相关理论和方法，深度开展多学科交叉综合集成，构建多维一体化的乡村地理学理论。

### 10. "论文写作、投稿及其质量要求"（主讲人：中国科学院地理科学与资源研究所朱晓华研究员）

朱晓华，研究员，中国科学院地理科学与资源研究所学术期刊中心副主任，《自然资源学报》专职副主编、编辑部主任，中国自然资源学会副秘书长，主要研究领域为乡村土地利用、分形建模、遥感灾害监测、数据库与信息系统开发。

**图为朱晓华研究员授课现场**

朱晓华研究员首先介绍了地理学界包括旅游、资源环境、地理信息和地理教育等领域具有高影响力的学术期刊，并以《自然资源学报》为例，总结了投稿文章的三个关键：聚焦主题、质量控制和成果多元。接着，朱研究员梳理了期刊文章的投稿流程，包括了解期刊类型与档次、评判自己论文水平、详读征稿简则和按规范投稿四个基本步骤，并带领学员们一同研读了期刊投稿、各级标题、图件、表格和参考文献的要求与规范。此外，朱研究员从标题、摘要和论文结构等方面总结了34条提升论文水平的方法，并为大家提供了论文自查的标准。最后，朱研究员梳理了当前自然资源领域重点约稿方向，包括自然保护地、面向生态文明的国土空间规划、健康中国战略与自然资源开发等方面。

## 三、实践课程

2021年7月16日，2021年"湖南传统村落保护与发展"湖南省研究生暑期学校开始了为期四天的校外实践课程。本次校外实践由地理与旅游学院院长邓运员教授带队，祁剑青、张家其、李克强和曾灿老师指导，研究生暑期学校50名硕士生、博士生学员参加。此次校外实践调研地点包括永州市的龙溪村、陈朝村，衡阳市的中田村、下冲村、六图村，郴州市的大湾村等六个传统村落，学员采用建筑测绘、访谈、问卷调查等研究方法开展调研工作，旨在通过对传统村落物质与非物质文化调查，分析传统村落的地域文化特征，为传统村落保护与发展提供借鉴。

### 1. 龙溪村和陈朝村调研考察

50名学员分为四个调研小组，开展对龙溪村李家大院宗祠和永州市陈朝村进行景观基因的识别与提取，同时调研龙溪村的经济、社会、文化、空间、环境等发展现状。

图为暑期学校学员在龙溪村和陈朝村实践调研

## 2. 中田村考察

学员们剖析了中田村的整体空间布局，调查了村落遗存下来的古石巷和古房屋，对其老旧衰败的传统建筑提出了保护修复策略。此外，部分学员访谈了村内居民、周围商户以及当地村干部，了解了村落旅游开发现状及存在的问题。

图为暑期学校学员在中田村考察

## 3. 大湾村和六图村

学员们走进榜眼第（夏寿田故居）和夏氏祠堂，对极具风格的飞檐、石雕和祠堂进行景观基因提取；同时，学员们调研了大湾村的民居形态，对部分残破的房屋建筑提出了保护与修复建议。此外，部分学员通过问卷调查、访谈走访当地居民等形式，开展大湾村文化生态感知调查。

学员们对六图村尹氏宗祠和公厅的屋檐、马头墙进行了景观基因提取，大家对村内各具特色的门楣产生了浓厚的兴趣；同时，学员们近距离观察和调研了村内古桥、古井和古塘等历史环境要素特征，并提出相应的保护修复建议。此外，部分学员访谈了周围居民，进行了六图村民居的文化补偿效果评价。

图为暑期学校学员在大湾村和六图村考察

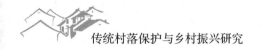
## 附录二
## 2022年"传统村落保护利用与乡村振兴"湖南省研究生暑期学校

"传统村落保护利用与乡村振兴"湖南省研究生暑期学校于2022年7月16日至8月23日成功举办，主要依托衡阳师范学院地理与旅游学院，以衡阳师范学院现有研究生教育资源为基础，从国内知名高校与科研机构选聘专家学者传道授业，共安排10场专题讲座及组织学员赴传统村落进行实践教学。本暑期学校致力于加强参与学员对新形势下传统村落保护与发展的新课题、新方法的探索，尤其是对湖南传统村落保护现状、困境和出路的探究，为更深层次理解地理学相关理论前沿和研究方法提供帮助。本次研究生暑期学校注重学校与社会的结合、知识目标与能力的结合、知识目标与素质目标的结合三个目标，在课程设置上分为理论课程和实践课程两个板块。理论课程授课通过腾讯会议进行，聘请国内著名学者主讲。本次研究生暑期学校联络组积极联系国内各知名专家学者，共聘请了孙九霞、孔翔、杨忍、陈亚颦、朱竑、陆林、陶伟、朱晓华、刘沛林、邓运员10位专家。实践课程主要是对湖南省部分古村落进行实地考察。共安排10场学术讲座和实地考察。本次研究生暑期学校共吸引了来自湖南师范大学、海南师范大学、首都师范大学、福建师范大学、辽宁师范大学、贵州师范大学、中南林业科技大学、内蒙古大学、贵州大学、南昌大学、南华大学、浙江工商大学、河南理工大学、桂林理工大学、中央民族大学等16所高校的研究生或高年级本科生共115人，其中外校学生31人，校内学生84人。学员专业对口，主要是地理学、城乡规划学、建筑学和风景园林等专业。

## 一、日程安排

| 时 间 | | 流 程 | 主讲人 | 主持人 |
|---|---|---|---|---|
| 7月15日 | 08：00—12：00 | 学员报到、领取学习资料（腾讯会议线上签到） | | 贺 伟 |
| | 15：00—17：00 | 暑期学校学员分组及班干部选举 | | 贺 伟 |
| 开学典礼（地点：衡阳师范学院理科楼3中108） | | | | |
| 7月16日 | 09：00—09：50 | 衡阳师范学院研究生院领导致辞 | 李伯华 | 杨立国 |
| | | 衡阳师范学院地理与旅游学院领导发言 | 邓运员 | |
| | | 暑期学校课程及规章制度介绍 | 张家其 | |
| | 09：50—10：00 | 集体线上合影 | | |

（续表）

| 时 间 | | 流 程 | 主讲人 | 主持人 |
|---|---|---|---|---|
| 理论课程（地点：腾讯线上会议） | | | | |
| 7 月 16 日 | 10：00—12：00 | 衡阳师范学院传统聚落研究团队近今进展 | 邓运员 | 杨立国 |
| | 15：00—17：00 | 旅游发展与乡村多元振兴模式 | 孙九霞 | 李伯华 |
| | 19：00—21：00 | 旅游驱动的地方商品化与乡村转型发展 | 孔 翔 | 杨立国 |
| 7 月 17 日 | 15：00—17：00 | 新时代中国乡村发展分化与重构 | 杨 忍 | 李伯华 |
| | 19：00—21：00 | 传统村落情感结构与地方实践 | 陈亚颦 | 杨立国 |
| 7 月 18 日 | 09：00—11：00 | 自然的社会建构——基于生态政治的视角 | 朱 竑 | |
| | 15：00—17：00 | 传统村落景观破碎、景观修复与乡村振兴路径 | 刘沛林 | 邓运员 |
| 7 月 19 日 | 09：00—11：00 | 旅游引导城市群乡土—生态空间演化研究 | 陆 林 | |
| 7 月 20 日 | 09：00—11：00 | 面向国家重大发展战略非遗研究：理论与实证 | 陶 伟 | 李伯华 |
| | 15：00—17：00 | 自然资源领域当前主要选稿方向与论文质量要求：以《自然资源学报》为例 | 朱晓华 | |
| 实践课程（地点：全国各地典型传统古村落） | | | | |
| 7 月 21 日—8 月 20 日 | 专题 1 | 乡村振兴背景下传统村落旅游开发与保护 | 彭惠军 | 刘天曌 |
| | 专题 2 | 乡村振兴背景下传统村落保护与发展规划 | 罗 凯 | 袁佳利 |
| | 专题 3 | 乡村振兴背景下传统村落人居环境优化 | 李 强 | 彭 科 |
| | 专题 4 | 传统村落空间形态及建筑研究 | 祁剑青 | 蒋武林 |
| 学习成果验收（地点：腾讯线上会议） | | | | |
| 8 月 21—22 日 | 分组汇报与评选 | 学员汇报理论学习及实地调研成果并评选优秀学员 | 彭惠军、刘天曌、罗 凯、袁佳利、李 强、彭 科、祁剑青、蒋武林 | |
| 暑期学校结业典礼（地点：衡阳师范学院理科楼 3 中 108） | | | | |
| 8 月 23 日 | 9：00—11：00 | 衡阳师范学院研究生院领导发言 | 赵辉煌 | 张家其 |
| | | 宣读优秀学员名单 | 赵辉煌 | |
| | | 优秀学员代表发言 | 刘敬华 刘 萱 | |
| | | 暑期学校活动总结 | 邓运员 | |

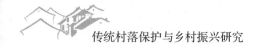
## 二、理论课程

### 1. "衡阳师范学院传统聚落研究团队近今进展"（主讲人：衡阳师范学院邓运员教授）

邓运员，衡阳师范学院地理与旅游学院院长，教授、硕士生导师，"传统村镇文化数字化保护与创意利用"国家地方联合工程实验室执行主任，中国地理信息产业协会教育与科普委员会委员，主要研究领域为传统村落空间形态。

图为邓运员教授授课现场

邓运员教授从历史沿革、平台建设、科学研究和社会服务等方面对衡阳师范学院的发展历程进行了梳理。然后，邓教授向各位学员展示了衡阳师范学院地理与旅游学院传统聚落研究团队的整体情况，介绍了刘沛林、李伯华、杨立国、郑文武、邹君以及田亚平教授等的课题组研究方向、研究进展，并介绍了团队在传统村落人居环境有机更新机理与模式、景观基因的地方认同、空间形态量化分析、景观基因群系与区划、传统村落的脆弱性和活态性以及女书文化景观基因挖掘等方面的研究成果。最后，邓运员教授表示传统村落的保护与发展需要情怀，希望有更多的优秀学员投入传统村落的研究中，为传统村落的研究提供新思路、新方法，使传统村落得到更好的传承与发展。

### 2. "旅游发展与乡村多元振兴模式"（主讲人：中山大学孙九霞教授）

孙九霞，中山大学教授、博士生导师，珠江学者特聘教授，国内旅游人类学研究的领军人之一，中山大学旅游休闲与社会发展研究中心主任，中国地理学会旅游地理专业委员会委员，主要从事旅游人类学、旅游与社区参与、旅游与族群关系等研究。

图为孙九霞教授授课

孙九霞教授从现代化发展的社会背景切入，剖析了"乡"与"城"的双重困境，详细介绍了从"特色小镇"概念的提出，到国家领导的重要批示及一系列相关文件。针对当前特色小镇建设中的诸多乱象，孙教授提出了一条可能的路径选择即旅游特色小镇"培育"及旅游乡村振兴，从生产的视角和需求的视角分析了旅游与乡村振兴及城镇化的特征，阐述了旅游与特色小镇之间的关联，并用哈维的"三级资本循环"来理解旅游特色小镇。然后，孙教授提出乡村振兴的特色旅游小镇模式，包括产业投入型、空间在造型、内生发展型三种类型，并以云栖小镇、袁家村、喜洲古镇为案例进行详细解读。最后，孙教授以夏乌实验为例介绍了乡村振兴的特色旅游小村模式，提出旅游可以推动特色村镇的空间再造和社区参与，但是旅游发展并非乡村振兴的唯一之路。

3. "旅游驱动的地方商品化与乡村转型发展"（主讲人：华东师范大学孔翔教授）

孔翔，华东师范大学城市与区域科学学院副院长，教授、博士生导师，教育部人文社科重点研究基地中国现代城市研究中心研究员，中国地理学会文化地理专业委员会副主任，研究重点为地方产业和文化空间演变。

图为孔翔教授授课

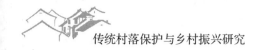

孔翔教授漫谈了地方商品化的研究缘起，认为传统村落的活化很大程度上与商品化密切相关。随后，他讲解了中国乡村商品化的独特机理及影响，内容主要包括乡村商品化的内涵及类型、地方政府在持续推进乡村商品化中的作用、乡村社会转型的特点及问题等。接着，孔教授理论结合实践，生动形象地对商品化进行分析与讲解。理论方面，主要阐述什么是乡村商品化、乡村商品化包含哪些主要元素，剖析乡镇政府对乡村地方商品化的作用，介绍与旅游相关的地方商品化的三种形式，分析乡村的地方商品化与乡村转型之间的联系。实践方面，以黄山西溪南村为案例进行分析，解释了房地产市场的形成与政府作用、创意旅游体验中的地方政府行为、生活方式型移民与地方的商品化，并就乡村商品化的影响与乡村转型发展的阶段性特征与问题进行了讲解。

**4."新时代中国乡村发展分化与重构"（主讲人：中山大学杨忍教授）**

杨忍，中山大学地理科学与规划学院教授、博士生导师，中国地理学会农业地理与乡村发展专业委员会副主任、中国自然资源学会土地资源研究专业委员会副主任、广东省土地学会理事等，主要研究领域为乡村发展与村镇规划、城乡发展与土地利用、乡村可持续性与空间治理、国土空间规划与管理、数量 GIS 应用。

图为杨忍教授授课

杨忍教授首先从地理学的视角出发，系统地介绍乡村地理学研究的热点演化，并梳理了乡村地理学的相关理论和发展演化的过程。随后，杨教授从全国尺度出发，介绍中国乡村发展分化与重构的研究成果；从村域尺度出发，以粤港澳大湾区的乡村空间分化与重构为例，通过五种类型的村落来解释乡村发展过程中的空间转型和重构机制，又以淘宝村为例解释了数字时代下的乡村发展转型与逻辑机制。最后，在乡村振兴背景下，基于乡村地理学研究的内容体系和已有研究成果，杨教授指出在未来的研究过程中我们要有使命与担当，要明确乡村地理学研究应聚焦的问题，积极促进乡村振兴战略的实施。

**5."自然的社会建构——基于生态政治的视角"（主讲人：广州大学朱竑教授）**

朱竑，广州大学地理与遥感学院教授、博士生导师，国务院政府特殊津贴专家，国家百千万人才，广东省特支计划领军人才，教育部新世纪优秀人才，中国地理学会常务理事，中国地理学会研学工作组主任，中国地理学会文化地理专业委员会副主任委员，《地理科学》《地理科学进展》副主编，主要研究领域为区域发展与地方治理、新文化地理学、人文地理关键带研究、城市与移民、自然的社会建构等。

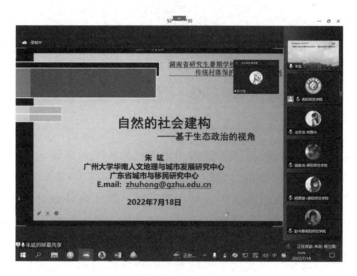

**图为朱竑教授授课现场**

朱竑教授漫谈了自然的社会建构的缘起、理论脉络及相关研究议题，并从政治生态学的视角引入，分享了主要观点及研究内容，以国内外典型的传统政治生态学研究案例帮助学员们初步了解研究背景。接着，朱竑教授以理论＋案例的方式从四个方面展开讲解：一是政治与自然，自然会成为权力操纵的媒介，会成为权力运作的对象；二是商品与自然，提出自然作为物质与文化符号的集合体，在各类经济活动中进行实践与展演；三是社会情感与自然，人类情感在不同尺度层级上以及与自然的持续互动中不断被建构、解构与重塑；四是日常生活与自然，日常生活空间是新兴的人与自然的交互空间。最后，朱竑教授分享了自然的社会建构研究案例与实践。

**6."传统村落景观破碎、景观修复与乡村振兴路径研究"（主讲人：长沙学院刘沛林教授）**

刘沛林，长沙学院教授、博士生导师，中国传统村落保护与活化研究中心主任，"传统村镇数字化保护与创意利用技术"国家地方联合工程实验室主任，联合国教科文组织国际自然与文化遗产空间技术中心长沙工作站主任，中国地理学会人文地理专业委员会副主任，湖南省古村古镇文化遗产数字化传承协同创新中心主任，湖南省"特色文旅小镇"专家组首席专家，主要研究领域为文化与旅游融合、传统文化遗产保护理论、历史文化村镇数字化保护与应用等。

图为刘沛林教授授课

刘沛林教授首先介绍了传统村落景观破碎化现状和传统村落景观破碎化的测度，详细讲解了传统村落修复的理论和方法，包括破碎化的传统村落受损基因分析、识别和提取，景观基因修复理论和技术。刘教授认为，对传统村落，除了实体性保护修复之外，还应该从数字化保护的角度开展保护修复工作。随后，他介绍了传统村落数字化的技术背景和传统村落虚拟旅游的现实需求，且以理论与实践相结合的形式分析了技术实现的路径，并展示已有的研究成果。刘教授认为文化是乡村振兴的持久深层动力，提出了传统村落文化振兴思路和保护利用原则，并以湖湘风情旅游小镇、白族文化风情旅游小镇、新化梯田农耕文化旅游小镇为例，详细讲解了传统村落文化振兴的路径。

**7. "传统村落情感结构与地方实践"（主讲人：云南师范大学陈亚颦教授）**

陈亚颦，云南师范大学地理学部教授、博士生导师，少数民族文化与旅游研究院院长，兼昆明文理学院工商管理学院院长，云南省兴滇英才计划教学名师，云岭名师，云南省万人计划教学名师，英国杜伦大学博士后访问学者，中国地理学会文化地理学专业委员会副主任，英国 GCRF "Transforming Greater Mekong Food Systems" 中心成员，教育部师范认证专家，云南省十大文化旅游项目首席专家，云南省政府教育教学督导评审专家，主要研究领域为民族文化地理学、旅游与文化变化。

图为陈亚颦教授授课现场

陈亚颦教授首先讲解了地理学中的空间、地方与景观的概念，阐述了地方与地景的定义及两者的区别。接着，陈教授提出了活态遗产这一概念并解释了其延续性的内涵，认为活态遗产的延续性包括社区联系的延续性、文化表达的延续性和关切的延续性；并从两个方面介绍了活态遗产保护的情感延续性研究，第一个方面是情感问题的探究方法，第二个方面是地方情感形成的历程。最后，陈教授以西双版纳边境傣族村落为案例，展示了案例地的活动束情感绘图、活动束的关键情感场址图和文化精英图，指出在传统村落中，不同主体对空间情感有着本质的区别。

### 8. "旅游引导城市群乡土—生态空间演化研究"（主讲人：安徽师范大学陆林教授）

陆林，安徽师范大学副校长，教授、博士生导师，"新世纪百千万人才工程"国家级人选，全国优秀教师，全国优秀地理科技工作者，安徽省学术和技术带头人，皖江学者，安徽省高校教学名师，中国地理学会旅游地理专业委员会副主任委员，《地理科学》《人文地理》《中国旅游研究》编委，《旅游学刊》特邀学术委员，主要研究领域为旅游与文化地理、城市地理与城市经济。

**图为陆林教授授课**

陆林教授从旅游地理学的实践探索出发，将乡村旅游演化进程分为前旅游时代、旅游时代和后旅游时代三个阶段。前旅游时代，大众旅游尚未兴起，村落仍处在传统的农业与工业利用状态。旅游时代，传统村落依托其遗产价值，发展形成了最初的乡村旅游形式。陆教授分别以传统村落和历史文化名村名镇为案例，阐释了农家乐、民宿、精品酒店、营地等乡村旅游业态，总结了田园综合体、休闲农业、农业科技、电子商务、创客基地、旅游小镇等乡村旅游发展新模式。后旅游时代，乡村将成为城乡空间重构行为的核心载体。陆教授提出要思考资本三重循环与乡村旅游发展的关系，开展旅游引导城市群乡土—生态空间演化的"过程—格局—机制—效应"研究。最后，陆教授认为旅游引导城市群乡土—生态空间演化是新时代乡村振兴和新型城镇化国家战略实施的重要途径。

9. "面向国家重大发展战略的非遗研究：理论与实践"（主讲人：华南师范大学陶伟教授）

陶伟，华南师范大学地理科学学院副院长，教授、博士生导师，英国伯明翰大学荣誉研究员，中国地理学会文化地理专业委员会委员，广东省地理学会理事，《经济地理》青年编委会委员，主要研究领域为旅游发展与规划、城市形态理论与方法、社会文化地理。

图为陶伟教授授课

陶伟教授用图表和数据展示了中国非物质文化遗产保护和发展的情况，指出中国的非物质文化遗产的保护与发展呈现出四个趋向：一是注重非遗的主体性，二是注重其作为公共文化的教育功能，三是注重保护的整体性和活态性，四是注重非遗保护与传承中政府、市场、传承人、地方社区等多方的参与。陶教授分析了国内外非物质文化遗产的研究情况，并着重讲解了中国"非遗前"与"非遗后"两个时代的研究概况，指出非物质文化遗产的批判性研究越来越受到国内外学者的关注。最后，陶教授提出非物质文化遗产在乡村振兴、新型城镇化、文化强国与人类命运共同体等方面有着重要的研究价值，需要更多优秀学者的探索与努力。

10. "自然资源领域学术稿件选题与论文质量要求——《以自然资源学报》为例"（主讲人：中国科学院地理科学与资源研究所朱晓华研究员）

朱晓华，研究员，中国科学院地理科学与资源研究所学术期刊中心副主任，《自然资源学报》专职副主编、编辑部主任，中国自然资源学会副秘书长，主要研究领域为乡村土地利用、分形建模、遥感灾害监测、数据库与信息系统开发。

**图为朱晓华研究员授课**

朱晓华研究员首先介绍了地理资源领域的重要期刊和检索文献的途径，着重讲解了《自然资源学报》自2019年以来策划的专题论坛，呼吁学员们的选题要与国家政策紧密联系，主动转向，服务国家重大现实与战略要求，把科研成果真正地写到祖国大地上。接着，朱研究员分享了筛选出来的主要选题方向，列举了投稿过程中容易出现的错误和不足，并讲解了写作范式、投稿方式和详细流程。朱研究员认为写好一篇论文要勤学多练，培养扎实的写作能力，而且要持有严谨的态度和百折不挠的心态。最后，朱研究员希望学员们在时代的浪潮下，能保持良好的心态，学习新的理论与方法技术，勇于面对重大危机或挑战，结合自己的研究领域，主动挖掘新选题和方向。

## 三、实践课程

2022年7月21日，2022年"传统村落保护利用与乡村振兴"湖南省研究生暑期学校开始了为期一个月的线下实践课程。本次线下实践分四个小组，彭惠军、刘天曌、罗凯、袁佳利、李强、彭科、祁剑青、蒋武林老师线上指导，115名学员线下自主选择典型传统村落进行调研。学员采用建筑测绘、访谈、问卷调查等研究方法开展调研工作，旨在通过对传统村落物质与非物质文化调查，分析传统村落的地域文化特征，为传统村落保护与发展提供借鉴。

### 专题一 乡村振兴背景下传统村落旅游开发与保护

2022年7月21—31日，优秀学员代表程波同学在湖北省大董家湾、蔡官田村等多个传统村落开展了调研活动，调研主要从村落环境、历史文化、社会记忆演化等方面展开。

大董家湾依山傍水，尾斗湖水库和龟山、蛇山如同屏障将整个村子包围在其中，使得村子较为封闭。这种环境肌理符合传统的中国村落布局，体现出了天人合一的境界和对美

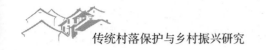

好生活的向往。

程波同学在走访大董家湾、发放问卷的过程中，发现了很多传统村落复兴与改造中面临着许多问题，如空巢化、全面旅游化、村民自身对于村落及传统文化的冷漠等。调研结束后，程波同学进行了资料总结和思考，认真撰写了调研报告。

### 专题二　乡村振兴背景下传统村落保护与发展规划

2022 年 8 月 3 日，优秀学员代表张晓天同学在山西省太原市晋源区店头村开展了调研活动，调研内容主要包括传统村落巷道、建筑结构、建筑空间布局等方面。

店头村群山环抱，古槐参天，气势宏伟，景色壮观。这里不仅是北汉帝刘薛王（刘继元）的一处避暑行宫，解放战争时期，阎锡山的军队在此还修了很多碉堡。店头村承载和展现了古晋阳的历史文化、军事科学、农耕文化价值。

张晓天同学通过查询资料及实地考察，了解了店头村的地理位置、历史沿革及人居环境，总结出传统村落发展的不利因素，进而结合当地政府的相关政策，对传统村落的保护提出对策和建议。

### 专题三　乡村振兴背景下传统村落人居环境优化

2022 年 8 月 13—15 日，优秀学员代表宁旺芬同学在湖南省衡阳市中田村开展了调研活动，调研主要从村落基本情况、传统建筑布局、建筑装饰等方面展开。

中田村为第一批中国传统村落、第八批全国重点文物保护单位、湖南省重点文物保护单位、湖南省历史文化名村，该村古建筑群具有极高的科学价值、历史文化价值和建筑艺术价值。

宁旺芬同学主要剖析了中田村的整体空间布局，调查了村落遗存下来的古石巷和古房屋，对其老旧衰败的传统建筑提出了保护修复策略。

### 专题四　传统村落空间形态及建筑研究

2022 年 8 月 8—10 日，优秀学员代表刘萱同学在湖南省岳阳市张古英村开展了调研活动，调研内容主要包括传统村落街巷空间、传统建筑、建筑布局等方面。

张谷英村是中国保存最为完整的江南民居古建筑群落，以其始迁祖张谷英命名，至今已存在了 500 多年。张谷英村 2 001 年 6 月 25 日被公布为全国重点文物保护单位，2003 年被评为中国历史文化名村，有"天下第一村""民间故宫"之称。

刘萱同学利用空间句法，对张谷英村的山水格局、边界轮廓形态、街巷空间肌理等空间形态进行了分析，对张谷英村的布局理念、地域边界、空间结构有了更深入的了解。

# 附录三
# 2023 年"传统村落保护与乡村高质量发展"湖南省研究生暑期学校

　　"传统村落保护与乡村高质量发展"湖南省研究生暑期学校于 2023 年 7 月 20 日至 8 月 21 日成功举办，主要依托衡阳师范学院地理与旅游学院，以衡阳师范学院现有研究生教育资源为基础，从国内知名高校与科研机构选聘专家学者传道授业，共安排 10 场专题讲座及组织学员赴传统村落进行实践教学。本暑期学校致力于加强参与学员对新形势下传统村落保护与发展的新课题、新方法的探索，尤其是对湖南传统村落保护现状、困境和出路的探究，为更深层次理解地理学相关理论前沿和研究方法提供帮助。本次研究生暑期学校注重学校与社会的结合、知识目标与能力的结合、知识目标与素质目标的结合三个目标，在课程设置上分为理论课程和实践课程两个板块。理论课程授课在我校中 108 室进行，共安排 10 场学术讲座，聘请陶伟、杨立国、李红波、杨忍、郭文、高权、陈亚颦、高权、孔翔、朱晓华 10 位学术造诣深、业界经验丰富的知名专家、学者担任主讲嘉宾。实践课程主要是对湖南省部分古村落进行实地考察，通过丰富的教学实践环节，提升学员们的创新能力。共吸引了来自华东师范大学、河南大学、南方科技大学、中南林业科技大学、内蒙古大学、湖南工业大学、西北师范大学、云南师范大学等十几所高校的研究生或高年级本科生共 50 人，其中外校学生 17 人，校内学生 33 人。学员专业对口，主要是地理学、城乡规划学、建筑学和风景园林等专业。

## 一、日程安排

| 时　间 | | 流　程 | 主讲人 | 主持人 |
| --- | --- | --- | --- | --- |
| 7 月 19 日 | 13：00—18：00 | 学员报到（地点：五彩今天酒店） | | |
| 开学典礼（地点：衡阳师范学院理科楼 3 中 108） | | | | |
| 7 月 20 日 | 9：00—10：00 | 衡阳师范学院地理与旅游学院院长发言 | 杨立国 | 张家其 |
| | | 暑期学校课程及规章制度介绍 | 张家其 | |
| | | 集体合影 | | |
| 校内理论课程（地点：衡阳师范学院理科楼 3 中 108） | | | | |
| 7 月 20 日 | 10：00—12：00 | 质性研究与社会文化地理学 | 陶　伟 | 杨立国 |
| | 15：00—17：00 | 衡阳师范学院传统聚落研究进展 | 杨立国 | |

（续表）

| 时　间 | | 流　程 | 主讲人 | 主持人 |
|---|---|---|---|---|
| 7月21日 | 9：00—11：00 | 发达地区乡村发展的理论与实践 | 李红波 | 李伯华 |
| | 15：00—17：00 | 乡村发展多样化与空间重构 | 杨　忍 | |
| 7月23日 | 9：00—11：00 | 朝向综合主体性的乡村发展 | 郭　文 | 杨立国 |
| | 15：00—17：00 | 情感、地方性与乡村治理 | 高　权 | 杨立国 |
| 7月24日 | 9：00—11：00 | 传统村落的地方整体性 | 陈亚颦 | 张家其 |
| | 15：00—17：00 | 传统村落景观破碎、景观修复及乡村文化振兴研究 | 刘沛林 | 张家其 |
| 7月25日 | 9：00—11：00 | 旅游开发下的传统村落原真性保护初探 | 孔　翔 | 张家其 |
| 7月26日 | 9：00—11：00 | 选题聚焦国家重大需求 科研助力中国式现代化 | 朱晓华 | 李伯华 |
| 校外实践课程（地点：湖南省典型传统古村落） | | | | |
| 7月22日 | 8：30 | 学员集合，统一乘车前往 | | 彭惠军、张家其、阳宏润等 |
| 暑期学校结业典礼 | | | | |
| 8月21日 | 8：30—10：00 | 衡阳师范学院研究生院领导发言 | 李伯华 | 张家其 |
| | | 宣读优秀学员名单 | 张家其 | |
| | | 颁发学员结业证书、优秀学员奖状 | 彭惠军 | |
| | | 优秀学员代表发言 | 待　定 | |
| | | 暑期学校活动总结 | 杨立国 | |

## 二、理论课程

### 1.“质性研究与社会文化地理学”（主讲人：华南师范大学陶伟教授）

陶伟，华南师范大学地理科学学院副院长，博士生导师，伯明翰大学荣誉研究员，中国地理学会文化地理专业委员会委员，《经济地理》青年编委会委员，主持三项国家自然科学基金项目和一项国家社会科学基金重大项目，主要研究领域为城市形态理论与方法、社会文化地理、旅游地发展与遗产保护、乡村地理、移民研究、城中村研究、历史城镇和历史街区的保护研究。

陶伟教授用四个小问题引出本次授课主题，说明质性研究方法具有自身的哲学渊源和理论基础，与量化研究方法开展的研究一样具备理论价值和科学价值。同时，由于人文地理学的思潮转向，质性研究方法变得尤为重要。之后，陶教授介绍了质性研究方法的定义和特点，并指出质性研究资料主要是通过访谈法和观察法而获得，希望学员学会有效地使用这种方法，并使其能最大限度地为自己的研究目的服务。随后，陶教授向学员介绍在进行质性研究资料分析时要注重资料的真实性和互动性，并且质性研究资料的分析方法是通

图为陶伟教授授课

过类属分析和情境分析对资料进行进一步的分析，因此需要在不断的对比、思考和修补中完成理论的构建。最后，陶教授通过质性研究在社会文化地理学中的规范表达与案例分析，使学员们加深对质性研究的认识。

### 2. "发达地区乡村发展的理论与实践"（主讲人：南京师范大学李红波教授）

李红波，南京师范大学地理科学学院副院长，教授、硕士生导师。中国地理学会农业地理与乡村发展专业委员会委员，中国自然资源学会土地资源研究专业委员会委员，主要研究领域为乡村地理学、城乡发展与区域规划。

图为李红波教授授课

李红波教授首先介绍了乡村发展的研究背景与意义，并说明了江苏等发达地区乡村发展案例的典型性。随后李教授从国内外两方面介绍了乡村空间研究的基本概念、理论基础和研究进展，又从地方实践的角度，以西湘村为例说明发达地区乡村系统的经济、社会和空间结构已经发生了转型，需要建设现代乡村共同体。最后，李教授结合党的二十大报告中的全面推进乡村振兴的主题，提出了几点思考：乡村发展的成败将直接关系到中国城镇化"下半场"的成败，建设什么样的乡村，怎样建设乡村，以及乡村空间重构的内在逻辑是什么，等等。

### 3."乡村发展多样化与空间重构"（主讲人：中山大学杨忍教授）

杨忍，中山大学地理科学与规划学院教授、博士生导师，中国地理学会农业地理与乡村发展专业委员会副主任，中国自然资源学会土地资源研究专业委员会副主任，广东省土地学会理事，主要研究领域为乡村发展与村镇规划、城乡发展与土地利用、乡村可持续性与空间治理、国土空间规划与管理、数量 GIS 应用。

**图为杨忍教授授课**

杨忍教授从乡村发展研究这一地理学科基础话题展开了本次讲座，认为乡村发展的研究离不开人地地域系统相关理论，一般可以从自然、经济、社会和生态系统等角度展开。之后，杨教授以粤港澳大湾区的乡村为例，向学员们介绍了乡村转型发展的空间格局、形成机制和影响因素等内容，总结了乡村空间分化的五个特征：专业化、消费化、数字化、资本化和多样化。最后，杨教授认为乡村的现代化是农业、治理、生态、社会等多方面的现代化，目前还面临着生产劳动力不足、生活基础设施配置不足和贫富分化严重等问题，需要从制度创新、空间管控、要素整合和场景构建等角度逐步完成乡村现代化的进程。

### 4."朝着综合主体性的乡村发展"（主讲人：南京农业大学郭文教授）

郭文，南京农业大学人文与社会发展学院教授、博士生导师，南京农业大学中华农业文明研究院副院长，江苏省"青蓝工程"优秀青年骨干教师、中青年学术带头人，中国地理学会文化地理专业委员会委员，《热带地理》编委，主要研究领域为社会文化地理学理论、空间生产与地方治理、人与非人关系能动性、多元民族生态与社会文化转型、自然的社会建构等。

**图为郭文教授授课**

郭文教授首先通过展示翁丁佤寨的寨心、火塘文化等来引发学员对不同尺度空间的方位讲究的思考；又通过翁丁佤寨祭祀活动的仪式以及与自然相关的生活仪式来讲述权力的仪式性构建及日常运作。然后，郭教授认为文本与空间想象最典型的例子就是话语权过滤和聚焦，二者能够引导地方空间想象、感知和体验。之后，郭教授结合翁丁佤寨的开发和空间主体性认知的实践，对地方主体性、空间权利和地方发展之间的辩证关系进行讨论，并通过石头、领地、分家、换工和尼勒这五个例子向学员展示了从神圣到世俗的过渡，"地方"和"主体性"被各种各样的介质加以规制和塑造，不仅产生内部分化，也在向他者演化，郭教授以此提出了综合主体性的概念。最后，郭教授指出，在全球化和本土化双向塑造的地理空间实践中，中国乡村正经历着从地方性空间向流动性空间的转向，并且在新的历史背景下，村寨或国家的凝聚力取决于保证个人福祉的能力，福祉的高级形态是主体性心态，而主体性心态正是最为高级的民族地方性。讲座结束后，学员们结合授课内容咨询了自己在研究过程中遇到的各种问题，郭教授一一予以详细的解答，并亲切地邀请学员进行课下交流。

### 5."情感、文化与乡村治理"（主讲人：中山大学高权教授）

高权，中山大学地理科学与规划学院助理教授，中山大学"百人计划"助理教授，中国科协青年人才托举工程入选者，主要从事社会文化地理学与地缘政治等方面的研究与教学工作，研究专长为移民地理、宗教地理以及东南亚华人社会与地缘政治。

高权教授以中国乡村面临的等文化—情感困境为切入点展开了本次讲座，论述我国乡村正面临着集体生活、文化认同和精神生活等方面的危机，在情感上存在认同和组织力的缺失。随后，高权教授向学员们讲解了中西方文化理论的起源，并结合西方学者的研究总结了几点反思：文化是一种拼装效应，是一种中介体验，也是一种生命的形式。高教授又结合中国乡村的现状，分析了中国乡村情感治理的三要素：利益共同体、社区归宿感和身份与主体性认知。最后，高教授选取了猎德村、文冲村和顺德村三个典型案例，具体分析

**图为高权教授授课**

了案例地的情感和地方重构的演变、现状和问题，认为应该将情感作为人类的一项权力，要运用好情感在政治经济和权力运作过程中的调和与中介作用，因此要重视村民的文化情感需求，提升乡村村民的生活条件、生活方式和生活幸福感。讲座结束后，学员们学习热情高涨，争相从乡村的地方情感、情感流动和未来情感权力的发展等方面与高教授进行了热烈探讨。

### 6. "传统村落的地方整体性"（主讲人：云南师范大学陈亚颦教授）

陈亚颦，云南师范大学地理学部，教授、博士生导师、博士后合作导师。云南师范大学少数民族文化与旅游研究院院长、云南省兴滇英才教学名师、万人计划教学名师、云岭名师，中国地理学会文化地理专业委员会副主任，中国人类学民族学研究会民族旅游专业委员会副秘书长，主要研究方向为民族文化地理学、旅游与文化产业发展等。

**图为陈亚颦教授授课**

陈亚颦教授首先向学员们讲解了地理学中的空间、地方和地方感的概念，以及三者之间的区别与联系。接着，陈教授着重阐释了地方的定位期待、创新性、相互关联性和动态变化性等特性，这些特性让地方对人类具有了独特的意义。之后，陈教授引出了"地方整体性"这一名词，阐释了地方整体性的研究需从空间再现、再现空间和空间实践三个方面展开，并展示了地方整体性的三元框架图。最后，陈教授结合云南部分传统村落旅游开发的案例，强调了在小镇建设和乡村振兴中必须重视地方的特质意象、创造意象和动态意象的保留和发展。

### 7."旅游开发下的传统村落原真性保护初探"（主讲人：华东师范大学孔翔教授）

孔翔，华东师范大学城市与区域科学学院副院长，教授、博士生导师，中国地理学会文化地理专业委员会副主任，主要研究方向为区域经济与文化地理，近年来重点关注全球化下的地方产业与文化空间演变、旅游开发与传统村落文化传承创新。

**图为孔翔教授授课**

孔翔教授首先介绍了原真性的问题缘起与内涵，认为原真性是现代西方世界的一种文化构建，个体的原真性强调"真实存在"；传统村落原真性可理解为在地域人地关系演化中仍能持有的专有属性，并且既有传统村落原真性保护理念是基于对传统村落的文化遗产属性的认识。他认为旅游发展下的传统村落原真性涉及三个方面：传统村落作为乡村聚落的原真性，作为旅游资源的原真性，作为文化遗产的原真性。紧接着孔教授以呈坎村为例，展示如何在关系主义视角下进行传统村落原真性判定，并以旅游开发与呈坎村原真性保护路径探索为基础，对传统村落原真性保护进行了反思，向学员讲解了传统村落原真性保护的总体思路，提出传统村落原真性保护的核心是地方与空间之间的关联性。最后，孔教授指出，关系主义原真性是传统村落原真性保护的重要基础，旅游开发以"创造性破坏"的方式影响传统村落的原真性保护，传统村落的原真性保护应从关系主义原真性探讨中汲取有益的营养。

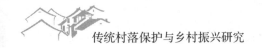

### 8. "选题聚焦国家重大需求，科研助力中国式现代化"（主讲人：中国科学院地理科学与资源研究所朱晓华教授）

朱晓华，中国科学院地理科学与资源研究所学术期刊中心副主任，研究员，《自然资源学报》专职副主编、编辑部主任，中国自然资源学会副秘书长，主要研究领域为乡村土地利用、分形建模、遥感灾害监测、数据库与信息系统开发。

图为朱晓华研究员授课

朱晓华研究员首先介绍了地理学科领域的重要期刊和检索文献的途径，着重讲解了《自然资源学报》期刊从 2019 年至今的学术成果和策划的专题论坛，呼吁学员们的选题要与国家政策紧密联系，服务国家重大现实与战略要求，把科研成果真正地写到祖国大地上。接着，朱研究员强调了论文绘图的规范性，列举了投稿过程中容易出现的错误和不足，并讲解了写作和投稿的详细流程。朱研究员认为写好一篇论文要勤学多练，培养扎实的写作能力，而且要持有严谨的态度和百折不挠的心态。最后，朱研究员希望学员们在学术研究生活中，既要突破自己的舒适圈，学习新的理论和方法技术，又要科学管理时间，积极锻炼身体，注重饮食健康。讲座结束后，朱研究员就如何撰写一篇优秀论文、论文发表要求和跨领域读研等问题进行了详细解答。本次讲座为学员们未来的科研之路打下了一定基础，学员们收获满满。

### 9. "衡阳师范学院传统聚落研究进展"（主讲人：衡阳师范学院杨立国教授）

杨立国，衡阳师范学院地理与旅游学院院长，教授、硕士研究生导师，中国地理学会城市与区域专业委员会委员，中国土地学会青年工作委员会委员，湖南省城市文化研究会常务理事，湖南省国土空间规划学会常务理事，衡阳市城乡规划专家委员会专家，《人文地理》等中文期刊的审稿人，国家自然科学基金通信评审专家。

杨立国教授从衡阳师范学院的概况、地理与旅游学院的沿革发展、传统聚落研究团队的简介及其主要研究方向等方面对衡阳师范学院的基本情况进行了介绍。首先，杨教授从历史沿革、平台建设、科学研究和社会服务等方面对衡阳师范学院的发展历程进行了梳理。然后，杨教授展示了衡阳师范学院地理与旅游学院研究团队的整体情况，介绍了高

图为杨立国教授授课

权、李伯华、杨立国、邓运员、胡最教授等的课题组研究方向、研究进展，以及团队在传统村落人居环境有机更新机理与模式、景观基因的地方认同、空间形态量化分析、景观基因群系与区划等方面的研究成果。最后，杨教授希望有更多的优秀学员投入传统村落的保护和发展的研究中，为传统村落的研究提供新思路、新方法，使传统村落的研究更加深入，使传统村落得到更好的传承与发展。

## 三、实践课程

2022 年 7 月 27 日，2023 年"传统村落保护与乡村高质量发展"湖南省研究生暑期学校开始了为期 25 天的线下实践课程。本次线下实践分四个小组，分别由彭惠军、罗凯、李强、彭科四位老师带队指导，50 名学员自主选择典型传统村落进行调研。学员采用建筑测绘、访谈、问卷调查等研究方法开展调研工作，旨在通过对传统村落物质与非物质文化的调查，分析传统村落的地域文化特征，为传统村落保护与发展提供借鉴。

**专题一 传统村落高质量发展及其实现路径**
优秀学员代表黄楚敏从文脉延续视角对常宁市中田村的文化景观转型开展了调研活动，发现中田村文脉可分为显性文脉和隐性文脉，显性要素为自然环境和建成环境，隐性要素为尚武精神、宗法礼制思想、月光塘传说和金蟾传说；此外，中田村文脉延续中存在文脉肌理濒临破裂、文脉价值未完全体现、场所情感表达弱化等问题，其文化景观在风貌上由传统型向现代型转变，空间上由完整型向破碎化与孤岛化转化，功能上由居住型向旅游型转变。

**专题二 乡村振兴背景下传统村落保护与发展规划**
优秀学员代表李君培结合皇都侗文化村景观基因特征，进一步分析景观基因信息链的

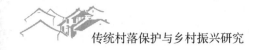

结构，从景观基因信息元、景观基因信息点、景观基因信息链三个方面进行分析，最后提出了皇都村公共空间活力提升策略：①保护和修复侗寨景观基因元，进行完整性修复；②优化和维护景观基因信息点的建筑风貌，保持原真性；③激发和盘活景观基因廊道的空间活力。

### 专题三　传统村落景观基因的变异性

优秀学员代表杨馥端利用传统村落人居环境"逻辑空间修复—实体功能调适"有机更新框架，以湖南省湘西土家族苗族自治州龙山县捞车村为例，运用基因分析法和影像发声法精准判定捞车村人居环境面临的现实困境，进而提出捞车村人居环境有机更新精准实施策略。调研结果如下：①捞车村人居环境在转型发展中面临功能转换滞后与有机秩序被破坏等现存及潜在问题，影响村落整体有机性、风貌原真性和生活真实性；②捞车村人居环境有机更新精准施策通过优化功能分区与植入现代功能完善村落实体空间，提取景观基因与修复有机秩序整合村落逻辑空间，从理念构建到路径探索，试图为新时期着力加强传统村落人居环境有机更新研究、切实助力乡村振兴和城乡融合战略目标提供参考性借鉴。

### 专题四　传统村落（乡村）旅游高质量发展

优秀学员代表付翔翔以上海市崇明岛民宿为例，采用核密度估计、集中趋势演变分析和时空演化树模型等方法，从多尺度阐述了崇明岛民宿的现状特征，梳理了在世界级生态岛建设背景下的崇明岛民宿的发展历程，并从静态和动态视角探究了崇明岛民宿空间分布的影响因素及其相互作用机制。调研结果如下：①崇明岛民宿具有明显的集聚中心，全岛尺度表现出"一大二小"三大集聚中心，乡镇尺度表现出集中在建设镇等距离 A 级景区和交通要道周边的四个乡镇，村域尺度表现出"一超一强多核心"特征；②崇明岛民宿发展历程与世界级生态岛的建设历程趋同，数量上呈现出逐年增长的趋势，在近 7 年呈现出爆发式增长，但增速有所减缓；③自然基底、社会文化、多元主体、地理区位和交通条件五大子系统是影响崇明岛民宿的主要因素，在不同发展阶段，以多元主体为主的各个子系统相互作用，最终形成了政府主导、开发公司/外来创业者/本地村民三者并存的崇明岛民宿发展状态。该研究丰富了国内民宿的研究内容，同时对促进崇明岛民宿高质量发展具有参考和借鉴意义。